있지도 않은 자유를 있다고 느끼게 하는   거짓자유

있지도 않은 자유를 있다고 느끼게 하는 거짓자유

The False Freedom That Does Not Exist, but Leads You to an Illusion That Freedom Does

지은이 엄윤진

펴낸이 조정환
책임운영 신은주
편집 김정연
디자인 조문영
홍보 김하은
프리뷰 권혜린 · 손보미 · 표광소 · 한성주

펴낸곳 도서출판 갈무리 등록일 1994. 3. 3. 등록번호 제17-0161호
초판 1쇄 2019년 1월 21일
2판 1쇄 2019년 5월 15일

종이 화인페이퍼 인쇄 예원프린팅 라미네이팅 금성산업 제본 경문제책

주소 서울 마포구 동교로18길 9-13 [서교동 464-56] 2층
전화 02-325-1485 팩스 02-325-1407
website http://galmuri.co.kr e-mail galmuri94@gmail.com

ISBN 978-89-6195-197-5 03330
도서분류 1. 인문학 2. 사회학 3. 정치학 4. 문화비평

값 17,000원

이 도서의 국립중앙도서관 출판예정도서목록(CIP)은 서지정보유통지원시스템 홈페이지(http://seoji.nl.go.kr)와 국가자료공동목록시스템(http://www.nl.go.kr/kolisnet)에서 이용하실 수 있습니다.(CIP제어번호 : CIP2019000429)

있지도 않은 자유를 있다고 느끼게 하는

거짓자유

시민을 위한 정치 입문서

엄윤진 지음

갈무리

자신의 삶과 사회에서
진정한 주인으로 살아가길 원하는 시민에게

　자식을 잃은 아비가 한여름 광화문 아스팔트 위에서 단식한다. 슬픔을 추스를 겨를도 없이 아이가 왜 죽었는지를 밝힐 수 있게 법을 만들어 달라고 입법권자인 국회의원에게 애원한다. 자식을 잃은 부모의 애원도 권력자들이 무시하면 그만이다. 아무것도 할 수 없는 우리는 같이 울어주는 수밖에 없다. 슬픔과 무력감에 빠진 부모들과 아무것도 해줄 수 없는 우리는 이 사회의 주인인가? 아니면 강자의 갑질에 무력감만 느끼는 힘없는 노예인가? 참담하고 억울한 일을 당하고도 단식까지 하면서 법을 만들어달라고 애원하게 하는 사회가 정말 민주적인가? 우리는 '자신이 속한 공동체의 규칙은 스스로 만들 권리가 있다!'란 상식조차 잊힌 사회에 살고 있다. 전체 인구의 0.0006%에 해당하는 300명만 대한민국이란 공동체의 법을 만들게 한 사회가 진정 민주적인가? 국회의원 300명만 입법권을 독점하는 것은 전혀 민주적이지 않다.

　자신이 공약한 쌀값 인상을 요구하는 농민을 물대포를 쏴서 죽이고도 사과조차 하지 않는 공무원과 그 하수인이 있다. 전직 대

4

통령과 경찰청장이다. 시민의 안전을 최우선으로 챙겨야 하는 공권력이 시위하는 시민을 물대포로 죽였다. 이 두 공무원은 처음에 이런 범죄 행위에 법적 책임은 관두고 공식적인 사과조차 하지 않았다. 이런 나라가 시민을 주인으로 대우하는 민주주의 국가인가? 여기서 끝이 아니다. 창조 경제로 수십조의 예산이 들어갔다고 한다. 그런데 전직 대통령이 공약한 3~5세 누리 과정과 고등학교 수업료를 지원할 돈이 없다고 한다. 수감 중인 전 대통령이 공약한 중증 질환에 대한 의료 보장도 지켜지지 않아 의료 빈곤층the medical poor 이 더 늘어났다. 공약 파기 때문에 혜택을 얻지 못해 경제적 위기에 빠진 시민의 수를 세어보면 수십만에서 수백만에 이를 것이다. 문제는 시민은 넉넉하지 않은 형편에도 매년 최소 수백만 원에서 많게는 수천만 원에 이르는 돈을 세금으로 성실히 낸다는 데 있다. 그런데 납세자인 우리는 세금의 사용 방식에 대해 눈곱만큼의 발언권도 없다. 우리에겐 우리가 낸 세금을 누리과정과 고등학교 수업료 지원에, 그리고 의료복지에 쓰라고 말할 권한이 없다. 놀랍게도 우리는 우리가 낸 돈(세금)에 대해 발언권도 주지 않는 사회를 민주적이라 믿었다. 시민 다수가 현 제도가 갖는 이러한 허점을 알아보지 못한 것도 중대한 문제다. 세금의 사용 방식에 발언권을 허락하는 사회가 시민을 주인으로 대우하는 민주사회다. 예산 편성과 집행의 권한을 소수(행정부)만 독점하는 것은 전혀 민주적이지 않다.

수백억 원을 대통령에게 줬는데도 구속영장을 기각하는 법원이 대한민국엔 있다. 이뿐만이 아니다. 법원은 사장의 손해배상 청구권을 헌법이 보장한 노동자의 파업권보다 더 중시한다. 국정원 직원이 선거 기간에 정치적인 댓글을 달아서 국정원법은 위반했지만, 공직선거법 위반은 아니라고 법원은 우긴다. 이런 법관들이 법의 해석 권한을 독점하는 나라가 바로 대한민국이다. 공동체의 규칙을 위반했는지를 판단할 능력이 소수의 법관에게만 있다고 한다. 이런 사회가 정말 민주적인 사회인가? 거기서 멈추지 않는다. 법원에서 판사로 일하다 대형 법률회사(로펌)에 들어가 연봉으로 수억에서 수십억씩 챙긴다. 법조계는 이런 악습에다 참 고상한 표현을 붙였다. '전관예우'다. 부도덕한 관행을 활용하는 법관들이 부끄러움 없이 떳떳하게 살아간다. 고위 법관 출신들이 전관예우를 마음껏 활용한 대가로 '유전무죄 무전유죄 유권무죄 무권유죄'란 자랑스러운 '판례'가 세워졌다. 헬 조선의 사법부는 이 원칙을 너무나 뻔뻔하게 준수한다. 거기다 말도 안 되는 판결을 내려 여론의 뭇매를 맞으면 이들은 사법부의 독립을 운운한다. 그런데 수십억의 연봉을 받던 전관 변호사가 총리 후보로 행정부를 기웃거리다 낙마해 망신당하기도 한다. 법원의 이익을 위해 행정부와 재판 거래를 아무렇지 않게 일삼는 대법원은 어떤가? 상고법원 설립이라는 법관들의 욕심을 채우기 위해 수많은 피해자가 생겨 억울해도, 경제적 피해를 봐 시위해도 심지어, 자살해도 눈 하나 깜짝하지 않는다. 이렇게 '존경스러운' 소수가 법의 해석 권한을 독점하고 남용하는 것은 전혀 민주적이지 않다.

분노만 하지 말고 이런 일들이 일어날 수 있게 하는 여러 제도를 의심해보자. 행정, 입법, 사법부가 가장 강력한 권한을 독점하게 하는 헌법을 가진 나라가 진정 민주국가인가? 이제 이 질문에 대해 차분하게 생각해야 할 때가 되었다. 지배자들은 소수 엄친아(귀족의 현대적인 표현)의 지배를 합법적으로 보장하는 대의 민주주의를 삼권분립이란 그럴듯한 표현으로 우리를 세뇌했다. 학교와 언론이 세뇌의 주범이다. 학교를 졸업하면 언론이 우리에게 삼권의 독점을 민주주의democracy(시민의 지배)라고 속인다. 삼권 분립이 아니라 삼권의 권력 독점이다. 견제와 균형이 아니라 자기들끼리 짜고 치는 고스톱이다. 참담하고 억울한 일을 당해도 그 한을 달래 줄 법을 스스로 만들 수 없는 나라, 소수자라 차별을 받고도 자신의 권리를 지켜줄 법을 스스로 만들 수 없는 나라가 정말 나라인가? 소수가 정한 법률을 다수는 그저 따라야만 하는 나라가 민주주의 국가인가? 세금의 사용 방식에 대해 일절 발언권도 못 갖는 나라에서 어떻게 자신이 주인으로 대접받는다고 말할 수 있는가? 한 구성원이 공동체의 규칙을 위반했는지를 소수의 법관만 판단하게 해 놓은 나라에서 어떻게 시민을 주인으로 대접한다고 가르칠 수 있나?

가장 큰 문제는 대의 민주주의를 시민 다수가 민주주의라고 생각한다는 데 있다. 그동안 소수 엘리트가 이런 새빨간 거짓말이 들키지 않게 은폐했다. 어떻게? 교육, 사법, 언론, 문화(이념)와 같은 여러 제도를 통해서다. 우리 사회의 이런 제도를 설계하고 활용한 일부 지식인 집단도 한몫했다. 대의 민주주의는 소수의 지배를 최적화했다. 이건 민주주의가 아니라 귀족주의다. 소수 지배자는 정의롭지 못한 제도를 숨기기 위해 여러 제도를 설계했고 그 제도를 맡은 사람들은 정말이지 최선을 다했다. 교육제도를 시작으로, 사법제도, 언론, 대중문화, 그리고 자유와 상식과 같은 지배이념이 소수의 지배를 은폐했고 정당화했다. 필자는 이 책 『있지도 않은 자유를 있다고 느끼게 하는 거짓자유』(시민을 위한 정치 입문서)를 지배를 합법적으로 유지하고 은폐하는 제도를 폭로하기 위해 썼다. 이 책의 결론부에 지배의 해체와 그 공백을 메울 대안도 담았다. 진정한 자유를 시민에게 보장해 시민을 주인으로 만들 정치, 경제 제도에 대한 제안은 인류의 위대한 사상가들에게서 빌렸다. 이 책에서 소개할 여러 제안은 항상 약자의 편에 섰던 양심 있는 지식인들의 책에서 나왔다. 그러니 이 책이 제시한 여러 제도에 대한 대안은 돈과 권력에서 자유로운 것들이다.

　이 책 1부에서는 대의 민주주의와 신자유주의가 지배체제의 두 축인 이유를 밝힌다. 지배체제를 논리적으로 뒷받침하는 플라톤의 『국가론』을 비평하는 것도 1부에 있다. 1부 마지막 장인 4장에서는 지배에 저항할 시민들을 폭력으로 억박지르는 국가 테러 즉, 공포정치를 다룰 것이다. 2부에서는 누가 봐도 분명한 이러한 권력독점을 보이지 않게 하는 여러 제도를 비평하겠다. 지배를 숨기는 여러 제도의 민낯을 공개하겠다. 교육제도를 포함해서 사법제도, 문화, 대중예술, 언론, 그리고 이념이 어떻게 권력의 독점인 지배를 은폐하고 정당화하기 위해 최선을 다하고 있는지 살펴보겠다. 이 책의 결론인 3부는 권력과 부의 독점을 해체하여 시민을 진정으로 해방하게 하는 대안적 제도를 소개할 것이다. 자연스럽게 3부의 핵심 주제는 개헌이다.

『있지도 않은 자유를 있다고 느끼게 하는 거짓자유』는 지배자인 정치 엘리트가 읽느냐 아니면 피지배자인 다수 시민이 읽느냐에 따라 우리 사회에 전혀 다른 사회적인 파장을 일으킬 수 있다고 나는 생각한다. 이 책은 마키아벨리의 『군주론』처럼 군주(혹은 대통령)가 될 사람을 위한 지침서가 아니다. 현재에도 여전히 소수가 시민 다수를 지배하고 있다는 사실과 그 지배를 숨기는 방식을 폭로하기 위해 이 책을 썼다. 지배를 해체하여 시민 모두에게 진정한 자유를 줄 대안을 제시하기 위해서다. 헌법이 보장한 모든 자유를 진정으로 자유답게 하는 더 본질적이며 필수적인 자유를 모두에게 소개하기 위함이다. 정치 참여를 권하여 시민이 주인처럼 자신의 인생에 대해 결정권을 가질 수 있도록 하기 위해서다. 이와 같은 이유로 『있지도 않은 자유를 있다고 느끼게 하는 거짓자유』를 썼다. 부디 우리 사회의 모든 사람이 자신의 인생의 주인으로 혹은 군주로 거듭나길 희망해 본다.

2019년 생각공장에서
엄윤진

차례

1부
지배를 위한 최적의 제도

행정, 입법, 사법부가 현재의 대의 민주주의하에서
국가의 모든 권력을 독점한다. 세 개의 기관이 권력을
합법적으로 독점하게 하는 제도는 민주주의가 아니다.
지배자들은 이런 제도에 민주주의라는 이름을 붙이기
민망했는지 '대의'라는 말을 붙였나 보다.
그렇다면 대의 민주주의의 본성은 무엇일까?

신자유주의의 '자유'는 절대 우리의 자유가 아니다.
우리가 그동안 목소리 높여 외쳤던 그 자유는
과연 누구의 자유일까?

국가 내에서 돈과 권력을 독점하는 것도
또 다른 형태의 제국주의다!

1장

시민의 입법권 요구를 틀어막는 플라톤의 『국가론』

고대 그리스 신화와 함께 소크라테스와 플라톤, 그리고 아리스토텔레스로 이어지는 고대 그리스 철학은 십 대들이 대학 진학을 위해 꼭 읽을 필요가 있는 분야다. 기독교 경전인 구약 성경과 함께 유럽 지적 전통의 또 한 축인 고대 그리스 철학을 읽는 것은 유럽과 북미가 가진 다양한 측면을 이해하기 위해 필수적이다. 대한민국 사회의 정치, 철학, 문화 등의 다양한 측면 또한 고대 그리스 철학에 바탕을 둔 유럽과 북미의 지적 전통에 빚지고 있기 때문이다. 이런 상황에서 우리에게도 고대 그리스의 철학을 읽는 것은 필수적이라 할 수 있겠다. 유럽에서도 철학 고전에 대한 독서가 르네상스 이후로 꾸준히 장려되었다. 하지만 21세기 대한민국에서는 상당수 대학이 여러 인문학과를 통폐합한다. 이런 현실에서 아시아 고전을 비롯해 고대 그리스 로마 신화 등과 함께 철학 고전이 가지는 중요성에 대한 강조는 아이러니하게도 계속되었다. 몇 년 전 구글Google이 인문학 전공자를 대거 고용한 것 때문에 우리 사회도 인문학의 중요성을 새삼 깨닫는 분위기다. 심지어는 철학과에서 스타 인문학 작가가 등장할 정도다. 이런 현상은 인문학에 대한 우리 사회의 관심 정도를 여실히 보여주는 것 같다. 이런 상황에서 오랜만에 찾아온 철학 고전에 대한 독서 열기를 이어 가는 것도 중요하다. 하지만 고전에 대한 올바른 읽기 방법에 대한 깊이 있는 토론이 더 필요해 보인다. 철학과 종교 고전의 특정한 해석이 시민의 삶을 황폐하게 할 수 있기 때문이다. '고전의 특정한 해석 방식이 시민에 대한 지배를 정당화하는 역할을 하지 않았을까?'라는 의심이 들기 때문이다. '고전을 해석한 사람들은 과연 각 사회의 어느 계층에 속해 있었을까?' 이런 질문을 해 본다면 내 의심이 어느 정도는 합리적으로 들리지 않을까?

왜 하필 19세기 영국은 플라톤의 『국가론』을 집중 조명했을까?

19세기 중엽 영국의 귀족과 주요 대학은 고대 그리스의 철학자 중에 플라톤과 그의 저서 『국가론』*Republic*을 특별히 선호하고 가르치기 시작했다. 왜일까? 이 질문에 대한 답이 철학 고전에 대한 적절한 해석 방식으로 이끌어 주길 기대한다. 플라톤은 르네상스 시기에 주목을 받기 시작하다가 17~18세기에 사람들의 관심에서 멀어진다. 하지만 19세기 중엽 영국 대학은 플라톤의 『국가론』을 인문학, 철학, 고전 입문 등의 다양한 이름으로 강의하기 시작했다.[1] 그래서 그런지 이 책이 헬 조선을 상징하는 서울대학교 추천도서 목록에도 있다. 19세기 영국의 시민권 투쟁과정과 플라톤과 『국가론』에 대한 재조명이 묘하게 일치한다. 우연일까? 19세기 영국의 시민권 형성을 위한 투쟁의 역사를 짧게 살펴보자. 1832년에 시행한 개혁 조치The 1832 Reform Act에 따라 재산 있는 남성만 참정권 중의 하나인 투표권을 얻게 된다. 이 조치로 인해 유권자 수는 435,000명에서 652,000명 정도로 늘어난다. 1867년에 일어난 노동자들의 시위는 1832년 개혁 조치보다 더 좋은 결과를 가져왔다. 하지만, 유권자 수는 여전히 전체 남성의 3분의 1 정도였다. 1884년에 이르러서야 전체 남성의 약 40%가 투표권을 갖게 된다.[2] 이렇게 더딘 진보에도 불구하고 영국 귀족과 보수당 의원은 시민의 참정권 요구에 "망할 민주주의"라는 거친 욕설을 퍼붓기 일쑤였다. 영국 귀족은 원치 않았지만 어쩔 수 없이 시민의 참정권 요구를 받아들인다.

이 시기에 영국 귀족과 보수적인 정치인의 마음속에 불안과 두려움이 점점 커가고 있었다.[3] 이런 불안과 두려움은 한 생각에서 비롯되었다. '이러다가 그동안 자신들만 독점하던 권리를 시민과 나누어야만 하지 않을까?' 역사적으로 이 권리는 지배 계층만의 독점적인 권리였다. '법을 쓸 수 있는 권리' 즉, 입법권이다. 하지만 입법권은 민주주의의 관점에서 보면 마땅히 시민 모두의 권리이기 때문에, 누구나 입법권을 자유롭게 활용할 수 있어야 한다. 민주주의democracy ; people's rule의 진정한 의미는 '소수가 다수를 지배하는 것'이 아니다. 소수인 귀족이나 국회의원이 입법권을 독점해 다수인 시민을 그 법으로 지배하는 것은 민주주의가 아니다. 민주주의는 '시민의 직접 통치' 즉, 시민 모두가 입법권의 정당한 사용으로 시민 스스로 공동체의 규칙을 정하게 하는 것이다.[4] 법을 시민 스스로 만들 수 있을 때야 비로소 시민은 자신의 운명을 스스로 결정할 수 있게 된다. 사실이 이런데도 영국 귀족은 입법권을 시민에게 주는 것을 꺼렸다. 이런 상황에서 귀족은 플라톤과 그의 책『국가론』을 주목한다. 불행하게도 이 책이 그동안의 시민권 쟁취 노력을 무력화했다. 대략 2200년 전에 죽은 플라톤이 19세기 영국 귀족의 구원자로 등장한 것이다. 어떻게? 이상적인 국가 운영에 대한 플라톤의 신념이『국가론』에 담겨 있다. 하지만『국가론』은 이상적인 국가 운영 방식보다 개인의 도덕성과 윤리에 더 집중한다.[5] 그런데도, 당시의 보수적인 정치인과 귀족은 개인의 도덕성과 윤리에는 관심이 없었다. 민주주의에 대한 플라톤의 위험하고 비현실적인 견해가 이들의 관심을 사로잡았기 때문이다.

한 배의 갑판에서 벌어지는 다음과 같은 상황에 대해 생각해 보자. 이 배의 선장은 배에 탄 어느 사람보다 키가 크고 힘이 세 우위를 점한다. 하지만 그는 그리 신중하지도 않으며 매우 근시안적이다. 선장은 바다에 관해 그리 많이 알지도 못한다. 이 배의 선원들은 각자 자신이 선장이 돼야 한다고 서로 싸운다. 하지만 이 선원들은 배의 조종을 전혀 배운 적이 없기 때문에 항해하는 법을 가르쳐 준 선생님의 이름조차 댈 수 없다. 훈련을 받은 적도 없기 때문에 훈련 기간도 말할 수 없다. 어쨌든, 이 선원들은 하나 같이 항해하는 법을 배울 필요가 없다고 주장한다. 거기다, 이 선원들은 배를 조종하는 법을 배워야 한다고 주장하는 사람을 언제든 죽일 준비가 되어있다. 이 선원들은 선장 옆으로 몰려들어 떼를 쓴다. 선장이 선원들 자신에게 배의 방향키를 맡기도록 하기 위해 수단 방법을 가리지 않는다. 때때로, 선장이 자신들의 요구를 거절하고, 다른 사람들이 배의 방향키를 잡고 있으면, 이 선원들은 배를 조종하는 그 사람을 죽이거나 배 밖으로 던져 버린다. 이들은 약이나 술로 선장을 취하게 해 진압하기도 한다. 이어 배의 통제권을 차지한다. 물론 이 배가 가진 화물까지 자기들 손아귀에 넣는다. 이 선원들은 술 취한 채로, 자기들 맘대로 배를 조종하게 된다.6 — 플라톤, 『국가론』

플라톤은 국가를 청렴한 전문가guardians의 양심과 균형 잡힌 지식에 바탕을 두고 운영해야 한다고 믿었다. 하지만 고대 아테네의 민주주의는 플라톤의 신념과 다르게 국가 운영에서 여론을 더 중시했다. 그래서 플라톤은 아테네 민주주의를 강하게 비판했다. 우주의 본성을 이해할 수 있는 철인kings and queens of philosophy or guardians이 국가를 운영해야 한다고 믿었기 때문이다. 앞서 인용한 『국가론』에서 볼 수 있듯이 플라톤은 전문가인 선장에게 배의 조종을 맡기지 않고 비전문가인 승객에게 맡기는 것과 같을 정도로 민주주의가 위험하다고 생각했다.7 영국 귀족은 참정권 논쟁 당시에 플라톤의 국가론을 주목할 수밖에 없었다. 플라톤의 국가론이 자신들의 지위를 지켜 줄 확실한 학문적인 무기로 보였기 때문이다. 그러면 플라톤이 말한 국가 운영의 주체가 되어야 할 철인의 자질에 대해 잠깐 살펴보자. 양심적인 전문가인 철인은 자신의 이익보다 공동체의 이익과 선을 위해서만 자신의 이성을 사용해야 한다. 당연히, 개인적인 삶과 가족도 포기해야 한다. 돈에 관심이나 욕심을 가져서도 안 된다. 언뜻 드는 생각에도 이런 철인을 찾기가 쉽지 않아 보인다. 플라톤이 말하는 철인은 역사적으로 매우 드물게 나타나는 위인great men of history과 같기 때문이다. 불행하게도 '철인의 지배'라는 플라톤의 비현실적인 주장에도 불구하고 19세기 영국 귀족과 보수적인 정치인들은 철인과 자신들을 동일시하는 근거 없는 자신감을 보였다. 귀족은 대중에게 자신들을 철인으로 보이게 하기 위해 대학이라는 학문적인 홍보 수단을 활용했다. 플라톤의 위험하고 비현실적인 이상이 대학에서 '철학사, 철학 개론, 유럽 문명사, 정치 철학' 등의 강의로 영국 시민의 의식에 스며들게 된다.8 철인이 국가를 운영해야 한다는 플라톤의 신념이 시민의 참정권 확대 요구를 잠재우는 것과 근대의 대의 민주주의 논쟁에 매우 효과적이었다. 이 과정에서 대학에 몸담은 지식인 집단도 자신들의 주인(귀족)을 위해 임무를 성실히 수행했다. 당시의 지식인들은 이런 행동이 민주주의의 진화 역사에 어떤 영향을 미치게 될지 알았을까? 지식인들에게 이와 같은 인식을 기대하는 것은 무리일까?

19세기 영국 귀족의 끔찍한 플라톤 사랑 때문에 민주주의의 진화는 멈췄다!

영국 빅토리아 시대의 남성 엘리트들은 플라톤이 말한 이상적인 정치 주체인 철인을 자신들과 동일시했다. 19세기 영국 귀족은 시민의 투표권 확대를 위한 투쟁 과정과 대의 민주주의representative democracy에 관련한 논쟁에서 플라톤의 『국가론』을 활용한다. 당대의 엘리트들은 민주주의에 대해 가졌던 플라톤의 불만과 전문적인 지식을 갖춘 철인이 정치를 맡아야 한다는 국가론의 주장을 십분 활용했다. 이들은 시민 누구나 입법권을 가지는 더 정의로운 사회를 원치 않았기 때문이다. 귀족들의 '탁월'한 『국가론』 해석 방식은 자신들의 권력 독점을 지키는 데 강력한 이론적 무기가 되었다. 당시 전국 대학에서 플라톤의 『국가론』은 다양한 강의 제목을 달고 열린다. 당시 다수 영국인은 소수 남성 엘리트가 주축이 되어 국가를 경영하는 대의 민주주의를 역사적으로 진일보한 대단히 민주적인 제도로 평가하게 된다. 하지만, 실상은 왕과 귀족 중심의 소수 정치oligarchy가 대의 민주주의로 표지 갈이 했을 뿐이었다. 대통령과 국회의원이 왕과 귀족을 대신했을 뿐, '소수에 의한 정치'라는 본질은 바뀌지 않았다. 안타깝게도, 군주제에서 대의 민주제로 이름만 바꿨을 뿐인데 영국 시민은 정치제도가 진보했다고 생각하고 관심을 꺼버렸다. 이렇게 민주주의의 진화는 멈췄다. 이후로 거의 200여 년 동안 대의 민주주의는 전 세계의 지배적인 정치제도로 승승장구했다. 여기에 지난 세기말 공산주의의 붕괴는 대의 민주주의의 '우수성'을 재확인하는 계기가 된다. 설상가상으로 시민들은 대의 민주주의와는 다른 대안적인 정치 제도에 대해 생각해야 할 필요를 전혀 느끼지 못하게 되었다. 철학 고전에 대한 영국 귀족과 보수적인 정치인들의 독특한 해석 방식은 지구촌의 시민들에게 참혹한 피해를 입혔다. 미디어에서 소수 정치인이 법치를 강조할 때, 시민들은 지배 계층의 이익만을 위하는 법으로 사실상 지배당한다는 사실을 인식하지 못한 채 법치에 동의한다. 거기다 소수의 지배를 법치란 이름으로 포장했을 뿐인데도, 상당수 시민은 스스로 '법치'란 원칙을 강조하며 자칭 보수라 칭한다. 각 사회의 귀족은 항상 머릿수가 부족해 불리했었다. 이런 문제를 해결하기 위해 지배 계층은 법치를 중시하는 보수 이념을 가진 다수의 시민을 만드는 '창의성'을 선보였다. 이렇게 사기 치는 놈이나 반복적으로 사기당하는 사람 모두 놀라운 분들이다. 그래도 사기당하는 쪽은 조금 이해가 가긴 한다. 대중 교육mass education 제도인 학교에서 대의 민주주의 국가의 모든 시민에게 참정권이 있다고 '교육'했기 때문이다. 실제로 학교에서 참정권을 가르칠 때 투표권만을 강조한다. 더 중요한 참정권인 피선거권eligibility for election을 부각하지는 않는다. 현실에서도 피선거권은 소수의 정치oligarchy를 합법적으로 보장하는 제도일 뿐이다. 돈 없고 힘없는 시민도 피선거권을 활용해 정치에 참여할 수 있고, 운이 좋으면 입법권을 행사할 수 있다. 가끔 이런 비현실적인 일이 일어나기도 한다. 이렇게 드문 현상을 들며, 지배자들은 누구나 노력하면 된다고 외치면서, 대의 민주제가 '정치세력(엘리트 집단)의 교체'라는 장점이 있다고 홍보한다. '개천의 용' 사건을 예로 들며 대의 민주주의가 모든 시민에게 공정하게 피선거권을 보장하는 정당한 제도라고 소수 엘리트가 학교에서 우리를 세뇌했듯이 우리 아이들마저 세뇌한다. 이렇게 학교와 언론에서 선전할 때, 우리는 이것을 어떻게 받아들여야 할까?

나는 진보 정치학자와 대의 민주주의의 정당성에 대해 논쟁한 적이 있었다. 세간에 알려진 것과 다르게 그는 보수적인 학자였다. 대의 민주주의의 신봉자였다. 부정critical of status quo(현 상황과 제도에 대한 비판적인 시선)을 의미하는 진보란 표현은 그 학자에겐 어울리지 않았다. 그는 현 제도인 대의 민주주의를 방어하기에 바빴다. 대중적인 이미지와는 정반대로 매우 보수적인 학자였다. 학자라고 부르기에도 민망할 정도였다. 내가 대의 민주제를 비판했을 때, 그 학자는 반박도 제대로 못 했다. 심지어, 노학자가 플라톤이 가졌던 민주주의에 대한 혐오를 긍정적으로 인용했을 때, 나는 할 말을 잃었다. 참여 민주주의가 얼마나 위험한지를 시민 대상의 강의에서 목청 높여 외쳤다. 거기다 여러 시민 앞에서 시민이 얼마나 감정적이며 정치에 참여할 자질이 없는지를 겁도 없이 주장했다. 그가 플라톤의 주장을 인용하며 대중은 정치에 참여할 지적 능력이 떨어진다고 말할 때 그 자리에 있던 시민들은 분노하기는커녕 이의제기도 하지 않았다. 충격적이었다. 어찌 보면 당연한 반응일까? 이 노교수가 플라톤의 권위에 눌려 아무 생각 없이 『국가론』의 주장을 받아들였던 것처럼, 이 강의에 참석했던 시민들도 이 학자의 학문적 권위에 눌려 비판적인 판단 없이 그의 주장을 받아들이지 않았나 하는 생각이 든다. 아무 생각 없이 외우는 것만 훈련하는 헬 조선 교육의 폐해를 목격하는 것은 매우 가슴 아팠다. 시민의 정치 지능을 거의 장애 수준으로 만들어 지배를 은폐하는 교육제도의 역할을 이 책 2부에서 다루겠다. 이 학자는 직접 민주주의의 제도 도입에 관한 내 주장을 '좌파'의 견해로 가볍게 치부해버렸다.

그 학자 옆에 그의 제자인 것 같은 재단 책임자가 있었다. 내가 직접 민주주의를 시행하는 나라의 예로 스위스를 들자 그 책임자는 스위스의 민주주의를 한 번도 좋게 생각한 적이 없다는 무식하고 용감한 발언을 이어갔다. 스위스 민주주의는 시민과 그 공동체의 운명에 영향을 줄 결정 과정에 시민의 참여를 보장한다. 스위스 민주주의의 장점과 이에 대한 평가는 다음 장에서 다루겠다. 그의 망언은 이에 그치지 않았다. 시민이 직접 정치에 참여하는 제도를 민주주의라 생각하지 않고, 지적이고 이성적인 대표가 참여하는 대의 민주주의만을 민주주의라고 생각해왔다고 당당하게 자백했다. 대의 민주제에 대한 자기 생각을 한 번도 '의심한 적이 없다'는 학자로선 상상도 할 수 없는 발언을 이어갔다. 나에겐 광신적인 종교cult 집단 구성원의 신앙고백처럼 들렸다. 의심하지 않는 학자가 있다니 참 놀라웠다! 신앙인인지 학자인지 구분이 안 되는 그분은 시민 참여가 거의 완벽히 봉쇄된 대의 민주제를 민주주의라 확신했다. 그런데 이 책임자와의 논쟁 전에 그 노학자는 민주주의의 원뜻이 시민의 지배democracy = people's rule라고 설명했다. 이들과의 논쟁이 오해이길 바라며 용기를 내서 한 번 더 질문했다. 나는 핀란드

헬싱키 출신의 정치철학 교수의 말을 인용했다. '권력의 공정한 분배 즉, 소수가 독점한 권력을 어떻게 시민에게 공정하고 정의롭게 나눌 것이냐?'의 문제가 민주주의란 표현이 갖는 핵심적인 함의다. 하지만 그 책임자는 이 정치철학자의 정의에 동의하지 않는다고 또 한 번 용기 있게 내뱉었다.

이 노학자와 그 재단 책임자는 비판적인 사고력을 갖춘 학자가 아니라 대의 민주주의라는 또 다른 형태의 종교를 믿는 신도에 가까웠다. 그 노교수는 현재의 고장 난 대의 민주주의의 우수성을 확신했지만, 그 제도에 대한 비판에 대응할 논리조차 갖지 못했다. 그런데도 그분은 진보적인 정치인들이 조언을 구하는 학자로 행세하고 있었다. 그 노학자는 한때 유력 대선 주자의 멘토였다. 자신의 멘티였던 유력 대선 주자가 정치에 '정' 자도 모르는 것을 간파하고 스스로 그 정치인을 떠난 것으로 나는 그동안 이해했었다. 하지만 실상은 그 학자의 우둔함을 대선주자가 먼저 간파하지 않았나 하는 생각이 들었다. 그의 우둔함에도 그 학자의 명성을 활용해 자신의 정치적인 이미지를 학문적으로 치장하는 정치인이 있었다. 마침 그날 그런 기사가 필자의 눈에 들어왔다. 한국 정치의 미래가 암울해 보였다. 거기에 그 노학자의 평판을 교묘히 활용하는 정치인들의 작태가 내 마음마저 갑갑하게 만들었다. 의심하지 않는 지식인, 자신의 신념조차 방어할 능력이 없는 노교수가 진보적인 학자로서 행세하고 있었기 때문이다. '이래서 이 땅이 헬 조선이 되지 않았나?'라는 생각이 들었다. 자칭 진보적 정치인이라 하는 자들이 보수적인 학자에게 정치를 자문할 때 우리 사회의 진보가 가능할까?

대중(중우)은 무식해서 계속 정치에 참여하지 말아야 할까?

　민주주의에 대한 플라톤의 견해는 타당할까? 민주주의(입법권을 가진 시민의 직접 통치)는 정말 양심적이고 바다에 대한 전문적인 지식을 갖춘 선장(철인guardians)을 외면하고 미개하며 비전문적인 승객(시민citizens)에게 배의 조종을 맡기는 것만큼 위험한 것일까? 당황스럽게도, 플라톤의 이 비유는 상당히 설득력 있게 들린다. 현대 사회에서는 다양하고 전문적인 입법이 필요하다. 전문적인 지식이 턱없이 부족한 시민들에게 입법권을 주는 것은 위험해 보이기도 한다. 줄기세포 연구에 관련한 정부 규제나 입법을 예로 들어보자. 이런 토론과 의사 결정 과정에 참여하기 위해서는 과학적인 지식뿐만 아니라 이런 연구와 관련한 생명 윤리에 대해서도 철학적인 이해가 필요하다. 중소기업 지원에 관한 특별법을 만드는 과정도 비슷한 예가 될 수 있다. 중소기업의 연구개발R&D 분야에 대한 정부 보조금을 지원하는 정책을 만들 때, 이러한 정부 정책이 자유무역협정FTA을 위반하는지에 대한 전문적인 판단이 필요할 수 있기 때문이다. 이렇게 복잡하고 정교한 입법 과정에 참여할 만한 시민을 찾는 것은 쉬운 일이 아니다. 현대 사회에서 시민 전체의 이익을 위해 자신의 이익까지 희생할 수 있는 정치인(철인guardians)을 찾는 것만큼이나 비현실적으로 보인다. 비전문가인 시민이 생태계에 심각한 혼란과 막대한 경제적인 손실을 초래할 법을 만들 위험성까지 고려하면, 플라톤의 주장대로 민주주의가 매우 위험해 보이는 것도 사실이다. 바로 이 논리로 소수 권력자는 그동안 직접 민주주의를 중우정치(어리석은 대중에 의한 정치)로 매도했다.

하지만, 여기서 우리가 가진 환상 하나를 깰 필요가 있다. 국회의원이나 정부 관료도 우리가 생각하는 것만큼 전문적이지 않다는 점이다. 이들도 현대 사회가 만들어내는 이런 복잡한 이슈에 대해 깊이 있는 지식과 정보를 갖고 있지 않다는 말이다. 우리가 그동안 '이들'을 너무 과대평가했거나, 현대 사회의 지식 축적의 정도를 과소평가했기 때문이다. 행정부의 정책이나 국회의 입법이 사회의 다양한 계층과 영역에 어떤 영향을 미칠지를 예측하고 판단하는 문제는 더욱 복잡한 문제다. 예를 들면, 대마초의 합법화와 같은 입법이 더 강력한 마약인 헤로인 중독자 수를 증가하게 할지, 아니면 오히려 헤로인 중독자의 수를 줄일 수 있을지에 대한 예측은 일반 시민, 국회의원 모두에게 쉽지 않은 문제다. 일반 시민보다 소수 행정 관료나 국회의원이 더 현명한 결정을 내릴 수 있다고 보는 것은 근거가 매우 약하다.[9] 관료나 정치인이 정책 결정을 할 만한 충분한 지식을 갖췄다는 환상부터 깨야 한다. 그런데도 이들이 아는 체할 수 있는 이유는 전문가 집단의 자문을 이미 얻었기 때문이다. 해당 정책의 전문가 집단과 우리가 힘을 합치면, 우리도 최소한 그들만큼은 합리적이고 현명한 결정을 내릴 수 있다.

지배 계층의 대국민 사기인 대의 민주주의는 소수 엘리트의 지배를 합법적으로 보호한다!

이쯤 되면 민주주의에 대해 혼란이 생길 수도 있을 것 같다. 민주주의에는 크게 두 가지 형태가 있다. 대의 민주주의representative democracy와 직접 민주주의direct democracy다. 대의 민주제는 가짜 민주주의다. 소수의 '양심 있는' 전문가 집단guardians이라고 자처하는 자들이 있다. 대의 민주제는 대통령과 행정 관료, 국회의원, 사법부의 법관이 권력을 독점하게 보장하는 제도다. 권력을 독점해 시민 다수를 지배하는 대의 민주주의자들은 자신을 의회주의자라고 자랑스럽게 떠벌린다. 이들은 대의 민주주의는 삼권이 나뉘어 각권력 기관 사이의 견제와 균형이 가능한 이상적인 제도라 믿는다. 왜 이렇게 생각할까? 자기들끼리 짜고 칠 수 있기 때문이다. 실제로 세 개의 권력기관이 대한민국의 모든 권력을 독점한다. 한편으로, 시민이 직접 정치에 참여하는 민주주의direct democracy가 있다. 불행하게도 19세기 이후로 영국 귀족과 전 세계의 지배 계층이 바랐던 대로 가짜(최소한 불완전한) 민주주의인 대의 민주제가 전 세계의 지배적인 정치 제도로 자리 잡았다. 하지만 르네상스 이후의 정치이론가들과 장-자크 루소는 소수 정치인에게 모든 시민의 권력을 위임하게 하는 정치제도는 매우 위험할 뿐만 아니라, 금권 정치plutocracy(재벌이 돈으로 정치를 좌지우지하거나 돈 많은 정치인이 사회적 책임을 무시하고 자신들만의 이익을 위해 정치하는 행위)

로 타락할 가능성이 높다고 주장했다. 시민이 정치에 참여하지 않게 되면, 정치에 대한 관심에서 자연스럽게 멀어지게 된다. 이렇게 되면 시민은 소수의 권력 남용을 막을 수 없게 된다.[10] 대의 민주제에 대한 루소의 견해는 이렇다.

> 영국 시민이 스스로 자유롭다고 생각할 때, 자기 자신을 속이는 거다. 실제로 영국인은 자유롭다. 단, 의회 의원을 뽑는 순간에만 자유롭다. 새로운 의원이 선출되자마자, 시민은 다시 억압 속에 빠지게 되고, 아무것도 아닌 사람이 되어버리기 때문이다. 그래서 영국 시민은 매우 짧은 순간의 자유를 활용한 대가로 자유를 마땅히 잃어버려야 하는 존재가 된다.[11]

선거를 민주주의의 꽃이라고 생각하는 현대인에게 루소의 주장은 매우 충격적일 수 있다. 루소는 선거하는 날을 새로운 지배자를 뽑는 날로 여겼다. 우리 대신에 법과 정책을 정하는 사람은 우리의 대표자가 아니라 대표로 위장한 지배자일 뿐이다. 우리는 그저 그들이 정한 정책과 법을 따라야만 하기 때문이다. 그렇다면 법으로 지배당하는 우리가 스스로 법을 만들어 주인이 될 방법은 없을까? 이 책의 마지막 장인 16장에서 이 질문에 답하겠다.

플라톤의 권위에 눌려 민주주의에 대한 그의 편견까지 문자 그대로 이해하는 것만큼 위험한 것은 없다!

19세기 영국 귀족과 보수적인 정치인들이 입법권을 지키기 위해 플라톤의 『국가론』을 탐독했다. 그들은 국가론의 중심 주제인 윤리적인 문제보다는 정치적인 문제에 집중했고, 부분적인 문제를 중심적인 주제로 이해했다. 불행하게도 이런 고전 읽기 방식은 시민들에게 대략 200년간 참혹한 결과를 가져왔다. 이제는 『국가론』을 객관적으로, 그리고 비판적critical thinking으로 읽어야 한다. 고전을 올바르게 해석하기 위해선, 영국 귀족과는 달리 고전의 내용과 자신의 이해관계를 떼어 놓아야 한다. 그다음엔 '어떤 정치적이고 문화적인 상황에서 플라톤이 이렇게 민주주의를 혐오하게 되었는가?'와 같은 질문을 던져보는 것이다. 현대의 저자뿐만 아니라 플라톤과 같이 저명한 고대의 저자도 '저자의 늪'(내 표현)에서 완전히 벗어날 수 없다. '저자의 늪'에는 저자의 시대보다 앞선 미래 지향적인 지식, 동시대 문화의 일부인 상식, 시대에 뒤떨어지는 편견, 전통적인 가치관 등이 수없이 녹아 있다. 작가 자신도 이 늪에 두 발을 담그고 있다. 어떤 작가도 동시대인이 가진 인종, 정치, 종교, 계층과 관련한 여러 편견에서 완전히 자유로울 수 없다. 이런 편견은 저자의 글에 부분적으로 묻어나올 수밖에 없다. 구약 성서의 성 소수자 혐오와 종교 개혁자 마틴 루터와 극작가 셰익스피어가 보였던 유대인에 대한 반감이 그러한 예다. 플라톤은 민주적인 도시국가에서 자랐다. 그는 도시국가의 민주적 절차가 때로는 정말 이해할 수 없는 결정을 내릴 수 있다는 사실을 직접 경험했다. 스승인 소크라테스의 죽음이 그 대표적인 예다. 500명이 넘는 시민 배심원단이 스승인 소크라테스에게 사형을 선고했다. 그것도 소크라테스의 철학과 그가 철학을 하는 방식이 젊은이들의 영혼을 타락하게 하며 신을 모독한다는 말도 안 되는 이유에서였다. 이러한 비극적인 사건이 민주주의에 대한 그의 혐오에 영향을 미쳤을 것이다. 플라톤의 이런 편견이 『국가론』에서 이상적인 국가 운영 방식을 논할 때 드러난 것으로 보인다. 그런데 앞서 언급한 노학자와 그 제자는 민주주의 때문에 억울하게 자신의 스승이 죽은 것도 아닐 텐데 무슨 억하심정으로 그토록 민주주의를 위험하다고 생각할까? 이들도 플라톤의 『국가론』을 퍼트린 영국 귀족이 찍어내길 원했던 지식 노동자의 일부가 아닐까? 그렇다면 이런 종류에 해당하는 지식인을 양산하는 것을 막기 위해서도 서울대의 추천 도서 목록에서 『국가론』을 빼야 하지 않을까? 적어도 담뱃갑의 경고문처럼 추천 도서 목록에 '고전을 문자 그대로 읽는 것은 위험하다!'고 적어 놓아야 하지 않을까?

고전의 저자이든 현대의 작가이든 동시대인이 가진 수많은 편견과 이념에서 완전히 자유로울 수 없다. 로마의 정치인이자 철학자인 세네카도 노예제도에 대해 전혀 문제의식을 느끼지 못했고, 서양에서 거의 모든 학문의 아버지라 해도 과언이 아닌 아리스토텔레스도 이렇게 말한 적이 있다. "여자와 노예의 영혼은 수준이 낮아서 남자의 지배를 받는 것은 당연하다!" 위대한 학자도 자신이 가진 편견을 인식하는 일은 매우 어렵다. 어느 시대의 글을 읽든지 간에 저자의 시대정신 혹은 멘탈리티zeitgeist or mentality(동시대인들이 공유하는 다양한 신념체계와 편견들)를 이해하려는 시도가 꼭 필요하다. 아무리 위대한 작가도 여러 종류의 편견을 가질 수밖에 없고, 이러한 편견이 자기 글 속에 담길 수밖에 없기 때문이다. 철학 고전을 읽을 때는 자신의 이해관계와 독립해서 텍스트를 해석하고, 동시에 글 속에 담긴 작가의 편견을 찾아내려는 노력이 필요하다. 인류는 위대한 작가를 많이 배출했다. 우리는 위대한 사상가의 지식과 깨달음에 많은 빚을 지고 있다. 하지만, 고전을 읽는 사람은 위대한 저자의 책 속에도 여러 위험한 편견이 숨어 있단 사실을 계속해서 경계해야 한다. 마지막으로 위대한 저작이라 생각했던 고전들, 예를 들면 기독교의 성경이나 아시아 고전을 이런 해석학적인 시각으로 다시 읽어 보는 것은 어떨까? 나아가 고전에 대한 전통적인 해석이 우리 사회에 어떤 정치적인 영향을 미쳤는지에 대해 평가해보는 것은 어떨까? 한 사회의 특정한 계층(영국 귀족)이 고전을 자의적으로 해석해 전 세계 시민이 2백 년 넘게 지배당했기 때문이다. 영국 귀족의 『국가론』 해석으로 인해 시민이 이런 뻔뻔한 지배를 인식조차 못 했다. 결과적으로, 지배에 대한 이런 학문적 은폐로 우리는 민주주의와 시민권에 대한 피상적인, 심지어는 왜곡된 이해를 하게 되었다. 시민권과 민주주의에 대한 올바른 이해가 다음 장의 주제다.

2장

시민을 노예와 바보로 만드는 대의 민주주의

시민권을 정말 '시민의 권리'라고만 알아도 될까?

시민권은 정치·경제 공동체인 한 국가나 시의 구성원인 것을 의미하며, 공동체의 구성원 사이에 평등을 보장하기 위한 하나의 조건이다. 공동체가 벌이는 여러 사업의 결정 과정에 참여할 수 있는 권리 또한 시민권이다.[1] 중앙 정부나 시 정부는 여러 사업을 시민이 낸 세금으로 시행하기 때문이다. 시민권에 대한 이해를 좀 더 넓혀보자. '우리가 어떤 복지 혜택을 누려야 하는지?'와 '어느 정도까지 그 복지 혜택을 어떤 조건으로 누릴 수 있을지?'에 대해 우리 스스로 결정하게 하는 데까지 시민권의 정의를 확대해야 한다.[2] 하지만 지금까지는 소수 정치인이 우리가 누릴 권리의 범위와 폭을 결정했다. 그들이 정한 시민권의 종류와 범위에 대해 우리는 그동안 아무 의심도 저항도 하지 않았다. 왜 그랬을까? 시민들이 그동안 시민권에 대해 깊이 생각해보지 않았기 때문이다. 좀더 정확히 표현하면, 시민들은 시민권에 대해 스스로 고민할 시간과 여유가 부족했다. 어릴 때는 시민권의 본질과 정의에 대한 비판적인 판단 없이 학교에서 그저 외우기만 했다. 시험을 봐야 했기 때문이다. 근본적인 문제인 시민권에 대해 깊이 생각할 시간에 다른 문제의 답을 외웠다. 이렇게 하는 것이 더 좋은 대학교에 들어가는 것을 보장할 것으로 생각했기 때문인 것 같다. 학교를 졸업한 후에는 언론이 우리에게 평생교육 기관의 역할을 한다. 문제는 언론이 시청률에 환장하기 때문에 선정적인 이슈만을 골라 보여준다는 데 있다. 자연스러운 결과로, 언론은 시민권에 대한 본질적인 토론보다는 늘 반복되는 정치 추문에 집중한다.

언론은 정치, 사회, 경제, 문화 등의 여러 사회적 현상에 대해 시민 스스로 판단할 안목을 향상하는 일에 집중하지 않는다. 심지어 시민이 스스로 판단하는 것을 원치 않는 것처럼 보인다. 언론은 스스로 중요하다고 생각하는 이슈를 정해 시민에게 그것이 중요하다고 강조한다. 언론은 언어적인 프레임으로 시민의 사고 범위를 제한하고 자신이 의도한 대로 시민이 생각하게 한다. 사회의 중요한 이슈들, 예를 들면 역사 교과서 국정화, 사드 배치, 노동 개혁, 규제 완화와 같은 의제에 '동의를 끌어내는'engineering consent 언론 자신의 임무를 교묘히, 그리고 성실히 수행한다. 언론은 정작 본질적인 문제인 시민권과 민주주의의 본성에 대해 눈을 감아 버린다. 학교와 언론의 협업으로 우리는 시민권의 본성에 대해 고민하지 않게 되었다. 나는 우리가 가끔 학교와 언론 즉, 이 두 생각공장이 유포하는 정보를 하드 디스크처럼 그대로 저장하기만 한다는 생각이 들 때도 있다. 학교와 언론이 준 정보에 절대적으로 의존하기 때문에, 우리는 시민권과 민주주의에 대한 피상적인 이해를 하게 되었다. 우리는 시민권은 그저 시민의 권리이며, 민주주의는 대표자를 뽑아서 공동체의 법률을 정하는 것이라고 반복 학습했다. 결과적으로, 우리는 정치를 바라보는 수동적인 관람객으로만 남게 되었다.

시민권은 자기 공동체의 규칙(헌법, 법률, 그리고 조례)을 스스로 정하고, 노동으로 번 소득의 일부를 세금으로 내고, 이 세금을 어떻게 사용해야 할지에 대해 발언권을 갖는 것이다. 이렇게 상식적인 생각은 시민의 생각 공간에서 자취를 감췄다. 언론이 쏟아내는 프레임(언어적인 올가미)이 우리가 이런 쉬운 생각을 할 능력과 자유까지 제한해 버렸다. 시험은 학생의 생각할 자유를 빼앗고, 언론은 프레임으로 시민의 사고 범위를 제한했다. 참 '고마운' 생각공장이다.

시민권은 헌법이 보장한 여러 자유와 사유재산권, 참정권, 그리고 복지를 의미하는 사회적 권리까지 포함한다. 하지만, 오늘 우리의 시민권은 어떠한가? 국회의원의 입법 활동과 정부의 정책이 우리가 누릴 권리의 범위와 정도를 결정한다. 시민이 미성년자인 것처럼 가디언guardians이라고 자처하는 정치인이 우리가 누릴 권리를 대신 정해 준다. 우리는 이렇게 매우 '이타적'이고 몰상식한 현상을 늘 목격한다. 대신 정해 달라고 한 번도 부탁하지 않았는데 오지랖도 넓은 정치 모리배다. 그러면서 우리보고 개, 돼지라 부른다. 때론 순화해서 중우(어리석은 대중)라고 한자를 풀어 설명해 주는 지식인도 있다. 이 지식인은 텔레비전을 보고 있는 시민에게 시민이 직접 정치에 참여하는 제도는 바람직하지 않다고 용감하게 주장하기까지 한다. 시민권을 스스로 결정하게 해 줄 직접 민주주의는 바람직하지 않다고 말이다. "너희들은 중우야!"라고 말했는데 시청자들은 아무 반응을 하지 않았다. 신기하게도, "개, 돼지야!"라고 말하면 흥분하고 "중우야!" 하면 또 잠잠하다. 생각을 멈추게 하는 교육의 힘은 정말이지 놀랍다. 제정신으로는 이해할 수 없는 이런 현상과 위에서 제기한 몰상식을 알아보지 못한 것이 헬 조선을 진정 지옥답게 만든 것 같다. "늘 그랬는데 왜 지금 이런 문제를 제기하지?"라고 물을 수 있다. 이렇게 문제 제기하지 않으면 헬 조선은 지속 가능해지기 때문이다. 우리 사회에서 시민권의 완성 수준과 시민권에 대한 이해는 초보적이다. 왜일까? 한국 사회의 여러 제도가 시민 의식 수준을 미개한 상태로 유지하기 위해 정말이지 최선을 다하기 때문이다. 왜 시민 의식을 이렇게 낮은 상태로 유지해야만 할까? 소수가 다수를 지배하는 것을 편하게 하기 위해서였다.

어떻게 시민은 계속 정치적인 바보로 만들어졌나?

대부분의 민주주의 국가에서 시민의 정치 참여는 투표 행위가 거의 전부다. 이러한 사회에서 시민은 투표 외의 정치 참여 방식을 상상하기조차 힘들다. 정치 참여에 대한 이러한 사회적 분위기의 형성은 미국과 유럽의 민주주의 형성 과정과 관련이 있다.

최근 두 세기 동안 미국과 유럽의 자유주의 국가에서 국가는 개인의 사적인 삶과 기업 활동에 최대한의 자유를 보장했다. 반면에, 국가나 도시의 여러 공적인 영역에 대한 시민의 정치적 참여는 투표가 전부였다. 노동운동에 참여했던 소수 시민은 정치 참여에 적극적이었지만, 시민 대부분은 정치와 관련한 여러 활동을 소수의 정치인에게만 맡겼다. 유럽이나 북미에서 시민은 일반적으로 언론이나 사법부가 정부나 정치인의 활동을 감시하고 견제할 수 있다고 믿었다.[3] 대표적인 정치사가 중의 한 명인 쿠엔틴 스키너 Quentin Skinner도 서양 민주주의의 진화 과정에 대해 이렇게 평가했다. "민주주의는 시민에 의한 정부 운영이라는 이상ideal의 약화와 함께 '발전'했다." 하지만, 르네상스 이후 대부분의 정치 철학자는 시민이 직접 정치할 때만 자유를 지킬 수 있고, 정치가 소수의 손에 넘어가는 것을 막을 수 있다고 주장했다.[4] 소수 엘리트가 국가를 통치하는 것은 모든 시민이 평등하다는 원칙과 정면으로 어긋난다. 이런 정치제도는 지배와 종속이라는 시스템을 국가 내부에 구조적으로 만드는 중대한 단점이 있다.[5] 장 자크 루소도 시민이 법률과 규칙을 만드는 일에 직접 참여하고 감시할 수 있을 때만, 소수 정치인의 권력 남용을 막을 수 있다고 주장했다.[6]

현대 시민은 정치적인 바보인가?

오늘날의 대의 민주제는 시민의 참정권을 심각하게 제한한다.

대의 민주제는 시민의 정치 참여 방식을 투표와 시위 정도로 제한한다. 이런 상황을 고려하면 대의 민주주의는 사실상 시민을 계속해서 바보idiots(정치 지능 장애)로 만든다고 봐도 별 무리가 없다. 바보idiot란 영어단어는 고대 그리스어인 이디오테스idiotes에서 유래했다. 고대 그리스의 도시국가에서 바보란 사적인private 삶에만 관심 있고 공적인 일 즉, 정치에 관심 없는 사람을 가리키는 말이었다.7 법률과 같은 공동체의 규칙을 정하는 일에 참여하지 않는 사람은 자신의 이익에 반하는 규칙이나 제도를 동료 시민이 정할 때, 반대하거나 다른 의견을 제안하고 동료 시민을 설득할 기회조차 얻지 못한다. 공동체인 시의 살림보다는 자기 집안일을 우선해서 관리하고 경영하는 것이 당장은 경제적으로 더 현명해 보인다. 하지만, 이런 근시안적인 행동은 어리석은 정치 지능에서 나온다. 본인이 공동체 안에서 벌어들인 소득 중에 얼마를 세금으로 내야 할지가 정치에서 결정되기 때문이다. 현재의 대의 민주제는 시민을 고대 그리스인이 바보라고 여겼던 존재로 만들어버렸다. 거의 모든 시민이 국가의 중요한 결정 과정에 참여할 수 없기 때문이다. 공동체의 헌법과 법률, 그리고 조례를 제정(입법부)할 때, 세금의 사용 방식을 결정할 때(행정부), 법률을 해석할 때(사법부), 우리는 철저하게 소외되었다. 그런데 대의 민주제는 이런 모든 불합리한 것들을 합법적으로 보호한다. 그것도 '견제와 균형'을 뜻하는 삼권분립이라는 그럴듯한 표현으로 치장한 채 말이다. '견제와 균형'이란 표현은 세 개의 권력기관이 우리 사회의 거의 모든 권력을 독점한 현실을 교묘히 은폐했다. 삼권분립이란 표현으로 인해 시민은 자신이 어떤 존재인지조차 망각해버렸다. 공동체의 규칙 제정에 책임과 권리가 있는 존재임을, 일해서 낸 세금에 대해 발언권이 있단 사실을, 공동체의 법률을 타인이 위반했는지 판단할 주체가 시민 본인이란 너무나 명백한 사실조차 인식하지 못했다. 대의 민주제는 이렇게 정치의 주체이자 공동체의 주인인 시민을 정치적인 바보로 만들었다.

1,460일 중 하루만 정치 참여하게 하는 대의 민주제가 정말 민주주의일까?

자연스러운 결과로, 상당수 시민은 4년에 단 하루 투표하는 것마저 안 한다. 4년에 하루 투표하는 거로 정치에 다 참여했다고 생각하는 우리의 의식 수준은 더 심각한 문제다. 시민 의식을 비난하기 위해 이 책을 쓴 것은 아니다. 이런 수준을 갖게 한 제도를 비판하기 위해서다. '정치적인 바보'를 대량 생산하는 대의 민주제의 본성을 폭로하기 위해서다. 대의 민주제는 소수의 지배를 합법적으로 유지하는 귀족주의의 위장술에 불과하다. 이러한 위장을 지속하게 하는 도구가 교육과 언론이다. 대중 교육(학교)과 시민의 평생교육 기관으로 역할 하는 언론이 정치 참여에 대한 이와 같은 시민 의식을 만든 공범이다. 지배를 뻔뻔하게, 때로는 은밀하게 은폐하는 학교와 언론으로 인해, 시민은 귀족 중심의 대의 민주제를 민주주의라 생각하게 되었다. 우리는 타인이 만든 법률로 인해 자유롭지 못한 삶을 살다 '왜 내 인생의 주인은 내가 아니었을까?'를 평생 고민하다 죽는다.

대의 민주주의의 귀결은 금권정치 즉, 돈의 지배다!

민주주의를 의미하는 영어 단어 데모크라시democracy는 고대 그리스어에서 유래하였다. 민주주의의 원뜻은 '시민의 직접적인 지배'(Demos = people + kratos = rule)다. 현재 대부분의 유럽과 북미에 있는 민주주의 국가처럼 우리도 소수 대표자가 정부와 국회를 맡는 대의 민주주의representative democracy를 채택했다. 하지만 아리스토텔레스는 소수 엘리트의 국가 지배를 합법적으로 정당화하는 제도가 대의 민주주의라고 지적했다. 또한, 소수의 대표자가 운영하는 정치제도는 너무 쉽게 금권정치plutocracy로 전락할 위험성이 있다고 주장했다.8 금권정치의 한국적 형태가 우리 정치의 고질적인 문제인 '정경유착'이다. 정경유착은 대의 민주제의 필연적인 부산물이 되었다. 정경유착을 예방하는 방법은 간단하다. 자본가의 이익을 지키려고 소수 정치인과 지식인 집단을 매수하는 관행이 더는 통하지 않게 하면 된다. 대의 민주제하에서 소수 엘리트가 모든 권력을 독점하기 때문에, 자본가는 소수의 사람만 매수하면 원하는 것을 언제든지 합법적으로 얻을 수 있다. 국회의원 300명, 판사 3천 명, 그리고 행정부의 고위 관료, 지식인 집단, 그리고 주요 언론인 정도만 매수하면 된다. 자본가는 이렇게 언제든지 자기가 원하는 것을 여론의 지지마저 얻어내며 이룰 수 있다. 해답은 권력을 분산하는 거다. 권력이 시민에게 공정하고 정의롭게 나누어진 사회에서 정경유착은 불가능하다. 전 국민을 매수해야 하기 때문이다. 하지만 현재 우리의 정치제도는 금권이 정치인, 언론인, 그리고 지식인 집단을 동원해 시민을 지배하는 것을 가능하게 한다.

대의 민주제의 최선은 기껏 소수 정치 엘리트 간의 권력 교체 정도다. "정치권력의 교체만으로도 시민에게 도움이 되지 않을까?" 이런 질문이 나올 법하다. 정권 교체는 시민에겐 전혀 도움이 되지 않는다. 정치 엘리트는 크게 두 집단이 있다. 보수당과 진보당이다. 친일파와 군사독재 세력의 잔당들이 보수라 스스로 우기고 있고, 또 한편으로, 실상은 중도나 중도 우파인데 진보인 체하는 당이 있다. 기업인이 가장 좋아하는 '자유'를 외치며 기업의 이익을 뻔뻔하게 대변하는 보수당이 권력을 잡든, "선별적 복지, 법인세의 실효세율 인상, 소득세의 실효세율 인상" 등을 외치는 무늬만 진보당이 정권을 잡든, 시민의 삶에서 변화는 거의 일어나지 않는다. 기업가는 달걀을 한 바구니에 담는 어리석은 짓은 절대 하지 않는다. 헬 조선의 자본가들이 투자의 기본을 모를 정도로 그렇게 멍청하지 않다. 자본가는 거대 양당 모두에 이런저런 방식으로 투자해 놓는다. 투자에만 그치지 않고 자본에 유리한 경제철학을 가진 인재의 국회 진출을 돕고 언론을 활용해 그 '인재'의 위상을 높여 놓는다. 이렇게 하면 선거에서 어느 당이 이겨도 자본은 현재의 지위를 유지할 수 있게 된다. 그들의 지배는 계속된다. 4년마다 선거 결과 때문에 국민의 반은 한탄하고 나머지 반은 '치킨과 맥주'로 기뻐한다. 하지만 이 두 부류의 시민 모두 패배자일 뿐 선거마다 이기는 자는 0.1%의 자본가다. 이래서 정권이 바뀌어도 세상은 바뀌지 않는다. 부의 불평등 문제가 전혀 개선되지 않았음에도 불구하고 시민은 5년마다 자본의 하수인인 언론이 만든 양자 구도라는 게임에 놀아난다. 대의 민주제는 이렇게 소수 특권층의 권력 독점을 최적화한다.

선거로 뽑는 대표자는 지배자일 뿐이며 우리가 아닌 자본의 대변자다

대의 민주제는 4년에 단 하루 동안만 시민의 정치 참여를 허락한다는 점에서 '시민의 지배'라는 민주주의와 거리가 멀다. 고대 그리스인은 우리의 민주주의를 상당히 위험한 제도로 여길 것이다. 현재 대의 민주제하에서 우리는 소수 정치 엘리트에게 4년이라는 위험할 정도로 긴 기간 동안 권리를 위임해야 하기 때문이다.[9] 무엇보다 대의 민주제의 가장 큰 단점은 소수 정치인이 시민을 합법적으로 지배하게 한다는 것이다. 그래서 국가의 주인이어야 할 시민을 노예로 만들어 버린다. 어떻게? 국회의원은 입법권을 합법적으로 독점한다. 우리는 특정한 법률을 원치 않음에도, 어떤 법이 우리의 자유와 권리를 침해할 때에도 어쩔 수 없이 그 법을 따라야 한다. 우린 우리가 만든 규칙이나 법률을 자발적으로 지키는 것이 아니다. 소수 엘리트가 만든 법으로 사실상 우리는 지배당한다. 그런데도 우리는 소수 권력자가 법으로 시민을 지배하게 하는 제도를 민주주의라 부른다. 학교에서 이렇게 우리 아이들을 가르치는 것은 사기다.[10] 실제로 정치인은 우리를 노예처럼 법으로 지배하면서 "모든 권력은 국민에서 나온다!"란 말로 대의민주제를 치장한다. 주권재민이란 표현으로 사실상 법의 지배를 받는 시민을 띄워 준다. 권력의 근원으로 다수 시민을 인정해 주는 거다. 하지만 이것 또한 사기다. '모든 권력은 국민에서 나온다.'가 아니라 '모든 권력은 국민의 것이다.'가 옳다. 하지만 대의민주제는 시민이 가진 모든 권력을 한 곳에 몰아준다. 선거로 새로운 집권 세력을 뽑는다. 선출된 대표자로 위장한 지배자가 한국의 진짜 권력인 자본을 위해 봉사한다. 시민 모두의 것이 되어야 할 권력이 소수에게 마치 블랙홀처럼 빨려 들어간다.

선거를 통한 위임은 주인이었던 우리를 노예로 만들 뿐이다!

자연스러운 결과로 소수 정치 엘리트와 자본이 결탁한다. 시민의 이익은 안중에도 없다. 주인인 시민을 대표하기보다는 기업의 이익을 확대하고 보호하는 법을 만든다. 그것도 그럴싸한 이름을 붙여 그 법이 실제 누구와 어느 집단을 위한 법인지를 가려 버린다. 물론, 이렇게 기업의 이익을 보호하고 확대하는 법은 다수 시민의 이익에 반한다. 국회의원이 이런 법을 만들 때, 시민이 할 수 있는 유일한 정치적인 행동은 무시하면 그만인 촛불시위다. 대통령이나 국회가 다수 시민의 의사에 반해 어떤 정책을 집행할 때, 시민은 그 정책이 집행되는 것을 지켜보는 수밖에 없다. 반대하거나 동의할 수 없는 법률로 인해 우리의 정치, 경제, 사회적인 자유는 점점 줄어든다. 시민의 이익과 의사에 반한 정책과 법률의 집행이 합법적으로 이루어지기 때문에, 이에 저항하는 시민 행동이 위법한 행위로까지 비칠 수 있다. 이런 상황에서 자주 등장하는 프레임이 '불법 시위, 불허된 집회' 등의 표현이다. 이런 표현을 쓰는 정치인과 언론이 불법을 저지르는 주체다. 헌법이 보장한 집회, 결사의 자유를 행사하는 시민을 범법자로 불러 민주 시민의 명예를 훼손했기 때문이다. 어쨌든 국회의원이 시민의 이익과 의사에 반한 법을 만들 때, 주권자인 시민이 이에 항의하는 것은 너무나 당연하다. 하지만, 시민은 이런 정책과 법을 그저 따르는 수밖에 없다. 이게 대의 민주주의의 민낯이다. 시민이 동의할 수 없는 법률을 억지로 따르게 하는 제도는 민주적이지도, 윤리적이지도 않다. 주권재민의 원칙에도 어긋난다. 사실상 시민은 권력의 주인이 아니라 법의 지배를 받는 노예다. 현재의 제도하에서 시민은 모든 권력을 소수 정치인에게 몰아준다. 역설적으로 시민에게 권력을 위임받은 소수 정치인은 입법권을 독점해 섬겨야 할 시민을 지배한다. 상당수 시민이 이런 지배를 너무나 당연하게 민주적인 제도로 여길 때, 우리는 어떻게 해야 할까?

이런 정치 제도를 민주적으로 보이게 하는 법과 제도를 끊임없이 의심해야 한다. 공동체의 모든 법과 제도는 시민을 위해 있어야 한다. 하지만 현재의 법과 제도는 지배와 지배의 자연스러운 부산물인 불평등을 유지한다. 우리는 법과 제도를 시민의 자유와 평등, 그리고 행복을 더 보장하는 방향으로 개선하기 위해 끊임없이 부정denial해야 한다. 우리가 법과 제도에 대해 비판적으로 바라보지 않으면, 법과 제도를 개선할 가능성 자체가 사라져버린다. 인류 역사는 지배와 불평등의 역사였다. 평등하고 정의로운 국가가 인간의 역사에 등장한 적이 거의 없다. 사회의 질서를 유지하고 보호하는 여러 제도에 대해 의심해야 할 이유가 바로 여기에 있다. 사회의 여러 제도를 긍정적으로 보게 되면, 현재의 제도와 소리 없이 만들어지는 법률이 우리를 계속 지배할 것이다. 이렇게 되면, 우리는 주인이 아니라 원치도 않는 법을 억지로 따라야 하는 노예로 전락하게 된다.

어떻게 권력의 주인인 시민을 진정한 주인으로 만들 수 있을까?

노예인 우리를 진정 주인으로 만들어 줄 민주적인 제도는 과연 있을까? 대의 민주제의 가장 큰 단점은 국회의원이 시민의 의사나 이익에 반해 법을 만들 수 있다는 것이다. 공약을 전제로 당선된 대표자가 시민과의 약속을 깨는 경우도 쉽게 발생한다. 이런 현실에서 국회의원의 입법 활동을 견제하거나 입법 과정에 시민의 참여를 보장해 줄 제도의 도입이 절실하다. 이 책 16장에서 입법부를 견제하고 시민의 참정권을 보장해 줄 제도에 대해 상세히 다루겠다. 이 장에서는 짧게 스위스의 직접 민주주의 제도 중의 일부를 살펴보겠다. 스위스는 시민의 참여를 보장하는 제도로 대의 민주주의의 단점과 한계를 극복하고 있다. 국민 발안이 좋은 예다. 국민 발안(시민 입법)은 시민을 공동체의 주인으로 만들어 줄 정의로운 제도이며, 소수 권력자의 입법권 남용을 막을 수 있는 좋은 제도다. 시민 스스로 입법 과정에 참여할 수 있고, 동시에 이런 과정을 통해 만든 법을 자발적으로 지킬 수 있게 한다는 점에서 스위스의 정치 제도는 대단히 민주적이다. 스위스와 같은 민주적인 사회에선 어떤 일이 가능할까?

시민 스스로 자신의 권리를 결정하게 하는 것이 민주주의다!

5~6년 전에 『러시아 투데이』는 스위스의 "달콤한 최저 소득 법안"이란 제목의 기사를 보도했다. 12만 명의 서명을 얻어 이 법안을 의회에 제출했고, 그해 말에 국민 투표가 있었다. 스위스의 성인 누구에게나 우리 돈으로 매월 300만 원을 노동의 여부와 관계없이 지급하자는 법안이었다. 이 법안 발의자 중의 한 명이 인터뷰에서 법안 발의의 이유를 이렇게 설명했다. "한 아이가 태어났을 때, 주위의 사람들이 그 아이에게 우리가 너를 돌봐 줄 것이라고 말하며 환영해주고, 더 나아가 너의 꿈을 돈 걱정 없이 이룰 수 있게 우리

가 도와주겠다." 이 사람은 스위스를 이런 사회로 만들기 위해 최저 소득 법안을 제출했다고 한다.[11] 매월 300만 원이라는 정말 달콤한 숫자보다 더 주목해야 할 것이 있다. 시민권의 범위와 정도를 결정할 수 있는 권한이 시민에게 있다는 점이다. 우리 사회가 국민발안과 같은 직접 민주주의 제도를 도입하면, 노예로 전락한 시민을 다시 주인으로 되돌릴 수 있지 않을까?

시민이 누려야 할 권리는 소수의 대표자가 아니라 시민 스스로 정해야 한다!

잠깐 17세기부터 20세기 초반까지 영국의 시민권 형성 역사를 살펴보자. 가장 먼저, 시민은 사유재산권을 얻게 된다. 그다음에 사상과 양심의 자유를 인정받게 된다. 이후에 참정권 획득을 위한 기나긴 투쟁을 거쳐, 영국 시민은 복지를 의미하는 사회적 권리를 20세기 초에 쟁취한다.[12] 시민권의 형성 과정에서 주목해야 할 사실은 한 번도 귀족이나 엘리트가 먼저 나서서 시민에게 시민권을 내준 적이 없다는 점이다. 영국의 시민권 투쟁 과정에서 영국의 보수적인 정치인은 "망할 민주주의"Damn Democracy라는 표현을 입에 달고 살았다. 19세기부터 수많은 시민의 참정권 투쟁에서 귀족은 항상 마지못해 민주주의를 인정했다.[13] 4년 중에 단 하루만 시민이 정치에 참여하게 해 주는 이런 원시적인 민주주의도 시민들의 기나긴, 목숨을 건 투쟁을 통해서 이루어졌다. 이젠 시민의 사회적 권리인 복지도 소수 정치인이 아니라 시민 스스로 결정할 수 있게 해야 한다. 이를 위해 국민 발안과 같은 직접 민주주의 제도가 필요하다. 시민이 누릴 권리는 소수 엘리트가 아니라 시민 스스로 결정할 수 있어야 한다. 이게 민주주의다.

우리에게는 시민권을 더 완전하게 보장할 수 있는 민주적인 제도와 민주주의를 더 성숙하게 만들어 줄 시민권에 대한 올바른 이해 둘 다 필요하다. 시민권과 민주주의의 진화는 오로지 시민의 참여로만 가능하다. 시민을 노예가 아닌, 진정한 주인으로 만들어 줄 민주주의를 실현하기 위해선 시민권에 대한 바른 이해가 우선해야 한다. 민주주의는 시민 스스로 시민권의 종류와 정도를 정할 수 있을 때 진화한다. 이렇게 하려면, 중앙정부의 권력을 지방정부에 균등하게 분산해야 한다.[14] 그리고 시민이 지방 정부의 여러 결정 과정에 참여할 수 있을 때, 시민은 하인civil servants(선출직 공무원들 ; 대통령, 도지사, 시장 등)에게 주었던 권력을 다시 찾아올 수 있다. 정치과학 분야의 학자가 고안한 여러 혁신적이고 창의적인 제도로 시민권과 민주주의라는 두 가지 이상을 모두 실현할 수 있다. 시민 참여를 보장해 줄 정치제도에 대한 연구 결과는 엄청나게 쌓여 있다. 현시점에서는 혁신적인 정치 제도를 도입하겠다는 정치인의 의지가 가장 절실히 필요하다. 하지만, 정치인이 시민이 요구도 하지 않는 제도를 도입할 거라고 기대하는 것은 누가 봐도 어리석은 짓이다. 누가 해주길 바라지 말고 시민이 직접 요구해야 한다. 민주주의의 진화는 그동안 독점한 권력의 공정한 분배와 관련 있기 때문에 정치인들이 자발적으로 제도 개혁에 참여하기를 기대해선 안 된다. 시민이 강력히 요구해야 하며, 되도록 많은 시민이 연대해 한목소리로 요구해야 한다. 정치인은 자기 앞에서 요구하는 시민의 머릿수를 다음 선거의 잠재적인 득표수로 생각하기 때문이다. 정치인은 겉으로는 모르는 척하지만 유권자인 시민이 갑이고 자신이 을인지 잘 안다. 갑인 시민이 모이면 모일수록 정치인은 머리를 조아리게 되어있다. 그동안 우리가 갑인지를 몰랐다는 점이 문제였다.

마지막으로, 시민의 자유에 대해 짧게 한마디 덧붙이면서 이 장을 마무리하겠다. 시민의 자유는 국가와 같은 외부의 간섭에서 벗어나는 것을 의미할 뿐만 아니라 공동체(국가나 시)의 일에 자유롭게 참여하는 것까지 의미한다.[15] 모든 시민은 정치에 참여할 자유를 갖고 있다. 하지만, 현재의 대의 민주제가 시민의 참정권을 심각하게 제한한다. 억압의 실체를 그동안 잘 몰랐을 뿐이다. 지배의 실체를 더 상세히 드러내기 위해 다음 장에서는 영국제국의 역사와 그 본성에 대해 다루어보겠다. 시민의 정치 참여를 제한하는 것은 시민을 주인이 아니라 노예로 대하는 것이다. 시민을 노예로 만드는 대의 민주제와 영국 제국이 어떤 관련이 있을까? 이 질문에 대한 답이 3장의 주제다.

3장

보이지 않는 제국주의인 대의 민주주의와 신자유주의

제국주의의 그늘

일본 우파 정치인의 망언이 나올 때마다 언론은 이 소식을 시민에게 전한다. 언론은 제국주의를 미화하는 일본 우파 정치인의 헛소리에 이어 이에 분노하는 시민 인터뷰 내용을 내보낸다. 인터뷰하는 시민이 분노할 때, 우리도 반성하지 않는 일본 정치권에 대해 함께 분노하며 비판한다. 전직 대통령도 광복절 기념사에서 일본 제국주의와 위안부 문제 등을 언급하며 일본 지도자의 진정한 사과를 요구했다. 그러다 덥석 위안부 문제에 합의해주었다. 그 아버지에 그 딸이다. 그것도 단돈 10억 엔에! 한편으로, 지구 반대편 영국에서도 제국주의 논쟁이 여전히 진행 중이다. 몇 가지 예를 들어보면, 2009년 영국 케임브리지 대학에서는 노예제와 인종주의를 옹호하는 일명 '제국 파티'를 열어 논쟁을 일으키는가 하면, 2011년에 헨리 모튼 스탠리의 동상 건립 문제로 영국 사회가 시끄러웠던 적도 있었다. 스탠리는 아프리카 탐험 중에 보인 잔인한 행동으로 비난받는 인물 중에 하나다. 이외에도 영국 왕립 지리학회장인 마이클 팔린은 2011년 『파이낸셜 타임스』에 이렇게 썼다. "우리는 이제 영국 제국의 역사에 대해 사과하는 행동을 멈출 때가 되었다." 2005년에 영국 총리였던 고든 브라운도 자국의 식민지였던 아프리카를 방문해 비슷한 성명을 발표했다. "위대한 영국의 가치 예를 들면, 자유, 관용, 시민의 의무는 영국 제국의 가장 성공적인 수출품으로 인정받을 가치가 있다." 브라운 총리는 아베 총리 저리 가라다. 겁과 양심을 상실한 발언이다. 자국의 식민지였던 아프리카 국가를 방문해 아베 총리보다 더 심한 말을 할 수 있었던 이유는 지난 세기와 마찬가지로 아프리카 국가들은 여전히 힘이 없기 때문이다. 문명사회에서 언제나 쉽게 목격할 수 있는 야생의 질서다. 문명사회로 위장한, 하지만 강자가 활개 치는 야생의 세계에 '문명인'이 살고 있다. 역사가 로렌스 제임스는 2012년 케냐의 마우마우 희생자[1]와 영국 정부 사이의 고등법원에서의 다툼에 관해 『데일리 메일』에 이렇게 썼다. "물론 제국은 여러 실수를 저질렀다. 하지만, 우리는 과거 제국의 역사를 자랑스러워하는 것을 결코 멈춰서는 안 된다. 영국 제국은 발전, 안정, 그리고 유익한 제도를 여러 식민지국에 확산했기 때문이다." 전형적인 식민사관이다. 여기서 그치지 않는다. 스코틀랜드 출신 하버드 대학 역사(경제사와 제국주의 역사)가인 니얼 퍼거슨도 거의 똑같은 태도로 영국 제국을 미화한다. "영국 제국은 그때 당시 다른 제국과 비교해 실제로 더 나았다. 제국의 역사가 흠이 없는 것은 아니지만, 영국 제국은 매우 유익한 전 세계적인 무역과 법치를 식민지국에 정착하게 했고, 동시에 세계 평화에 엄청나게 기여했다." 망언 행진이다. 이쯤 되면 이 인간들의 입을 꿰매도 모자랄 판이다. 한편, 장 폴 사르트르는 유럽의 제국주의를 비판한다. "우리 유럽은 지금 식민지에서 쫓겨나고 있다. 식민지를 점유했던 백인 정착자가 잔인하게 쫓겨나고 있다. 우리도 식민지를 강제로 점유했던 그들 중의 한 명이다. 제국은 거짓말의 이념일 뿐이고, 약탈을 위한 완벽한 합리화에 불과했다. 제국의 이념이 주었던 달콤한 말과 제국을 감성적으로 꾸민 모든 가장은 우리의 침략을 위한 알리바이에 불과했다."[2] 이런 고백이 양심 있는 사람이 할 말이다.

보이지 않는 제국주의

지난 세기 강대국의 약탈과 학살의 역사를 미화하는 시도가 가깝게는 일본에서, 멀게는 영국에서 여전히 계속되고 있다. 제국주의의 어두운 그림자가 아픔의 역사를 경험한 사람들의 마음속에 여전히 드리워져 있다. 일본 제국주의를 미화하는 발언이 나올 때마다 우리 정치권과 시민은 한목소리로 분노하고 비판한다. 하지만, '과거'의 제국주의보다는 '현재 진행 중'인 제국주의에 분노하고 비판해야 하지 않을까? 완벽히 위장해서 제국주의인지가 전혀 드러나지 않는 두 형태의 제국주의가 현재에도 존재한다. 이 보이지 않는 두 제국주의는 신자유주의와 대의 민주주의라는 이념과 제도다. 이 두 제국주의는 여전히 전 세계를 지배한다. 진화한 제국주의는 스텔스stealth 기능을 갖추고 있어, 시민은 제국주의가 자신을 지배하고 있다는 사실조차 인식하지 못한다. 이러한 이유로 시민 다수는 제국주의는 과거의 문제일 뿐이며, 21세기에 제국주의를 거론하는 것 자체가 시대에 뒤떨어진 것으로 생각한다. 하지만, 현재에도 제국주의는 시퍼렇게 살아서 우리를 소리 없이 지배한다. 이 정치제도와 경제이념은 제국주의적인 본성을 숨기고 자국 시민뿐만 아니라 전 세계 시민을 지배한다. 신자유주의는 전 세계에 민주주의와 경제적인 번영을 가져다줄 거라고 약속한다. 하지만 이 경제 이념은 밖으로는 약소국의 자원과 자산을 합법적으로 약탈하고, 안으로는 경제적인 양극화를 일으키는 제국주의의 진화한 버전에 불과하다. 지배자가 단지 한 국가의 정부에서 전 세계 초고액자산가(1조 원 이상의 자산가)의 연대로 바뀌었을 뿐이다. 또 하나의 제국주의는 대의 민주주의다. 대의 민주제의 본성은 앞 장에서 언급한 것처럼 '소수의 지배'다. 이 정치 제도는 아무런 의심 없이 가장 민주적인 정치제도로 자리 잡았다. 하지만 실상은 행정부, 입법부, 사법부를 장악한 소수 정치인과 경제 권력이 야합해 권력을 합법적으로 독점하는 정치적인 제국주의이다. 마치 쌍둥이처럼 신자유주의와 대의민주주의는 서로 닮았다. 대중을 세뇌해 **부와 권력을 독점**하는 거다. 과거 제국주의는 막강한 군사력을 이용한 학살과 약탈로 부를 독점했다. 하지만 2차 세계 대전 이후부터 이러한 비윤리적인 강대국의 일탈 행동은 더는 세계 여론의 지지를 받을 수 없게 되었다.[3] 그래서 새로운 유형으로 위장한 제국주의가 신자유주의다. 이와 함께, 신자유주의를 자국과 전 세계에 정착하게 하는 데 주도적인 역할을 한 정치 집단이 있었다. 이 정치 권력자를 합법적인 지배자로 만들어 준 대의 민주주의oligarchy가 또 다른 형태의 스텔스 제국주의다. 왜 신자유주의와 대의 민주제가 진화한 제국주의인지를 명확히 이해하기 위해, 제국주의의 본성을 살펴보는 것이 필요해 보인다. 영국 제국의 역사와 특성을 살펴보면서 신자유주의와 대의 민주제가 어떤 점에서 제국주의와 닮았는지를 살펴보겠다. 먼저, 영국 제국의 역사를 간략하게 정리해 보자.

지구의 4분의 1을 지배한 야만의 제국

영국 제국의 규모부터 살펴보자. 전성기일 때, 영국 제국은 지구 육지의 거의 4분의 1을 차지했고, 상선과 군함은 단연 세계 최고였다. 1차 세계 대전 이후에 아프리카, 중동, 그리고 태평양 일대를 식민지로 만들어 인구 5억 명을 지배했다. 정치, 경제, 그리고 전략적인 지표로 판단했을 때, 영국은 세계 유일의 초강대국이었다. 초강대국의 지위는 2차 세계대전까지 유지된다.[4] 역사가들은 영국 제국의 형성을 크게 네 단계로 기술한다. 이러한 역사 기술은 제국의 변화하는 특성과 확장을 묘사한다. 영국 제국은 초기에 미국 식민지의 상실로 식민지 대부분을 잃는다. 그 이후에 영국 제국은 상업적인 활동과 아시아 남부 지역의 영토 확장에 집중한다. 아시아 남부 지역을 점령한 후에 영국 제국은 백인 지배권역을 건설하는데 이 지역이 호주, 캐나다, 뉴질랜드, 남아프리카 공화국과 같은 영연방 국가다. 마지막으로, 영국 제국은 아프리카와 동남아시아에 다시 집중한다. 뒤이어 2차 세계대전이 발발한다. 전후 1947~8년 즈음에 남부 아시아의 몇몇 영국 식민지가 독립한다.[5] 1960년대에 영국이 수에즈의 동부 지역에서 철수를 선언하게 되면서 제국의 역사는 막을 내린다.[6]

혁신적인 기술과 제도로 살인하고 약탈하기

영국의 과학, 기술 혁신은 제국의 팽창을 더욱 가속하게 했다. 당시 영국의 혁신과 진보는 총, 철도, 증기선, 유무선 통신, 심해 채굴 장비 등과 같은 하드웨어적인 부분에만 머물지 않았다. 관료 조직과 같은 제도적인 분야의 혁신도 제국의 발전에 기여했다. 보병 제도나 복잡한 체계의 통신 관리, 합작 주식회사, 은행, 그리고 수익을 창출할 수 있는 정보 공유 등도 제국을 확장하게 했다. '왜 제국이 성장했을까?'라는 직접적인 질문에 쉽고 솔직한 답이 있다. 영국과 유럽 여러 국가는 식민지를 정복할 힘이 있었고, 거기에 영국을 포함한 유럽 국가들은 제삼 세계 국가가 가진 공짜 노동력과 자원에 대한 탐욕으로 물들어 있었다. 불행하게도 식민지국은 이러한 탐욕을 막아낼 힘이 충분치 않았다.[7]

학살과 약탈로 부를 독점하려는 것이 제국주의의 민낯이다!

제국주의 시절 영국인의 가시지 않는 탐욕은 제국의 경제구조에서 잘 드러난다. 비버 가죽, 대구, 해양 탐험, 그리고 가톨릭 종교를 향한 두려움과 혐오를 특징으로 하는 영국 제국은 노예와 곡물 산업에 의존하고 있었다. 제국의 경제 구조는 삼각 무역이 특징이다. 제국 경제의 첫 번째 축은 노예를 서아프리카에서 미국과 서인도제도(미국 버진 아일랜드)로 이송하는 것이었다. 노예를 팔아 얻은 이익으로 노예가 신대륙에서 생산한 여러 곡물 예를 들면 면, 설탕, 담배, 술을 산다. 이런 농산물을 다시 노예선에 실어 영국과 다른 유럽 국가에 수출한다. 여기서 얻은 이익은 영국의 외화 수입을 늘렸는데 이것이 제국 경제의 두 번째 축이다. 대량 생산한 상품이 삼각 무역의 세 번째 축을 뒷받침한다. 영국에서 생산한 총, 구슬, 천과 같은 상품을 서아프리카로 수출하고, 상품 판매로 얻은 이익으로 다시 노예를 산다. 이런 삼각 무역이 제국의 경제체제를 뒷받침하는 주요 특징이었다.[8] 당연히 제국의 경제 구조를 유지하고, 이를 통해 제국을 확장해 나가는 데 더 많은 식민지를 얻기 위한 전쟁은 일상적이었다. 강제 점령을 위한 전쟁은 제국의 확장 과정에서 발생하는 배경 소음 정도로 여길 정도였다. 폭력, 진압, 때때로 학살은 제국의 확장에 필수적인 요소였다.[9] 이런 범죄와 학살이 앞서 영국 지식인과 정치인이 언급한 제국의 '사소한' 잘못이나 흠이었다. 영국인에게는 어쩔 수 없는 사소한 흠이었다. 왜? 당시 영국인은 자신들이 식민지국에 더 많은 발전과 좋은 것을 선물하는 식민지 원주민의 보호자(가디언guardians)라 생각했기 때문이다. 하지만 제국이 자유 무역, 민주주의, 자유, 관용, 시민의 자질, 법치 등의 가치를 퍼트려 전 세계의 평화와 발전에 기여했다는 주장은 식민지 원주민과 그 후손을 상처 입히고 기만하는 선전이었다. 제국의 잔인함과 탐욕을 감추기 위한 위장술이었다. 제국주의의 화장을 지우면, 학살과 약탈로 얻은 부와 자원의 독점이란 제국의 민낯이 드러난다. 전 세계의 부를 독점하려는 제국주의의 탐욕은 또 다른 형태의 제국주의인 신자유주의 특성과 묘하게 일치한다.

신자유주의는 규제 완화(D), 자유화(L), 민영화(P)란 원칙으로 약소국과 약자를 탈탈 터는 세계 자본가 집단의 약탈 수법이다!

'D-L-P Formula'라는 주요 정책이 신자유주의의 특성을 압축적으로 보여 준다. 정부의 규제 완화Deregulation, 무역과 산업의 자유화Liberalization, 그리고 공기업의 민영화Privatization다. 관계된 정책은 대규모의 세제 완화를 포함하는데 이것은 주로 기업과 부자를 위한 감세 정책이다. 이전 정부의 이름이 바로 떠오른다. 신자유주의의 핵심적인 원칙을 좀 더 자세히 설명하면 이렇다. 공공 서비스와 복지 프로그램의 감소, 인플레이션 감독을 위한 독립적인 중앙은행에 의한 금리 활용(심지어 실업률 증가의 위험이 있을 시에도), 작은 정부, 지정된 경제 지역 내에서 국내 기업과 해외 기업을 위한 조세 회피처, 시장주의 중심의 새로운 상업 도심 지역, 생산성 향상과 '노동시장의 유연성'을 중시하는 반anti 노동조합 운동, 세계적인 금융과 무역에 대한 규제 철폐, 경제의 지역적이고 세계적인 통합, 마지막으로 신자유주의적인 패러다임을 확대 재생산하는 전문가 집단experts and analysts의 실천(전문가의 방송 출연)을 포함하는 새로운 정치적인 제도의 설립 등을 특징으로 한다.[10]

'워싱턴 컨센서스'The Washington Consensus는 신자유주의의 또 다른 이름이다. 1980년대 자유시장주의자 경제학자인 존 윌리엄스가 이 용어를 만들었다. '워싱턴 컨센서스'는 국제 통화 기금IMF, 세계은행, 그리고 기타 워싱턴의 국제 경제 기관이 주로 중, 남미 국가에 조언한 공통의 경제정책이다. 1990년대 들어 '워싱턴 컨센서스'(신자유주의)는 '바람직한' 경제 발전을 위한 이상적인 모델로 전 세계에 자리 잡았다. 세계의 초고액 자산가의 리그는 외환위기를 겪고 있던 국가에 이 경제 정책을 강요한다. 외환위기를 겪고 있던 여러 국가는 IMF나 세계은행의 대출을 받은 대가로 신자유주의의 열 개 조항을 받아들일 수밖에 없었다. 신자유주의의 10가지 원칙을 소개하면 이렇다. 재정 규율에 대한 보장과 재정 적자 억제, 군사와 공공 행정 분야의 지출 축소, 세제 개혁, 시장이 금리를 결정하는 금융 자유화, 수출 중심의 성장을 위한 경쟁적인 환율, 수입허가제 폐지와 관세 축소를 동반한 무역자유화, 외국인 직접 투자의 촉진, 효율적인 경영과 실적 개선을 위한 국영기업의 민영화, 시장의 규제 철폐, 마지막으로 사유재산에 대한 보호다.[11] 단순히 요약하면 신자유주의는 규제 완화(D), 자유화(L), 민영화(P)란 주요 세 원칙과 시장 개입을 최소화하는 작은 정부가 핵심 원칙이다. 작은 정부를 달리 표현하면 친기업business-friendly 정부다. 자신의 정부를 이렇게 표현한 대통령은 용기가 많은 건지, 아니면 이 표현이 무슨 뜻인지 모를 거로 생각한 국민을 '사납기만 하고 뇌가 없는 거대한 짐승'으로 취급한 건지 좀 헷갈린다.

신자유주의의 합법적인 약탈 수법은?

신자유주의의 설명이 좀 전문적이었다. 규제 완화, 자유화, 민영화와 같은 원칙, 그리고 작은 정부가 왜 교묘하면서 악랄한 경제이념인지를 좀 쉽게 이해해 보자. 자유주의 혹은 신자유주의에서 자유란 개인인 기업가의 자유를 의미한다. 힘없는 서민과 중산층의 자유가 아니다. 그러면 기업이 원하는 자유는 무엇일까? 기업은 정부의 규제에서 자유롭기를 원한다. 기업이 시장에서 경제활동을 할 때, 정부가 이래라저래라 하지 말라는 얘기다. 정부는 각 산업에 따라 여러 필수적인 규제를 한다. 신자유주의자는 정부의 규제가 시장에서 기업의 자유를 침해한다고 주장한다. 극단적인 신자유주의자 중에 정부를 아예 없애자고 주장하는 일부 수구적인 무정부주의자가 있을 정도다. 이런 이유로, 신자유주의자가 좋아하는 단어가 '작은' 정부다. 신자유주의자는 시장 개입을 최소로만 하는 작은 정부를 선호한다. 왜 이렇게 그들은 자유를 좋아할까? 시장에서 기업의 자유가 커지면 커질수록, 기업의 이익은 엄청나게 증가하기 때문이다. 골목 상권에서 저개발 국가의 시장 즉, 약자의 터전을 자유롭게 짓밟을 수 있기 때문이다. 다국적 기업이 제삼 세계 국가들의 기간산업인 수도, 전기, 통신, 도로, 공항, 철도, 광산 등의 알짜배기 산업을 헐값에 사들여(민영화) 천문학적인 이익을 남긴다. 이후에 이 기업을 비싼 값에 팔고 쏙 빠진다. 그러면 이렇게 탈탈 털린 국가가 다국적 기업에 세금 내라고 한다. 이런 걸 미리 계산한 (약탈) 기업은 자신의 사유재산권 보호를 위한 여러 조처를 해 놓는다. 그러면 이렇게 털린 국가는 속수무책이다. 탐욕적인 기업을 징벌할 여러 규제를 풀어버렸기(규제 완화) 때문이다. 이런 기업들이 왜 자국 내에서 사업하게 내버려 뒀냐고 물을 수 있다. 약탈의 대상이 된 국가는 자유시장과 자유무역이라는 신자유주의의 원칙을 받아들였기 때문이다. 왜 그랬을까? 국제통화기금[IMF]이 외환위기를 겪는 국가에 달려가서 그 국가에 돈 빌려주겠다고 한다. 이렇게 털릴 국가가 고맙다고 했더니 IMF는 규제 완화(D), 자유화(L), 민영화(P)를 받아들이라고 요구했다. 약탈의 목적이 있다는 것을 어렴풋이 알았지만 급해서 덥석 받을 수밖에 없었고 결과는 탈탈 털렸다.

대기업은 국내에서도 갑질을 한다. 약자의 터전인 골목까지 탱크와 불도저를 몰고 와 밀어버렸다. 무차별적이다. 처음엔 빵집부터 시작했다. 그러더니 재래시장, 동네 슈퍼, 미용실, 보습학원, 이제는 대리운전, 급기야 밥집까지 접수했다. 약자인 자영업자는 국내에서 대기업에 탈탈 털리고 길거리로 내몰린다. 그리고 이렇게 쫓겨난 약자는 대기업 프랜차이즈나 편의점의 점주가 돼서 다시 털린다. 사실상 대기업의 돈을 대신 벌어주는 피고용인 신세가 된다. 이것이 신자유주의자가 말하는 '그들만의'의 자유다. 이 자유는 소수 초고액 자산가(1조 원이 넘는 자산가)가 심판(정부의 규제)도 없이 시장에서 맘껏 뛰어놀 수 있게 해 준다. 이 과정에서 돈은 그들의 주머니 속으로 마치 블랙홀처럼 빨려 들어간다. 그 돈은 그곳에서 다시 나오지 않는다. 낙수효과는 새빨간 거짓말이다.

토니 블레어와 빌 클린턴처럼 진보의 변절은 전 세계적인 유행이었나?

1980년대 미국과 영국에서 각각 보수 정권인 레이건 정부와 대처 정부가 신자유주의 정책을 집행하기 시작했다. 신자유주의는 선진국뿐만 아니라 전 세계에 경제적 번영과 부를 약속했다. 문제는 보수적인 정부인 레이건과 대처 행정부 이후에 좌파나 중도 좌파 정부가 이 두 나라에 들어서고도 신자유주의가 전 세계적으로 더 퍼져나갔다는 점이다. 영국 노동당의 토니 블레어 총리(1997~2007)와 미국 민주당의 빌 클린턴 대통령(1993~2001)이 신자유주의를 이름만 바꿔 계승한다. 각각 '제3의 길'과 '시장 세계화'란 이름으로 자기들의 경제정책을 치장하면서 '공동체'라는 진보적 가치를 내세운다. 이 경제정책은 보수당 정부인 대처와 레이건 행정부의 경제정책과 크게 다르지 않았다. 신자유주의의 이름만 바꿔 자국민과 세계시민을 상대로 사기 친 거다! 진보 정권에서도 신자유주의 정책은 계속해서 양국을 넘어 전 세계로 퍼졌다. 저명한 철학자 노엄 촘스키가 한 강연에서 이렇게 말했다. "미국은 겉으로는 민주당과 공화당이 있는 양당제로 보이지만 사실은 일당제다. 그 일당의 이름은 돈money 당이다. 이 당 안에 두 개의 정파인 민주당과 공화당이 있을 뿐이다." 신자유주의는 전 세계적인 경제적 번영이라는 약속을 이룬다. 이 경제적 번영은 99%와는 아무 상관이 없었다. 1%인 초고액 자산가만의 경제적인 번영이었다. 그들의 선전과는 다르게 선진국과 후진국 모두에게 엄청난 소득 불평등을 '선물'했다.[12]

미국 안과 밖에 미친 신자유주의의 영향? 세계 최고 부자 3명의 재산이 가장 못사는 6억 명의 재산을 합친 것보다 많다고?

먼저, 신자유주의가 미국에 어떤 영향을 미쳤는지 살펴보자. 미국 노동력의 3분의 1이 넘는 4천 7백만 노동자가 시간당 만 원이 안 되는 임금을 받게 되었다. 같은 돈을 벌기 위해 현재의 노동자는 1973년에 일했던 노동자보다 연간 160시간을 더 많이 일해야 한다. 신자유주의의 전도사들이 주장했던 것처럼 실업률은 낮아졌다. 하지만 1990년대의 낮은 실업률은 저임금 노동자와 수백만 명의 시간제 근로자의 존재 때문이었다. 이 시기에는 주당 최소 21시간만 일하는 노동자도 고용 상태의 노동자로 인정했다. 분명 전임 정규직의 형태는 아니었다. 같은 시기 미국 대기업의 전문 경영인의 평균 연봉은 일반 노동자의 평균 연봉보다 416배나 높아졌다. 미국 상위 1% 가정의 금융 자산도 미국 전체 하위 95%의 금융자산을 합친 것보다 많아졌다. 신자유주의는 이런 변화를 미국에 일으켰다.[13] 세계 최고 부자 3명의 재산이 전 세계 하위 6억 명의 재산을 합친 것보다 많다는 통계가 나올 정도다. 이러한 부의 집중으로 인해 전 세계 15억 명 이상이 14만 원으로 1년을 살아가야만 했다. 신자유주의는 엄청난 경제적 풍요를 1% 미만의 집단에게만 선물했다. 여기서 그치지 않는다. 미국 정부는 신자유주의의 원칙대로 금융시장의 규제 완화를 했다. 뉴욕의 월가를 제멋대로 놀게 한 것이다. 2008년 미국의 주요 투자 은행이 사고를 쳐 신자유주의의 헐떡이던 숨을 거의 끊어 놓았다. 이 와중에 전 세계에 금융위기를 자초한 이 최고 경영자들은 은행을 망하게 해놓고 미국 시민이 낸 세금으로 보너스 잔치를 했다. 겁과 양심을 상실한 행태였다. 그래서 "월가를 점령하라"라는 시위가 세계 전역으로 퍼진다. 이게 신자유주의의 민낯이다.

미국이 신자유주의를 수출하는 방법?

신자유주의는 프리드리히 폰 하이에크와 밀턴 프리드먼이 만든 경제 이론이다. 아르헨티나, 우루과이, 브라질과 칠레가 이 경제 모델을 강요당해 엄청난 정치, 경제, 사회적인 변화를 겪었다. 이 국가 중에서 '칠레 프로젝트'를 소개해 보자. 이 프로젝트는 수백 명의 칠레 경제 학도를 칠레의 '시카고학파'로 육성한다. 이들은 시카고 대학과 산티아고 가톨릭 대학에서 자유 시장주의의 원칙을 학습했다. 1960년대 신자유주의 경제 정책들이 상당한 정도로 칠레에 퍼졌고 칠레의 시카고학파 경제학자들은 학계와 정부에서 주요 지위를 차지했다. 하지만 당시에 개발주의 경제모델의 강력한 지지자인 살바도르 아옌데 대통령이 신자유주의의 도입을 막고 있었다. 1973년 9월 11일 아우구스토 피노체트가 미국 중앙 정보국CIA의 지원을 받아 군사 쿠데타를 감행해 민주적으로 선출된 아옌데 정부를 무너뜨린다. 미국의 신자유주의 확산 의지는 정말 집요하고 잔인했다. 쿠데타로 정권을 잡은 즉시, 칠레 시카고학파의 경제학자들이 칠레 경제를 위한 5백 페이지의 경제 청사진을 제출한다. 이 경제계획은 '브릭'the brick으로 알려져 있다. 브릭은 공공 서비스를 위한 예산 삭감뿐만 아니라 즉각적인 규제 완화와 민영화를 요구했다. 관세 축소, 가격 통제 철회 등도 포함하고 있었는데 이러한 모든 요구는 명목상 긴박한 인플레이션을 잡기 위해서였다고 한다. 피노체트 정권은 시카고학파의 경제 프로그램의 많은 부분을 받아들였고, 동시에 자신의 정치적인 경쟁자들을 탄압했다. 프리드먼과 하이에크는 피노체트의 잔인한 정치적 탄압이 신자유주의적인 이상과 맞지 않는다고 인정했지만, 칠레에 신자유주의를 펼칠 '공정한 기회'를 보장해야 한다고 주장했다. 하이에크와 프리드먼은 신자유주의의 조속한 적용이 칠레에 민주주의와 자유를 향상할 것이고, 동시에 전례 없는 경제적인 번영을 가져올 거라고 주장했다. 피노체트가 벌였던 정치적인 탄압에서 드러나는 것처럼, 신자유주의가 민주주의를 가져올 거란 예측은 정치적인 난센스였다. 신자유주의는 칠레 경제에 경제적인 안정과 번영을 가져왔다. 하지만 신자유주의가 가져온 경제적 안정과 번영은 다수 시민에게는 미치지 못했다. 부유층과 중산. 서민층 사이의 소득 격차가 가파르게 커지면서 다수 시민의 소득은 감소했기 때문이다. 이 기간의 통계를 살펴보면, 칠레 경제 상위 10%의 인구가 신자유주의의 혜택 대부분을 독점했다. 피노체트의 독재 정부하에서 상위 10% 부자의 소득이 거의 두 배로 증가했다. 오늘날까지도 칠레는 세계에서 가장 불평등한 15개 국가에 속해있다는 사실을 고려하면, 프리드먼과 하이에크가 전망한 칠레의 경제적인 번영 또한 헛소리였음이 입증되었다.[14] 신자유주의는 전 세계 초고액 자산가의 경제적인 제국주의를 실현하게 해 주는 이념적 수단일 뿐이었다.

신자유주의는 전 세계 초고액 자산가들이 연대해 부를 독점하게 한다. 신자유주의는 초고액 자산가들의 제국 완성을 위한 수단일 뿐이다.

신자유주의는 미국과 영국, 그리고 전 세계에 민주화와 경제적인 번영을 약속했다. 전 세계 초고액 자산가만 이 경제 모델이 약속한 자유와 돈을 차지했다. 세계적으로는 미국과 영국을 포함한 북반구의 선진국이며, 국내적으로 보면 대기업만 세계화가 약속한 혜택을 독점했다. 결국, 워싱턴 컨센서스는 전 세계 부자들의 의견 일치consensus였고, 이러한 기업가들의 합의로 인해 자신들이 지구의 부wealth 대부분을 독차지했다. 정치인과 경제 관료, 지식인과 예술인, 그리고 각계의 유명 인사와 언론이 떠벌린 경제적 번영은 거짓이었다. 신자유주의(워싱턴 컨센서스), 시장 세계화, 제3의 길 모두 스텔스 기능을 탑재한 진화한 제국주의였다. 신자유주의는 과거의 제국주의(살인과 약탈을 통한 부의 독점)를 더는 용납하지 않는 전후에 나타난 돌연변이 한 제국주의였다. 신자유주의는 정부의 시장 개입을 적대시하는 경제 모델이다. 하지만, 이러한 경제 모델을 적극적으로 전 세계에 적용한 이들이 정치인이었다는 역설적인 사실에 주목할 필요가 있다. 소수 엘리트 정치인이 '모든 권력을 합법적으로 독점'하게 하는 대의 민주주의도 제국주의의 특성과 묘하게 겹치기 때문이다.

대의 민주제는 소수 정치 엘리트가 행정부, 입법부, 사법부의 권력을 합법적으로 '독점'하게 하는 가짜 민주주의다! 따라서 삼권 분립으로 위장한 대의 민주주의 역시 제국주의다!

정치철학자의 이론을 인용할 필요도 없다. '견제와 균형'을 자랑하는 삼권 분립은 행정부의 예산 편성과 집행 권한의 독점, 국회의 입법권 독점, 사법부의 법률 해석 권한 독점을 합법적으로 보장한다. 행정, 입법, 그리고 사법부의 권력 독점의 폐해는 심각하다. 삼권 독점의 구체적인 폐해는 이 책의 서문에서 밝혔다. 사실, 우리는 대의 민주제가 '견제와 균형'의 '장점'이 있다고 그동안 사기당했다. 아니 세뇌당했다. 행정, 입법, 사법부가 모든 권력을 독점한 제도하에서 시민은 사회의 주인이 아닌 노예로 살아간다. 억울해하며 호소해도 무시하면 그만인 사회에서 마땅히 주인이어야 할 시민이 개, 돼지 취급받으며 노예로 산다. 소수가 공정하고 정의롭게 나누어야 할 권력을 독점했기 때문이다. 대의 민주제는 이렇게 불의한 권력 독점을 합법적으로 보호해 시민을 노예로 만드는 제도다. 대의 민주제는 소수의 지배를 위한 최적의 제도다. 대의 민주주의는 소수 엘리트의 지배를 합법적으로 유지하는 것에 멈추지 않고, 그들의 지배를 민주주의라 주장하며 은폐하기 때문이다. 아리스토텔레스도 민주주의의 꽃이라 부르는 공직 선거 제도는 소수의 지배를 합법적으로 지탱하는 제도라고 주장했다. 하버드대학 정치·경제학자였던 조지프 슘페터도 현대의 민주주의를 이렇게 평가했다. "대의 민주제가 추구할 수 있는 최선은 소수 엘리트 집단의 권력 독점을 막기보다는, 이 엘리트 집단 사이의 순환 정도일 뿐이다."[15] 아리스토텔레스와 슘페터는 이렇게 대의 민주주의의 한계를 분명히 지적했다. 대의 민주주의의 제국주의적인 특성 즉, '소수의 권력 독점'을 정확히 지적했다.

신자유주의와 대의 민주주의는 "전 세계 초고액 자산가들이여, 연대하라"라는 신자유주의자의 외침에 대한 '그들'의 응답이다!

외계인이 인간 사회를 한마디로 묘사한다면, 아마도 '독점'일 것 같다. 이 표현은 자연스럽게 영국 제국주의의 본성을 떠올리게 한다. 제국주의는 결국 살인과 약탈로 부를 독점하는 것이다. 독점이란 표현은 문명사회라 부르는 인간 사회의 민낯을 폭로한다. 현대사회의 주요한 두 제도 즉, 대의 민주주의와 신자유주의는 **권력과 돈을 소수 엘리트가 독점**하게 한다. 신자유주의는 전 세계의 부자에게 유례가 없는 경제적인 번영을 가져다주었다. 과거 제국주의 시대에 부의 독점은 막강한 군사력을 통해 이루어졌다. 2차 세계 대전 이후 UN의 등장과 함께 침략전쟁을 통한 과거의 제국주의는 설 땅을 잃게 되었다. 그래서 정교해지고 '세련된' 제국주의 모델이 등장했다. 신체적인 살인이 아닌, 경제적 살인으로 부를 독점할 수 있게 한 진화한 제국주의였다. 신자유주의다. 한편으로, 대의 민주제는 경제적 살인을 소리 없이 저지르는 신제국주의(신자유주의)를 전 세계에 확산시킨 주범이었다. 우리는 민주주의의 '꽃'이라 부르는 선거로 소수 정치 집단에 모든 권력을 위임한다. 우리는 정치인에게 '우리보다 탁월한 그들이 잘해 주겠지!'라는 마음을 가졌을 뿐이었다. 그런데 이 정치인들이 경제적으로 사람을 죽이는 신자유주의를 여러 법과 정책으로 시행했다. 그 대가로 신자유주의의 혜택을 입은 자본가 집단은 정치인의 지위를 계속해서 유지할 수 있게 도왔다. 돈으로! 결국, 금권정치가 완성되었다. 금권 정치의 완성에 언론과 지식인 집단도 한몫했다. 일부 지식인이 방송, 신문, 잡지, 그리고 인터넷에 나와 양심을 버린 채 신자유주의는 경제적 번영을 가져올 것이고, 대의 민주제는 최선의 정치제도라고 열변을 토했다.

소수 정치인이 운영하는 대의 민주제는 필연적으로 금권 정치 plutocracy로 타락한다. 우리를 포함해 신자유주의가 지배하는 거의 모든 국가에서 금권 정치(정경유착)가 펼쳐졌다.[16] 중도 좌파 정부인 클린턴 행정부와 지난 세기 초에 영국 대부분의 복지 정책을 주도했던 노동당 출신의 토니 블레어 총리도 돈의 힘 앞에 무릎을 꿇었다. 살인과 약탈로 부를 독점했던 영국 제국주의는 현재의 부와 권력을 소수가 독점하게 하는 신자유주의와 대의 민주제를 떠올리게 한다. 대의 민주제와 신자유주의는 과거의 제국주의가 낳은 '진화'한 쌍둥이 남매라 불러도 될 것 같다. 그렇다면 과거의 제국주의 국가였던 일본과 영국의 망언을 들으면서 분노하는 우리 자신에게 한마디 해야 한다. "분노의 대상이 틀렸어. 과거의 일본, 영국의 제국주의보다 훨씬 더 교묘하게 진화한, 보이지 않는 현재의 제국주의에 더욱 강력하게 맞서야 한다고." 대의 민주제와 신자유주의는 전 세계 부자들을 연대하게 했고, 정치인들은 그 연대에 동참했다. 언론도 이 연대에 부역했다. 칼 맑스의 "전 세계의 노동자여 연대하라!"란 외침을 노동자가 아니고 전 세계 부자와 정치인, 그리고 언론인이 들었던 것 같다.

초고액 자산가, 소수 엘리트 정치인, 언론인, 그리고 일부 전문가 집단의 더러운 리그를 폭로했다. 왜? 이들이 국경을 초월해 전 세계를 지배하기 때문이다. 이들만의 리그를 깨트리는 방법은 간단하다. 그냥 노려보면 된다. 다수가 노려볼수록 지배체제의 붕괴는 더 앞당겨진다. 노려보기만 해도 지배의 구조는 무너진다. 지배를 유지할 수 있었던 가장 근본적인 원인은 시민 다수가 신자유주의와 대의 민주제가 제국주의의 진화한 형태인지를 그동안 인식하지 못했기 때문이다. 전후, 그리고 유엔^{UN}의 탄생 이후에는 군사력을 이용한 제국주의가 다시 나타날 수 없었다. 제국주의가 잔인하고 부도덕한 강대국의 일탈 행동이라는 국제적인 인식의 확산이 있었기 때문이다. 이처럼 신자유주의와 대의 민주제가 진화한 제국주의라는 인식이 퍼지고, 전 세계 시민이 지배를 위해 설계된 이두 제도를 해체하기 위해 연대하면, 신자유주의와 대의 민주제도 역사의 뒤안길로 사라지게 될 것이다. 과거 제국주의가 2차 세계 대전 이후에 사라질 수밖에 없었던 것처럼 말이다. 전 세계 초고액 자산가와 그들의 하수인들의 연대도 무너지게 될 것이다. 이 연대가 깨져야 우리는 진정한 자유를 누릴 수 있게 된다. 우리 헌법이 명시하지 않았지만, 헌법의 모든 자유(양심, 종교, 주거, 학문, 예술의 자유 등)를 실제로 자유답게 하는 '경제적 자유'를 누릴 수 있게 될 것이다. 이 책의 3부에서 경제적 자유의 개념과 가치, 그리고 지배구조의 해체 방식과 대안적 제도를 다룰 것이다. 이제 이런 보이지 않는 지배에 눈을 부릅뜨고 저항을 시작해야 한다. 지배계층이 즐겨써 온 공포 정치가 곧 있을 시민의 저항을 기다리고 있다. 테러^{terror} 즉, 공포 정치는 역사적으로 지배체제를 지켜 온 대표적인 또 하나의 수단이다. 4장의 주제가 바로 공포 정치다.

4장

지배와 불의에 대한 저항의 싹을 자르는 공포 정치

누가 테러방지법을 만든다고?

2015년 11월 13일 IS[Islamic State](이슬람 국가)가 파리에서 테러 했다. 이에 전 세계적인 분노와 함께 테러 방지를 위한 국제적인 협력을 요구하는 목소리가 커지고 있었다. 대한민국 정부도 이에 질세라 테러 방지를 위해 국정원장 소속으로 테러 대응 종합센터를 만들자고 했다. 박근혜 정부는 이를 위해 테러방지법의 통과를 국회에 요청했다. 이 법은 국정원이 테러 의심 인물이나 집단의 출입국 규제, 정보 조사, 외국환 거래 정지 요청 및 통신 이용 정보 수집을 할 수 있게 하자는 내용이었다.[1] 우연일까? 그다음 날인 2015년 11월 14일 서울 광화문에서 '대한민국 1차 민중 총궐기'라는 시위가 벌어졌다. 경찰이 이 시위에 대응하는 과정에서 농민 백남기 씨에게 물대포를 쏘았다. 백남기 씨는 그 자리에서 쓰러져 의식을 잃고 병원에 실려 갔다. 안타깝게도 백남기 농민은 2016년 9월 25일에 경찰이나 대통령의 사과 한마디 받지 못한 채 숨졌다. 공권력인 경찰의 시위 대응 원칙은 분명하다. 시위대의 안전을 지키는 것이다. 공권력public force은 시민 다수의 생명과 재산을 지키기 위해 합법적으로 사용하는 물리적인 힘을 의미하기 때문이다. 경찰과 군대가 공권력의 대표적인 예다. 하지만 시위 현장에서 시민 모두의 권력인 경찰이 지키려 했던 대상은 시위대가 아닌 청와대에 사는 분의 심기였던 것 같다. 시위하는 시민의 안전을 지켜야 할 경찰이 시민을 향해 테러를 자행했다. 시민을 상대로 테러한 바로 그 정부가 테러방지법을 통과시켜야 한다고 우겼다. 우리는 공권력이란 이름으로 위장한 국가 테러를 인식하고 경계해야 한다. 1997년 출간된 『세계 테러리즘에 관한 백과사전』The Encyclopedia of World Terrorism은 763쪽에 이르는 상당히 두꺼운 책이다. 하지만 이 책에서 국가가 자국민을 공격하는 국가 테러에 관한 내용은 단지 13쪽 분량에 불과하다.[2] 이러한 사실은 테러에 대한 시민 다수의 관심이 이슬람국가Islamic State, IS와 같은 외부의 공격을 의미하는 테러리즘에만 쏠려 있음을 보여준다. 그래서 그런지 대다수 시민은 테러라는 정치학 용어가 국가 테러에서 비롯되었다는 사실 자체를 잘 모르는 것 같다.

프랑스 혁명과 테러

'테러'라는 용어가 정치학 사전에 오르게 한 사건이 프랑스 혁명이었다는 사실은 다소 충격적일 수 있다. 1792년 루이 16세의 처형과 함께 시작한 프랑스 공화국은 2년 차에 들어서면서 외국의 침략과 내부 반역의 위협에 직면해 있었다. 1792년 프랑스 국회는 공화국이 위험에 처해 있음을 선포하고, 1793년 10월 혁명의 적인 왕과 귀족의 위협에서 혁명을 지키기 위해 공포 정치The Terror를 선언한다. 이 과정에서 평민 만 육천 명 이상을 처형한다. 국가 재정 비를 수용하지 않았던 지역 가톨릭 사제를 지지했다는 이유에서였다. 이런 무분별한 처형은 프랑스 혁명의 진보적인 가치와는 너무나 대조적이었다. 18세기 말의 정치적인 상황을 고려하면, 대의 민주주의와 법 앞에서의 평등은 프랑스 혁명 공안 위원회The committees of Public Safety and General Security가 인류사에 기여한 혁명의 대표적인 가치였다. 하지만 역설적으로 정치학 사전에 '테러리스트'란 단어를 올리게 한 주체 또한 바로 프랑스 혁명의 공안 위원회였다. 자코뱅 혁명가들이 이해한 것처럼, 분명히 혁명은 1792~3년 사이에 내 외부적인 위협으로 불안정한 상태에 있었다. 이러한 이유로 공안 위원회는 공포 정치를 채택한다. 프랑스 혁명을 뒤엎으려는 반혁명세력(왕과 귀족 계층)의 공격을 방어하기 위해서였다. 공안 위원회의 공포 정치는 1794년 공포terror 그 자체인 프레리알 22일법the law of 22 prairial Year II의 등장으로 정점에 이른다. 이 법은 피고가 변호사를 고용하거나 증인을 부를 수 있는 권리를 박탈할 수 있는 법이었고, 동시에 혁명 재판위원회가 도덕적인 판단에 근거해 반혁명 혐의자를 처형할 수 있는 권한을 부여했다. 공포 그 자체였다.

이 공포 정치법이 시행되는 동안 하루당 평균 사형 집행 건수가 3~5배 정도로 늘어났다. 이 와중에 공포 정치의 시행자인 막시밀리앙 로베스피에르는 공화국의 모든 선과 업적들을 선전했다. 물론 군주제에 대한 모든 악함과 부당함을 대비시키는 것을 빼놓지 않았다. 로베스피에르에게 혁명의 적은 괴물, 흉포한 야수, 거머리, 남의 불행을 이용하는 사람, 도적, 그리고 귀족보다도 천한 사람이었다. 군주론자나 공화국의 시민 헌법에 복종 서약을 거부하는 가톨릭 사제들도 반혁명 세력이었다. 장 폴 마라는 이러한 반혁명 세력에 대한 사형 집행을 이렇게 정당화했다. "반혁명 분자에 대한 처형은 주권자인 국민의 절대적인 권리이며, 독재와 억압에 저항하는 자유를 지키는 데 필요한 정당한 폭력이다."[3] 혁명 재판위원회의 살인에 대한 장 폴 마라의 정당화에도 불구하고, 공포 정치가 로베스피에르의 독재를 위한 하나의 수단이었음은 분명해 보인다. 이러한 역사적 배경에서 테러란 용어가 등장했다. 테러는 국가권력자가 자국민을 폭력으로 겁주어 지배하는 정치 형태다. 테러의 이러한 정의는 '테러리즘'과 구분하기 위해서인데, '테러리즘'은 비국가 단체들이 자행하는 폭력을 의미하기 때문이다.[4]

프랑스 혁명의 공포 정치 후유증

테러와 테러리스트란 용어는 현재 권력에 반대하는 모든 시민을 향한 권력자의 고삐 풀린 공권력의 남용에서 비롯되었다. 공안위원회가 자행한 잔인하고 체계적인 폭력은 혁명 이후 전 세계 여러 국가의 독재자에게 공포 정치의 '유용한' 적용 모델을 제시했다. 프랑스 혁명은 반정부 세력에 대한 매우 '효과적인' 대응방식을 공권력을 장악한 권력자들에게 학습하게 해주었다. 테러리즘을 기술한 최근의 대학 교재는 국가 테러의 세 가지 기능을 소개한다. 반정부주의자나 반대파를 좌절하게 하는 협박, 삶의 방식을 바꾸기 위한 강압적인 전향, 특정 계급, 인종, 종교의 구성원을 의도적으로 학살하는 것이다. 억압적인 귀족, 독재주의, 그리고 러시아 내전 동안의 볼셰비키와 같은 극단적인 혁명 정부도 국가 테러의 대표적인 사례였다. 하지만, 위기의 시대에는 합법적인 여러 국가도 흉포하고 억압적인 조치들을 자행했다. 예를 들면, 1871년 파리의 꼬뮌 진압과 1848년의 노동자 민란이 있다. 미국 정부는 인종차별 집단인 쿠클럭스 클랜KKK, Ku Klux Klan의 흑인 공동체를 향한 지속적이고 체계적인 테러를 눈감아 주기도 했다. 큐 클럭스 클랜은 사회 변화와 흑인의 동등한 권리를 반대하며 폭력을 행사하는 미국 남부에 흩어져 있던 백인 비밀 단체였다. 미국에서 일어난 노동조합에 대한 기업가의 위협적인 폭력도 조금 덜 과격한 테러의 한 형태이기도 했다. 이런 기존의 정치·사회적인 질서를 지키기 위한 보수 권력의 '백색 테러'는 근대의 역사에 계속된, 하지만 보이지 않는 하나의 흐름이었다.[5]

국가 테러

내가 들었던 잔혹 행위는 특별한 경우는 아니었다. 이러한 잔혹 행위는 우리 군대의 지속하는 행동 패턴이었다. 살인, 팔다리 절단과 같은 것을 자랑하는 장교들이 있었다…. 그들은 내게 전쟁에서 이기는 유일한 방법은 바로 이런 잔인한 행동을 하는 거라고 말했다. 대중에게서 충성을 끌어내는 가장 좋은 방법은 대중을 겁주고, 이로 인해 우리를 두려워하게 만드는 거라고 말했다.6(에드가 차모르, 국제 사법 위원회에 제출한 진술서, 1985 [미국과 니카라과 분쟁])

히틀러주의와 스탈린주의는 둘 다 테러리스트 정부다. 히틀러는 자신에게 반대하는 사람을 대량 학살했다. 히틀러는 나치 정권에 반대하는 사람과 집단을 독일 사회 전체의 안전을 해치는 공공의 적으로 비방하면서 자신의 학살 행위를 정당화했다. 나치 정부는 이러한 방식으로 반대파를 무력화했고, 정부 권력을 맘껏 남용했다. 소련의 스탈린 정부도 이와 판박이다. 소비에트 특별 위원회Soviet Special Boards는 수십만 명을 계급의 적, 간첩, 혹은 반역자의 가족이란 죄목으로 기소했다. 이들은 '법에 따른 공정한 절차'를 보장받지 못했다. 소비에트 특별 위원회는 모든 정치적인 반대파를 억압하고 제거하기 위한, 말 그대로 '특별히' 설립된 위원회였다. 더 나아가 기소 가능 범위를 확대해 소련 사회에 공포terror 분위기를 더욱 확산했다. 이러한 공포 정치는 1938년에 '침묵하는 자들'the silent을 기소하면서 절정으로 치닫는다. 이 침묵하는 자들은 단지 특정한 정치적 입장을 공개적으로 밝히지 않았다는 사실 때문에 고소를 당하고 처벌받았다. 소련의 검사장인 비신스키는 이렇게 말한 적이 있다. "적을 제거하는 문제에 관한 한, 우리는 재판 없이 적을 처형할 수 있다." 스탈린 치하에서 비신스키의 이 선언은 당시 공포 정치의 심각성을 드러낼 뿐만 아니라, 공포 정치가 반대파 제거에 있어 얼마나 '효과적'일 수 있는지를 보여 준다.7 이런 식의 공포 정치는 공산주의 국가에서만 일어나는 것은 아니다.

남미의 국가 테러

칠레, 아르헨티나, 페루, 브라질, 우루과이의 군사 정권은 사회주의의 위협을 핑계로 자국 내 좌파의 활동을 무력화하기 위해 테러를 자행했다. 테러의 수단은 군대와 경찰력이었다. 공권력인 군대와 경찰은 살인, 투옥, 고문, 그리고 납치와 같은 테러를 자국 시민에게 무자비하게 가했다. 1973~4년 사이에 있었던 칠레의 국가 테러와 고문 방식에 관한 앰네스티의 조사 결과는 이렇다.

여러 고문 방식은 전기 고문, 구타, 염산이나 담배로 화상 입히기, 못 앉게 하기, 계속해서 두건으로 눈 가리기, 독방 감금, 손톱 뽑기, 고환 부수기, 성 고문, 물고문, 가짜 처형, 그리고 타인이 고문당하는 모습을 강제로 지켜보기 등이었다.

같은 시기 아르헨티나에서도 끔찍한 테러가 있었다. 아르헨티나에서는 국가뿐만 아니라 민간 암살단도 국가 테러 행위에 가담했다. 이 민간 암살단은 군사정권에 반대하는 정치인이나 노조 지도자를 탄압하기 위해 만든 조직이었다. '민중 혁명 군대'People's Revolutionary Army와 같은 반정부 조직도 대략 700여 명을 암살한 것으로 정부는 추산한다. '트리플 A'라는 아르헨티나 극우 조직은 1973년 이후 2년여 동안 2천 명 이상을 살해하는데, 이 테러의 피해자는 주로 페론 정부에 반대하던 사회주의자, 파업 노동자, 그리고 반정부 주의자였다. 1976년 군사정권 수립 이후, 이 조직은 국가 테러의 한 조직이 되었다. 이 조직의 테러 희생자들은 아르헨티나 사회의 거의 모든 영역에서 나타났다. 1976년 중반에 납치가 하루 평균 5건 이상 발생했고, 최소 9,000명이 다시 집으로 돌아오지 못했다. 이 시기에 군사 정권은 만 명에서 삼만 명 정도의 시민을 살해한 것으로 알려져 있다. 아르헨티나 전역에 있었던 약 340개의 비밀 수용소에서도 고문과 처형이 이루어졌다. 일부 비밀 수용소에서는 고문하고 처형한 이들 중의 상당수를 비행기에 태워 바다에 버리기도 했다. 군사정권은 이러한 납치, 고문 그리고 살인을 의도적으로 대중에게 공개했다. 군사 정권은 테러가 일으킨 이런 공포를 시민들 사이에 퍼트리기를 원했기 때문이었다.[8]

공안(공공의 안전)이란 이름의 국가 테러

70년도 채 안 된 대한민국 정부의 역사는 이승만(12년), 박정희(17년), 전두환(7년)의 독재와 군사 쿠데타로 얼룩져 있다. 이들의 임기를 다 합하면 무려 36년에 이른다. 수많은 국가 테러의 흔적이 대한민국의 암울했던 역사에 남아 있다. 독재자들은 자신의 권력을 유지하기 위해, 그리고 정통성이 없는 정권의 허약함을 감추기 위해 필사적으로 노력했다. 이 과정에서 독재자와 내란의 수괴들은 민주화를 외치며 자신들에 맞선 대학생, 노동 운동가, 그리고 뜻있는 정치인을 공안public safety을 명분 삼아 탄압하고 처형했다. 인혁당 사건과 부림 사건은 대표적인 공안 조작 사건이다. 5·18 광주 민주화 운동은 가장 비극적이고 잔인한 국가 테러였다. 먼저, 인혁당 사건은 1969년 박정희 대통령의 3선 연임을 위해 헌법을 개정하면서 시작되었다. 1971년에 박정희 대통령은 세 번째 임기를 시작하고, 급기야 1972년엔 영구 집권을 위해 유신헌법을 제정했다. 민주 재야 세력과 수많은 대학생은 '개헌 청원 100만인 서명운동'을 벌이면서 유신 독재정권에 저항했다. 이에 대응해 유신정권은 대통령 긴급조치를 선포하고 이 조치에 위반한 사람을 비상 군법회의에서 처단하려고 시도했다. 1974년 4월 3일 선포된 대통령 긴급조치 제4호는 전국민주청년학생총연맹(민청학련) 사건 관련자를 처벌하기 위한 것이었다. 이 긴급조치는 "이 조치에 위반한 자는 판사의 영장 없이 체포, 구속, 압수 수색을 하여 비상 군법회의에서 심판, 처단한다."고 규정했다. 이어 1974년 4월 25일 중앙정보부(현 국정원의 전신)는 민청학련의 정부 전복 및 국가 변란 기도 사건에 배후 세력이 있다고 주장한다. 중앙정보부는 과거 공산계 불법단체인 인민혁명당 조직과 재일 조선총련계의 조종을 받은 일본 공산당원과 국내 좌파가 그 배후 세력이라고 발표한다. 민청학련 사건을 다루기 위해 비상보통군법회의가 1974년 1월 대통령 긴급조치 제2호에 따라 열렸다. 1974년 7월, 이 재판부는 서도원, 도예종, 송상진, 우홍선, 하재완, 이수병, 김용원, 여정남에게 사형을 선고한다. 이 군법회의는 피고의 항소를 모두 기각했다. 결국, 1975년 4월 8일 대법원은 사형 판결을 확정하고, 바로 그다음 날인 4월 9일 비상보통군법회의는 8인에 대해 사형을 집행했다. 국제법학자회는 이 사형 집행을 '사법살인'으로 규정했다. 이 사건은 유신 체제하에서 일어난 대표적인 공안 조작 사건이자 인권 침해 사건이었다. 늦었지만, 2002년 9월 의문사진상규명위원회가 '인혁당 사건'은 중앙정보부의 조작 사건이라고 발표했다. 2005년 12월 국가정보원 과거사 진실 규명을 위한 발전위원회도 해당 사건 관련자에 대한 중앙정보부의 가혹 행위와 '인민혁명당' 구성 및 가입 등에 대한 조작 사실을 인정했다. 마침내 2007년 1월 23일 서울중앙지법은 도예종 등 '인혁당 재건위 사건' 희생자 8인에 대하여 무죄를 선고한다.[9]

부림 사건도 대표적인 공안 조작 사건이다. 부림釜林 사건은 전두환·노태우의 신군부 정권 초기인 1981년 9월에 일어났다. 공안 당국이 사회과학 독서모임을 하던 학생, 교사, 회사원 등 22명을 영장 없이 체포해 불법 감금하고 고문했다. 당시 부산지검 공안 책임자로 있던 검사가 이 사건을 지휘했다. 부림 사건 피해자는 짧게는 20일에서 길게는 63일까지 불법으로 감금당했다. 이 기간에 구타는 물론 살인적인 여러 종류의 고문을 당했다. 부림 사건의 피해자들은 고문에 못 이겨 검사가 짠 각본대로 자백했다. 이 사건의 담당 검사들은 독서 모임이나 다방에 앉아 몇몇이 나눈 이야기를 정부 전복을 꾀하는 반국가 단체의 '이적 표현물 학습'과 '반국가 단체 찬양 및 고무'로 날조했다. 검사들은 반국가 단체 '부림'을 조직했다는 혐의로 피고인들을 가두고 기소했다. 하지만 이들 모두를 포괄하는 단체나 조직은 애초에 없었다. 이들 가운데는 재판을 받으러 법원에 와서 처음 대면한 사람이 있을 정도였다. 부림이라는 명칭도 '부산의 학림學林'이라는 말을 줄여 만든 것이었다. 오로지 고문과 조작으로 만들어진 유령 단체가 부림이었고, 그러한 유령 단체를 활용해 조작한 사건이 부림 사건이었다.[10]

1980년 5월 18일에 일어난 광주 민주화 운동도 정치군인들이 자행한 잔인하고 비극적인 국가테러였다. 1979년 10월 26일 김재규가 박정희를 살해하고, 같은 해 12월 12일 전두환과 노태우가 군사 쿠데타를 일으켜 정권을 탈취하려고 시도한다. 이 과정에서 시민과 대학생들은 전국적으로 저항 운동을 벌이게 된다. 이러한 정치적인 상황에서 광주 민주화 운동이 일어난다. 광주 시민은 공수부대가 전남대의 학생 시위를 잔인하게 진압하는 걸 목격하고 시위에 동참하게 된다. 이 과정에서 공수부대는 시위대에 발포하게 되고, 결국 사망자가 발생한다. 이에 분노한 시민들이 무장해 맞서 싸우지만, 결국 27일에 공수부대는 탱크와 헬기를 앞세워 시위대를 진압한다. 5·18 광주민주화운동에서 발생한 사망자는 공식 통계로 민간인이 166명이고, 부상자는 852명이다. 실종되거나 암매장된 희생자 수는 정확히 파악도 되지 못했다. 광주 민주화 운동은 전두환, 노태우가 자신들의 권력을 지키기 위해 벌인 가장 악랄한 국가 테러였다. 우리의 '자랑스러운' 대한민국 법원은 17년이 지난 1997년 4월 17일에야 비로소 5·18에 대해 이렇게 법적 판단을 내린다. "12·12사건은 군사반란이며, 5·18 사건은 내란 및 내란 목적의 살인행위였다." 1996년 12월 16일 항소심에서 법원은 전두환에게 무기징역, 벌금 2,205억 원 추징을, 노태우에게는 징역 15년에 벌금 2,626억 원 추징을 선고한다. 1997년 4월 17일 상고심에서 위 형량을 확정했으나, 김대중 후보의 대통령 당선에 즈음해 1997년 12월 22일 김영삼 대통령과 김대중 대통령 당선인이 협의해 전두환과 노태우를 특별사면한다.[11]

누구를 위한 공안인가?

프랑스 혁명 이후 공공의 안전과 질서 유지를 명분으로 권력자들은 정치적인 반대파를 제거했다. 이러한 테러가 남미 여러 나라와 한국에서 발생했다. 사회의 안전과 공공질서는 당연히 유지해야 한다. 하지만 집권 세력이 공안을 강조할 때, 시민은 의심의 눈초리로 이러한 정권을 경계해야 한다. 국가 테러의 '전통'과 밀접한 관계가 있는 박근혜 정권은 2015년 11월 대한민국 민중 총궐기 1

차 대회에서 정부 정책에 반대의 목소리를 내던 농민 백남기 씨를 테러했다. 사실, 이 사건은 예정된 2, 3차 민중 총궐기 시위에 참여할 수많은 뜻있는 시민에게 가한 국가 테러(공포 정치의 한 형태)였다. 폭력으로 시민을 겁박했다. 전형적인 지배 수단인 테러(공포)로 정부에 대한 시민들의 반대를 잠재웠다. 이 테러리스트 정부는 피해자 가족에게 사과는커녕 다른 '테러리스트'를 감시하고 잡겠다며 테러방지법의 통과를 국회에 요구했다. 박근혜 전 대통령은 2016년 1월 13일 대국민담화 및 기자회견에서 이렇게 테러방지법의 조속한 통과를 국회에 요구했다.

국민 여러분. 이번 북한의 핵 실험으로 인해 국민 여러분들이 느끼실 안보 불안감이 크실 것입니다. 이와 관련해 우선 우리는 동맹국인 미국과 협조해 국가 방위에 한 치의 오차도 없도록 철저한 군사 대비 태세를 갖추고 있습니다. … 한·미 양국은 미국의 전략 자산 추가 전개와 확장 억제력을 포함한 연합 방위력 강화를 통해 북한의 도발 의지 자체를 무력화시켜 나가도록 할 것입니다.

국민 여러분. 이처럼 우리의 안보 위기 상황이 심각한데도, 우리나라는 아직 대내외 테러와 도발을 막기 위한 제대로 된 법적 장치를 갖추지 못하고 있습니다. 앞으로도 북한은 남북 간의 고조된 긴장 상황을 악용하여 사회적 혼란을 일으키는 도발이나 사이버 테러를 언제든지 감행할 우려가 있습니다. IS와 같은 국제 테러 단체도 이러한 혼란을 틈타 국내외에서 언제든지 우리 국민을 공격할 가능성이 있습니다. … 이것은 국민의 안위를 위험 속에 내버려 두고 있는 것과 같습니다. 부디 국회는 늦었지만, 지금이라도 국민의 생명 보호와 국가 안전을 위해 테러방지법을 조속히 처리해 주기를 부탁드립니다.[12]

대통령의 담화문을 좀 살펴보자. 두 번째 "국민 여러분"을 기점으로 전반부에서 대통령은 북한의 핵 위협에 대해 한미군사 공조로 철저히 대응해 나간다고 말하고, 후반부에서는 북한의 테러 위협에서 사회의 안전을 지키기 위해 테러방지법이 필요하다고 주장한다. 앞에는 한미공조로 잘 지키고 있다고 하면서 뒤에서는 테러방지법을 통과시켜야 한다는 논리 전개가 대단히 창조적이다! 이 연설문도 최순실이 썼을까? 테러방지법의 핵심은 국정원장 소속의 테러 대응 종합센터가 테러 용의자에 대한 출입국 규제, 은행거래 정지, 통신 이용 기록 등에 대한 조사와 자료 수집을 할 수 있도록 허용하는 것이다. 한 가지 심각한 위험성이 이 법안에 숨어 있다. 누가 어떤 기준으로 테러 의심 혐의자를 규정할까? 정부 정책에 반대하는 시민이 테러 용의자로 둔갑할 가능성이 전혀 없을까? 국정원이 카카오톡이나 이메일과 같은 통신 기록을 법원의 영장도 없이 들여다볼 때, 어떤 주체가 국가정보원을 규제하고 통제할 수 있을까? 국정원이 공안을 명분으로 자신의 이메일과 카카오톡 내용을 실시간으로 지켜보고 있단 사실을 우연히 알게 된다면, 이보다 더한 공포(테러)가 또 있을까? 프랑스 혁명 이후 공포 정치의 수많은 사례를 고려할 때, 위에서 언급한 여러 질문과 의심은 합리적으로 보인다.

누가 테러리스트인가?

9·11 테러 이후 만들어진 미국의 애국자법The US Patriot Act은 테러방지법의 잠재적인 위험성을 미리 보여주는 것 같다. 9·11 이후 테러 용의자는 '정당한 법적 절차'에 의한 사법 판단을 보장받지 못할 위험에 처해 있다. 미국 내 다수 시민이 가졌던 공포로 인해, 애국자법은 시민 감시와 관련한 상당수의 필수적인 규제를 무력화했기 때문이다. 심지어 미국의 한 법학 교수는 테러 용의자를 고문해도 괜찮다고 공공연히 주장하는 지경까지 이르렀다. 고문을 인정하는 현상은 근대 이후 서양에서 상상조차 할 수 없었다. 공안 통치를 활용해 반대파를 제거하는 권력자들은 한 가지 사실을 잘 알고 있다. "대중은 자신이 안전하지 않다고 느끼면, 자신의 자유마저 내팽개칠 수 있다."13 자유를 원하는 시민은 공안public safety(공공의 안전)을 내세우는 권력자를 경계해야 한다. 이것이 프랑스 혁명이 우리에게 준 또 하나의 값진 교훈이다. 우리는 국가 테러를 합법적으로 저지를 수 있는 경찰, 검찰, 그리고 사법제도를 무한 신뢰해서는 안 된다. 21세기에도 계엄령을 생각하는 대한민국의 기무사가 있지 않은가? 공권력은 항상 의심과 감시의 대상이라는 역사의 가르침을 간과해서는 안 된다. 왜 집권 세력은 교통사고 사망률보다

훨씬 낮은 테러 위험성을 그토록 강조할까?[14] 도대체 테러방지법으로 무슨 짓을 하고 싶은 걸까? 정부 정책에 반대하는 야당 정치인, 노동자, 농민, 대학생을 합법적으로, 자유롭게 감시하려고 테러방지법의 통과를 요구하는 것은 아닐까? 그렇다면, 감시와 공포 정치로 시민의 자유를 빼앗는 권력은 공안의 수호자인가, 아니면 테러리스트 집단인가?

왜 이토록 명백한 지배가 잘 보이지 않을까?

개, 돼지라는 표현에는 분노한다. 하지만 대중은 소수의 지배(대의 민주제)를 정당화하는 전형적인 논리인 중우 정치(어리석은 대중의 정치)란 표현을 듣고는 분노하지 않는다. 이런 현상이 이해되는가? 우리는 "너희는 어리석으니까 정치할 수 없어!"란 말을 언제까지 듣고 가만히 있어야 할까? "우리(소수 정치 엘리트 집단)가 너희에게 뜯은 돈(세금)으로 너희를 위해 알아서 잘 써 줄게!"란 정치인들의 새빨간 거짓말을 언제까지 믿어야 할까? 대한민국은 시민을 주인으로 대우한다는 민주 사회다. 소수 정치인은 사회의 규칙 제정(입법)에서 우리를 철저히, 그리고 합법적으로 배제했다. 그리고 이것이 대의 민주주의라고 우리를 세뇌했다. 하지만 이런 현실에 아무도 이의 제기하지 않는다. 직업을 갖기 시작한 후부터 매년 수백만 원에서 수천만 원에 이르는 돈을 세금으로 낸다. 하지만 우리는 이 돈의 사용 방식에서 눈곱만큼의 발언권도 없다. 그런데도 그들은 우리가 이 사회의 주인이라고 말한다. 우린 그 말을 곧이곧대로 믿는다. 여기서 끝이 아니다. 3천 명의 판사만 동료 시민이 공동체의 규칙을 위반했는지를 판단할 지적 능력이 있다고 우긴다. 그런데 이런 어이없는 사법제도에도 이의 제기하지 않는다. 자유 민주주의 국가에서 우리는 어딘지 모르게 불편하다. '왜 그런가?' 했더니 그 자유는 약자인 우리의 자유가 아니라 강자의 자유였다. 국가의 개입에서 개인인 기업가의 자유를 의미한다는 사실을 학교 경제 시간에 배웠지만 금세 잊었다. 왜 우리는 강자의 자유가 커지면 약자의 자유가 무참히 짓밟힐 수 있다는 자유의 본성을 그토록 깨닫지 못할까? 또한 이 장에서 살펴본 것처럼, 시민을 보호하기 위해 있어야 하는 공권력(경찰제도)이 도리어 시민에게 폭력을 행사했다. 이런 상황에서 '테러방지법'으로 시민에게 폭력을 행사한 경찰 지휘부를 구속 수사하자는 목소리는 왜 나오지 않을까? 물론 그 이전에 테러방지법을 개정해야 한다. 공권력을 자의적으로 사용해 시민의 안전을 해치거나, 시민의 정당한 정치적인 의사 표현을 방해하는 공권력을 제한하고 징계하는 방향으로 법의 개정이 이루어져야 한다. 1~4장에서 살펴본 것처럼 대한민국의 정치, 경제, 사법, 그리고 경찰제도는 누가 봐도 소수의 지배를 위해 최적화되어있다. 그런데도 왜 우리는 이 제도의 본성을 보지 못할까? 헬 조선엔 지배를 은폐하는 여러 제도가 있고, 그 제도의 작동이 매우 교묘하고 은밀하기 때문이다. 이 책 2부는 이토록 뻔뻔한 지배를 숨기고 위장하는 여러 제도에 관한 이야기다.

2부
지배를 숨기는 제도와 방법

우리는 여러 제도와 문화의 영향으로 예측 가능한 존재가 된다.
태어나면 긴 교육 기간을 거쳐 취업하고, 결혼해 자녀를 낳는다.
우리는 내 집 마련과 자녀 교육이란 목표를 갖고 앞뒤 보지 않고 달린다.
우리는 꿈마저 획일화된 사회에서 집 밖에선 동료와 경쟁하고,
자녀들은 우리처럼 학교에서 또래 학생과 경쟁한다.
경쟁의 규칙을 위반해서는 안 된다. 규칙은 스스로 정해야 한다는
원칙을 잊은 채, 남이 정한 규칙을 비판 없이 수용하고 따른다.
이렇게 우린 평생을 산다. 그러고서 '도대체 나는 무엇을 위해 살았지?'
하며, 곧 앞에 있을 죽음을 기다린다.
우린 정말이지 예측 가능한 존재가 되었다.
그래서 우릴 지배하기가 너무 쉽다.

제도와 규칙이 우리의 행동 양식을 예측하게 해 준다. 우리는 문화가
강요한 가치에 따라 살기 때문에, 우리의 행동은 예측하기가 쉽다.
우리는 사회의 여러 법과 규칙에 복종하며, 사회가 중시하는 성공이란
가치를 향해 앞뒤 안 보고 돌진한다.
그래서 우리는 소수가 지배하기 쉬운 존재로 전락했다.
우리의 행동은 늘 예상할 수 있고, 그래서 조종하기도 편하다.
우린 손쉬운 지배의 대상이 되어버렸다.

우리를 지배하고, 그 지배를 감추는 제도와 방법은 무엇일까?
교육을 시작으로 사법, 언론, 대중문화, 그리고 자유와 상식과 같은
이념이 지배에 부역하는 대표적인 제도와 방식이다.
어떻게 이런 제도가 우리를 지배할까?

5장

지배에 복종하게 하는 교육제도

우리는 대한민국이라는 정치, 경제, 문화 공동체의 구성원이다. 그런데 우리는 우리의 자유와 심지어 재산권까지 일정 부분 포기하게 하는 규칙 제정(헌법과 법률의 제정) 과정에 참여할 수 없다. 이런 상황에서 "법은 국회의원만 만들 수 있어."라고 가르치면 아무 의심이나 이의 제기를 하지 않는다. 이상하다! 거기다 남녀노소 관계없이 우리가 구매하는 물건값과 서비스 가격의 10%를 세금으로 낸다. 갑질을 버티며 작게는 수백만 원, 많게는 수천만 원까지 매년 소득세를 낸다. 일반 시민은 평생 단 한 해도 자신이 낸 세금의 사용처와 사용 방식에 눈곱만큼의 발언권도 갖지 못한다. 이런 상황에서 "예산 편성은 행정부의 고유 권한이다."는 학교 선생님의 가르침에 아무 의심 없이 그 수업 내용을 외운다. 학생만 그저 "예산 편성은 행정부의 권한이야!"라고 외울까? 그걸 가르치는 선생님은 이 문제에 대해 과연 고민해봤을까? 판사들의 법 해석 권한은 어떤가? "공동체의 구성원이 공동체의 규칙을 위반했는지를 3,000여 명의 판사만 판단할 지적 능력이 있다."는 사회 선생님의 말씀을 들고 "오케이" 하고 그저 외운다. 이런 상황이 제정신으로 이해가 되는가? 공동체의 구성원은 그 공동체의 규칙을 만드는 과정에 차별 없이 참여할 수 있어야 한다. 어떻게 이렇게 자명한 사실이 감춰질 수 있을까? 내가 낸 세금에 대해 그 사용처와 사용 방식에 의견을 낼 수 있어야 한다. 이게 뭐 그리 철학적으로 심오한 진리인가? 공동체의 규칙을 위반했는지는 소수의 머리 '좋은' 사람들이 아니라, 공동체의 구성원이면 누구나 그 판단에 같이 참여해야 한다. 이런 사실이 상대성 이론을 이해하는 것만큼이나 어려운가? 그러면 이리도 명백한 원칙이 다수 시민에겐 왜 보이지 않을까? 아주 조금만 의심해도 보인다. 소수 시민에겐 분명 보일 것이다. 헬 조선의 교육제도는 그때를 대비해서 이런 충격적인 사실이 보여도 우리가 저항할 수 없게 '교육'한다. 대중 교육mass education으로 의심과 저항의 싹을 애초부터 잘라버린다. 어떻게?

1970년대 가르침에 종사했던 사람들은 교육제도가 주요한 이념적인 장치임을 알게 되면서 흥분했다⋯. 학교나 대학의 교육 과정은 즉, 읽기, 쓰기, 수학 등을 가르치는 과정에 복종, 사회의 다양한 위계제도에 대한 존중, 자유 민주주의의 우수성, 명령하는 법, 그리고 개인보다는 국가를 위해 봉사하는 것을 학생에게 가르치기 때문이다. 교육제도는 동시대의 여러 제도나 관행을 유지하기 위해 존재한다. 대중교육 제도는 학생이 사회의 여러 제도와 그 제도의 규칙에 복종하도록 훈련하는 가장 효과적인 이념적 도구 중의 하

나다.[1] ― 루이 알튀세르

일단 외우게 한다. 학교가 현재의 여러 제도를 유지하기 위해, 그리고 그 제도가 요구하는 규칙을 학생이 복종하도록 훈련하는 방법은 간단하다. 그 사회의 제도와 규칙을 학생에게 설명하고 한마디만 하면 충분하다. "중요해, 시험에 나와." 정말 무시무시한 한마디다. 암기 위주의 교육은 학생의 호기심이나 의심하는 능력을 초토화해 버린다. 현재의 제도나 규칙을 의심 없이 잘 따르는 학생은 상을 받는다. 반면에, 복종하지 않는 학생은 여러 가지 불이익을 당한다. 이보다 더 좋은 훈육discipline(학생이 여러 제도와 위계제도에 복종하도록 훈련하는 행위) 방식이 어디 있겠는가? '왜 대중을 이런 식으로 교육할까?'란 질문에 답하기 위해 19세기에 어떤 역사적 배경에서 학교가 생겼는지를 한번 살펴보자.

나는 결코 학교 수업이 나의 교육을 방해하게 내버려 두지 않았다. ― 마크 트웨인

나의 교육이 유일하게 방해받았던 때는 학교에 다닐 때였다. ― 윈스턴 처칠

교육은 내가 학교에서 배웠던 모든 것을 잊어버릴 때 가능했다.[2] ― 알베르트 아인슈타인

학교에 대한 부정적인 평가는 대중 교육mass education의 등장 배경[3]을 살펴보면 쉽게 이해할 수 있을 것 같다. 19세기 유럽에 대중 교육이 도입되었을 때 칼 맑스는 이렇게 평가했다. "학교는 동시대의 지배적인 경제 제도인 자본주의의 도구가 되었다… . 학교는 자본주의의 하인이 되었다." 19세기 유럽은 제국주의라는 피 튀기는 더러운 욕망으로 물들어 있었고, 그 욕망을 효과적으로 채우기 위해 전혀 새로운 공장이 필요했다. 상품을 생산하는 공장이 아니었다. 두 종류의 인간형을 대량으로 찍어낼 수 있는 공장이었다. 그 공장이 찍어내길 목적했던 두 유형의 인간형은 의심 없이 순응하는 노동자와 아무 생각 없이 사람 죽이는 군인이었다. 시대가 이 두 부류의 '인재'를 요구했다. 산업화 시대에 자본가들은 고분고분한 노동자가 대량으로 필요했다. 저임금과 가혹할 정도의 노동환경에도 아무 의심이나 저항 없이 묵묵히 일할 노동자가 대량으로 필요했던 거다. 19세기에 필요한 또 다른 종류의 인간형은 군인이었다. 기본적인 총기 수리와 간단한 전술 정도를 이해할 수 있는 엄청난 수의 군인이 필요했다. 유럽의 여러 제국주의 국가는 아시아와 아프리카에 있는 힘없는 나라가 가진 부를 무력으로 약탈하고 있었기 때문이었다. 땅, 자원, 거의 거저 얻을 수 있는 노동력을 말이다. 19세기 유럽이 원한 인재상은 제국주의에 맞서 자국의 독립을 지키려는 뜻있는 젊은이들을 가차 없이 살해할 수 있는, 공감 능력을 상실한 수많은 군인이었다. 이 군인들은 아시아와 아프리카에서 자신이 죽이고 있는 훌륭한 젊은이가 누군가의 사랑하는 남편이자

아버지이며, 혹은 오빠나 형일 수 있다는 생각을 할 수 없어야 했다. 그래서 정말 특별한 교육이 필요했다. 이런 수많은 '인재'를 대량으로 찍어냈던 학교는 '학교'라는 이름으로 위장한 또 하나의 공장에 불과했다. 학교의 충격적인 기원이다. 이 공장에선 '의심과 저항'이라는 특성을 가진 인재는 품질 관리나 불량 점검 벨트에서 철저하게 걸러졌다.

예나 지금이나 왜 군인에게 생각하지 말라고 할까?

학교를 졸업한 인재가 의심하는 태도와 저항 정신을 가졌다면, 19세기 유럽의 유행과 같았던 탐욕스럽고 잔인한 제국주의가 가능했을까? 군인은 아무 생각 없이 장교가 명하는 대로 움직여야 했다. 프랑스 현대 철학자인 미셸 푸코의 말을 들어보자. 근대에 들어와서 군인 훈련의 목적은 사람을 효과적으로 죽이는 방법을 가르치는 것이 아니라, 교관이 가르쳐 준 '매뉴얼을 외워 그 매뉴얼대로만 따르게' 하는 것이라고 한다. 사람을 잘 죽이는 군인보다 교관이 가르쳐 준 매뉴얼대로 죽이는 군인을 더 원한다고 한다.[4] 사람 죽이는 데는 그리 효과적이지 않아도 된다. 이상하지 않은가? 제국주의는 식민지 확장 과정에 쓰고 버려질 즉, 언제든 대체 가능한 많은 군인이 필요했기 때문이라고 푸코는 지적한다. 매뉴얼대로 잘 따르게 하는 군사 훈련 방식은 낯설지가 않다. 어딘가 익숙한 구석이 있다. 여러분이 다녔던 학교가 우리를 이렇게 길렀고, 아직도 우리 소중한 자녀들을 이런 식으로 기른다. 선생님 말씀 잘 듣고 잘 외우면 상 주고, 심지어는 그런 애에게 서울대학교 입학을 선물한다.

대중 교육 제도인 학교가 의심하거나 저항하지 않는 '인재'를 대량 생산하기 위해 시작되었다는 역사적 진실을 입증해 줄 많은 증거가 있다. 1870년대 영국의 초등 의무교육 도입을 위한 토론 사례가 "학교가 자본주의의 하녀가 되었다!"란 맑스의 독설을 뒷받침하는 근거가 될 수 있을 듯하다. 영국의 의무교육 법령은 10세까지의 모든 아이에게 의무교육을 제공하기 위함이었다. 이러한 입법 이전에 학교 교육은 선택 사항이었다. 당시의 통계를 보면, 인구의 반 정도만 학교에 출석하고 있었다. 출석률은 시골 지역으로 가면 훨씬 낮았다. 도시뿐만 아니라 농촌 지역에서도 아이들의 노동력이 가족의 생계에 필수적이었기 때문이었다. 당시 이 법령에 관련한 의회의 토론 내용은 이러했다. 1870년 의무교육 법안 통과는 국민 다수의 정신 함양과 교육에 대한 애정과는 거리가 멀었다. 노동자에게 고전, 전통의 위대함, 그리고 자연의 경이로움에 대한 과학적 발견을 가르치려는 의도는 더더욱 아니었다. 대중 교육 도입에 숭고한 의도는 눈곱만큼도 없었다. 의무교육의 도입 이유는 단순했다. 기초 교육과정을 이수한 노동력 부족으로 인해, 영국이 다른 유럽 국가나 미국보다 경쟁력 측면에서 뒤처질지 모른다는 걱정에서였다. 당시 미국과 프로이센은 초등 의무교육을 이미 제공하고 있었다. 미국은 20세기부터 중등교육까지 의무교육을 시작한다.

영국은 유럽, 미국과 같은 경쟁국이 의무교육의 도입에서 많은 혜택을 보고 있단 사실을 분명하게 인지했다. 특히, 미국과 유럽 국가는 상업과 산업, 심지어는 전투에서도 의무교육의 혜택을 누리고 있었다. 영국 총리였던 윌리엄 글래드스턴은 『에든버러 리뷰』에 프랑코-프러시안 전쟁에서 프로이센의 놀라운 승리에 대해 이렇게 말했다. "분명히 프로이센 측의 승리는 체계적인 대중 교육 때문이었다." 영국의 의무교육 도입은 분명한 목적이 있었다. 의무교육의 도입은 자국을 산업적이고, 심지어는 군사적인 성공으로 이끌 것이라는 기대 때문이었다.[5]

요약하면, 대중 교육의 도입은 '말 잘 듣는' 공장 노동자와 군인을 길러내기 위해서였다. '학교가 비판적인 사고력을 가진 학생을 왜 길러내지 못하지?'라고 비판하는 정치인을 찾아보기 힘들었던 이유가 다 여기에 있었다. 정치인은 학교가 어떤 형태의 권위든지 의심이나 비판적인 사고 없이 받아들여 복종하는 인간을 대량 생산하기 위함이었다는 사실을 잘 인지하고 있었다. 개, 돼지처럼 시키면 시키는 대로 하고, 윗사람이 명령하면 좀 내키지 않거나 의심이 들어도 아무 말 없이 임무를 수행하는 그런 노동력이 대량으로 필요했을 뿐이었다. 의심하고 저항하는 인재는 정치인들이 권력을 독점하는 현실에 대해, 그리고 이런 독점을 보호하는 제도와 법에 대해 분명 이의를 제기할 것이다. 결국, 독점한 권력을 나누자고 요구할 텐데 이러면 각 사회의 귀족에게는 안 될 일이기 때문이었다. 집중된 권력의 정의롭고 공정한 분배가 민주주의라고 생각하는 인재는 정치인에게 극한 혐오의 인간형이면서, 동시에 위협이 될 수밖에 없다. 학교는 절대 이런 인재를 생산해서는 안 된다. 조금만 의심할 줄 아는 인재면 민주주의는 소수가 독점한 권력을 시민 다수에게 정의롭고 공정하게 나누는 것이란 사실을 알게 될 것이기 때문이다. 민주주의는 400조가 넘는 예산계획과 그 사용에 관한 결정권, 사법부가 독점한 법의 해석 권한, 입법부가 독점한 입법권을 시민에게 공정하고 정의롭게 나누어 주는 것이다. 마크 트웨인, 윈스턴 처칠, 아인슈타인에 이어 사회사학자 트리벨리언G. M. Trevelyan(1978)의 대중 교육에 관한 평가를 하나 더 들어보자. "대중 교육은 글을 읽을 수 있는 엄청난 수의 대중을 생산했다. 하지만 대중은 무엇이 읽을 가치가 있는 글인지를 전혀 구별할 수 없다. 즉, 학교 교육은 판단력이 떨어지는 다수의 대중만 만들어 냈을 뿐이다."[6] 그래서 똥인지 된장인지 구분하지 못한다. 우리는 '엄청나게 사납지만 뇌는 없는 거대한 짐승'이 되었다. 요샛말로 개, 돼지가 되었다.

똥과 된장이 구분 안 된다고?

똥과 된장은 구별하기 쉽다. 인문학의 유일한 목적이라고 해도 과장이 아닌 비판적인 사고력의 중요성을 강조하고 싶어 똥과 된장 얘기를 꺼내 들었다. 비판적인 사고력critical thinking은 여러 기준에 따라 우리 일상에서 벌어지는 현상을 판단하는 능력을 가리킨다. 비판적인 사고력이 필요한 예를 들어보면 이런 경우다. 어떤 행동이 도덕적으로 선하거나 악한지, 어떤 것이 아름답고 추한지, 영화나 드라마의 작품성을 판단하는 기준이 감독의 연출력과 배우들의 연기력인지 아니면 통념과 상식에 저항하는 목소리(대중문화의 규범과 기준을 파괴하는 시도)여야 하는지, 경쟁을 통한 경제 성장의 원칙이 우선인지 아니면 환경과 노동자의 권리를 배려하는 경제 정책이 더 바람직한지와 같은 수많은 영역에서 비판적 사고력 즉, 판단력이 필요하다. 하지만, 현재의 학교는 비판적인 사고력(판단력)이 없는 인재를 대량 생산한다. 노동자를 대량 생산하는 학교를 거친 수많은 '인재'는 고등교육 기관인 대학을 나와도 무엇이 읽을 가치가 있는지, 어떤 영화가 볼 가치가 있는지, 특정 예술 작품이 왜 훌륭한지를 판단하지 못한다. 그래서 서점에 가면 인기도서 부문으로 향하고, 영화를 고를 땐 되도록 천만이 본 영화로 선택하고, 예술 작품을 감상할 땐 평론가의 해석과 의견에 의존한다. 심지어 맛집을 고를 때에도 사람이 많이 줄 서 있는 식당을 선택한다. 정말 이 정도면 통인지 된장인지 구분을 못 하는 거다. 판단할 줄 모르는 인재를 대량 생산하는 학교에서 이렇게 대중문화 작품을, 여러 제도와 법을, 예술 작품을, 경제 제도를 비평하는 훈련을 받은 적이 없다. 그래서 시민 다수는 여러 판단이 필요할 때, 항상 전문가에게 의존하거나 머릿수에 의존한다. 이쯤 되면 우리가 똥, 된장을 자신 있게 구별할 수 있다고 여전히 말할 수 있을까?

정치, 경제, 문화적인 이슈에 관한 시민의 견해는 어떻게 만들어질까?

언론은 판단력이 없는 헬 조선 현실에서 전문가의 분석이나 판단을 인터뷰 형태로 소개한다. 그러면 대중은 비판적인 판단 없이 전문가의 의견을 듣고 거의 자동으로 외웠다가, 길에서 우연히 인터뷰하게 되면 다시 그 전문가의 의견을 그저 '불러오기' 한다. 그러면서 '내가 이걸 어떻게 알았지?'라며 자신의 식견에 감동하는 사람을 보면 참 안타까운 마음이 든다. 언론이나 전문가 집단이 주입한 생각을 자신의 독립된 판단이라고 자부하는 모습이 가끔 술자리나 언론 인터뷰에서 보일 때가 있다. 교묘하게 "동의를 끌어내는"[7] 언론의 기술과 언론의 이 기술에 놀아나는 대중의 '불러오기' 능력의 융합이 '뇌가 없는' 헬 조선의 문화를 형성했다. 학교는 이렇게 '자랑스러운' 인재를 생산해왔고 앞으로도 계속 그럴 예정이다. 이렇게 문제를 제기하지 않으면, 이런 '훌륭한' 노예교육은 계속된다. 19세기 유럽이 산업화와 제국주의의 탐욕을 채우려 '아무 생각 없이 말 잘 듣는 노동자와 군인'을 대량 생산한 것처럼, 21세기 헬 조선도 '판단력은 없고 외우기만 잘하는 인재'를 여전히 대량으로 찍어낸다. 현재의 학교는 외우기만 하고 의심하는 능력은 없는, 그래서 비판적인 판단은 감히 상상할 수도 없는 인재를 21세기에도 계속해서 찍어낸다.

'저항'이 뭐야?

이런 상황에서 '저항하는' 시민을 찾기는 매우 어렵다. 이쯤에서 저항정신이 말살된 헬 조선의 풍경을 살짝 그려보자. 정부가 시민의 건강을 '위해' 마약값(담뱃값 ; 담배가 대마초보다도 중독성이 더 강함)을 두 배로 올려도, 수백만 명이 넘는 흡연자 중의 상당수는 보건복지부나 기획재정부 앞에 가서 시위할 만한데 하지 않는다. 담뱃값 인상에 저항하기보다는 오른 세금 내기 싫어 작심삼일이 될 금연계획을 세우는 선에서 저항의 의지를 나름 강력히 드러낼 뿐이다. 한편, 총알에 뚫리는 방탄복을 입고 전방에 근무하는 병사의 소식이 뉴스 보도로 전해진다. 군대에 자식을 보낸 수많은 부모는 국방부 앞에서 책임자 처벌과 함께 방탄복 교체를 요구하는 시위를 할 것 같다. 그런데 시위하는 분은 잘 보이지 않는다. 혼자 하기 힘들면 진정한 '어버이 & 어머니 연합'을 만들면 된다. 하지만, 뚫리는 방탄복과 전혀 관계가 없는, 자식을 군대에 보낸 부모와는 무관한 어버이 어머니 연합만이 뉴스 면에 수시로 등장할 뿐이다. 수많은 가정이 가장의 천문학적인 암 치료비 때문에 경제적으로 고통받는다. 전직 대통령은 4대 중증질환을 국가가 전액 부담한다는 자신의 공약을 파기했다. 청와대 앞에서 이에 항의하는 사람들 또한 별로 눈에 보이지 않는다. 청와대 근처는 시위 금지구역이다. 박근혜 전 대통령은 처음부터 자신이 지키지도 못할 공약을 남발하고 있다는 사실을 선거 때부터 알고 있었나 보다. 그래서 청와대 주변을 시위 금지 구역으로 정한 것이 아닌가 하는 생각이 든다. 역시 지배자 족속은 선견지명이 있다. 어쨌든, 웬만하면 저항하지 않는다.

지배하기에 최적화된 피지배자를 대량 생산하는 법은?

교육과정curriculum이 답이다. 교육과정은 학교에서 선생님의 지도로 학생이 경험하는 모든 것이다. 예를 들어보면 각 과목의 내용, 학교 수업의 운영 방식, 학교나 반 운영 방식에 대한 아이의 경험과 참여, 학교나 반의 위계제도, 반의 일을 아이들이 나누는 방법, 반장과 학교 임원을 뽑는 일, 시험과 수행평가 등이 다 교육과정에 속한다. 이런 교육과정이 아무 생각 없이 그냥 만들어지는 것이 아니라는 사실에 주목해야 한다. 교육과정은 붕어빵 기계와 같다. 교육과정을 어떤 목적으로 설계하는지에 따라 결과물의 모양이 정해지기 때문이다. 학교에서 아이가 경험하는 모든 경험은 교육부가 의도한 대로 이루어진다. 국민을 개, 돼지로 생각하는 교육 전문가가 우리 아이들을 개, 돼지가 되도록 교육하고 싶으면, 이 교육과정으로 우리 아이들을 그렇게 만들 수 있다. 아이들이 고분고분하게, 의심도 하지 않고, 더 나아가 불의에 저항할 수 없거나 침묵하게 만들수 있다. 교육과정은 설계하기 나름이다. 교육과정을 설계할 때 소위 교육 전문가뿐만 아니라 발달 심리 전문가, 정신분석 전문가 등의 다양한 전문가가 참여한다. 교육과정은 교육부 장관과 그 장관을 임명하는 대통령, 그리고 교육감의 역량과 신념에 따라 그때그때 달라질 수 있다. 그래서 이들이 가진 철학과 역량에 따라 우리 아이의 가치관과 역량이 정해질 수 있다. 그래서 정치인을 똑바로 잘 뽑아야 한다. 이 장에서는 우리 아이들을 피지배자로 만드는 대표적인 교육과정을 살펴보겠다. 반장 제도, 시험제도, 그리고 교과서의 선택과 그 내용이다.[8]

임기가 긴 반장 제도는 시민의 정치 지능을 계속해서 유아 수준으로 만든다!

반장 제도를 어떻게 운용하느냐가 민주주의와 권력에 관한 아이의 견해 형성에 직접적이고 강력한 영향을 준다. 예를 들어 한 학기를 반장 임기로 정하면, 아이의 정치 지능은 유아 수준에서 멈춰버린다. 이렇게 긴 반장 제도를 경험한 한국 성인의 정치 지능이 거의 세 살 수준인 이유가 다 여기에 있다. 그래서 서민이 보수당을 찍는 소위 계급 배반 투표가 일어난다. 이렇게 반장 제도를 운용하는 것은 우리 아이들에게 막심한 폐해를 끼친다. 일단, 정치 무관심이다. 반장이나 소수의 임원이 학급의 살림을 다 맡아 하게 되면서, 나머지 아이는 학급 운영의 세부적인 일에 관심을 꺼버린다. 나아가, 공교육의 이런 교육과정으로 우리 아이들은 학급 일에 무관심해도 된다고 생각하게 된다. 반장을 일주일씩 돌아가며 맡는 방식으로 우리 아이들을 교육하면 어떨까? 이렇게 임기가 짧은 반장 제도에서 아이들은 반의 살림에 관심을 두게 되고 서로 협력할 수 있게 된다. 다음 주에 자신이 반장을 할 차례가 오기 때문에, 현재 반장의 도움 요청을 무시할 수 없게 된다. 반장 임기를 이렇게 짧게 하면, 아이들은 학급의 살림에 적극적으로 참여하게 된다. 그래서 임기가 짧은 반장 제도는 앞으로 개, 돼지가 되어야만 하는 우리 아이들에게는 절대적으로 부적절하다. 반어법이다. 임기가 짧은 반장 제도는 교육과정에 필수적이다. 우리는 아이들이 어려서부터 자기 공동체의 규칙을 스스로 정하고, 타협으로 친구 사이에서 일어나는 갈등을 풀고, 학급이라는 공동체의 살림에 관심을 두고 참여하는 것을 당연하게 생각하도록 교육해야 한다.

이렇게 아이들을 교육하면 헬 조선에 어떤 일이 일어날까? 이런 참여가 공동체 구성원의 당연한 의무이자 권리라고 20년 가까이 학교에서 배우면, 우리를 '뇌는 없으면서 사납기만 한 거대한 짐승'이라고 부르는 '그들'에겐 무슨 일이 일어날까? 시민을 지배해 온 그들에게 헬 조선이 도래할 것이다. 소수의 정치 엘리트는 시민이 제발 정치에 관심을 꺼 주고, '정치는 정치인에게 맡기거나 맡겨야 하는 거야!'라고 생각해 주길 간절히 원하기 때문이다. 시민이 정치에 무관심해야 이 날강도 같은 족속은 시민이 낸 세금을 임자 없는 돈처럼 다 해쳐 먹을 수 있기 때문이다. 이 날강도들에게는 참 다행이다. 우리와 우리 아이들은 '공동체의 살림은 소수가 알아서 하는 것이 효율적이고, 심지어는 공동체의 일을 관심 두고 맡아서 하는 건 참 귀찮은 일이야!'라고 생각하게 되었기 때문이다. 임기가 긴 반장 제도의 효과가 우리와 우리 자녀에게 얼마나 강력하게 작동하고 있는지를 거의 매일 목격할 수 있다. 사람들은 자주 이렇게 말한다. "정치가 썩었어. 국회의원 뽑으면 무슨 소용이야? 정치가 세상을 바꿀 수 있어? 대의 민주주의가 그래도 최선 아냐? 정치에 관심 없어? 정치는 썩었잖아!" 시민의 정치에 관한 무관심과 혐오는 의도적으로 조장되었다. 언론과 함께 학교가 정치에 관한 무관심과 혐오를 주도적으로 조장한다. 시민이 정치에 관심을 가지면 가질수록 시민의 정치 지능은 높아진다. 드디어, 누가 우리 편인지를 구별할 수 있게 된다. 마침내 똥인지 된장인지를 구별할 수 있게 된다는 말이다. 반면에 시민이 이렇게 생각하면 헬 조선은 계속된다. '정치는 정치인만 하는 것이다. 4년에 한 번 투표하는 것이 시민이 할 수 있는 정치 참여의 모든 것이다. 법은 국회의원이 만드는 게 당연하고, 기소는 검사만 할 수 있다. 판사는 법의 해석 권한을 독점하고, 행정부만 예산 편성의 결정권을 독점하는 게 당연하다.' 헌법과 법률에 이렇게 정해져 있으니 어쩔 수 없다고 생각해 이런 제도와 법을 의심하지 않거나 여기에 이의를 제기하지 않으면, 헬 조선은 늘 그래왔듯이 지속할 것이다. 물론, 이렇게 되면 헬 조선의 지배자에겐 천만다행이다. 설령 권력의 부당한 독점을 깨달은 소수 시민이 '어쩔 수 없어! 우린 힘이 없잖아!'라고 포기하면 지배자에겐 더욱 고마울 따름이다. 하지만, 지배자에게 고마운 이런 일이 일상에서 자주 일어난다. 이런 안타까운 일이 더는 일어나지 않게 권력의 부당한 독점을 더 많은 시민에게 알려야 한다.

현재 헬 조선 같은 나라를 민족국가라 한다. 원래, 도시국가가 먼저 나타났다. 인류의 정치사를 좀 살펴보면, 도시국가가 시민의 정치 참여 측면에서 훨씬 민주적이었다. 하지만 도시국가는 소규모였기 때문에 큰 제국의 위협 앞에 쉽게 무너졌다. 이러한 이유로, 여러 도시국가가 연합해 현재의 민족국가를 이루게 되었다. 도시국가의 참여적인 정치제도가 스스로 타락해서 붕괴한 것이 아니라, 규모가 작아서 현재의 민족국가로 이어진 것이다. 이 과정에서 시민의 정치 참여 가치는 작아지고, 중앙정부의 권력 독점을 용인하게 되었다. 현재 우리가 겪고 있는 모든 불평등과 갑질은 바로 이 권력 집중을 용인한 데서 비롯되었다. 권력 독점을 숨기기 위해, 정치 엘리트는 가장 쉽고 효과 만점인 방법을 교육과정에 넣는다. 임기가 긴 반장 제도다. 이 반장 제도는 권력의 집중이나 독점을 자연스럽게 보이게 하는 탁월한 수단이 되었다. 이런 교육과정으로 시민이 가져야 할 민주적 자질을 말살해버렸다. 불의한 권력에 대한 의심과 저항정신은 온데간데없이 사라져버렸다. 정치 무관심은 지배자에게 우리가 가져야 할 '바람직한' 자세가 되었다. 독재국가의 국민이 되기 위해 우리와 우리 자녀들은 정치에 무관심하기, 정치 지능 장애, 권력에 복종하거나 순응하기, 기껏해야 뒤에서 욕하기 등의 자질을 착실하게 체화했다. 이래서, 우리 돈으로 산 검은 고급 승용차를 타고 여의도를 주름잡는, 늙은 조폭처럼 생긴 그들은 더할 나위 없이 행복하다.

프레임은 생각의 자유를 구속한다. 우리는 시험제도로 프레임에 길든다.

시험방식의 운용이 아이를 창의성과는 전혀 관계없이 멍청하고 고분고분하게 만든다. 학교는 시험을 참 좋아한다. 거기다 객관식을 참 선호한다. 객관식 문제는 아이가 프레임에 익숙해지게 한다. 우리와 우리 자녀를 프레임에 익숙해지게 하는 것은 지배자에게는 필수적인 과제다. 프레임은 생각의 자유를 구속하고, 시민이 특정한 범위 안에서만 생각하게 만드는 데에 탁월하기 때문이다. 프레임이 우리가 꼭 보아야 할 것을 보지 못하게 하거나 깊이 생각해야 할 문제를 숨겨버린다. 그래서 언론이나 정치인이 프레임을 즐겨 사용한다. 선거 때마다 정치, 경제, 사회, 국방 등의 이슈에 대해 언론과 권력자는 프레임을 만들어 퍼트린다. 그러면 상당수 시민은 그 프레임 안에서만 사고한다. 왜 우리는 프레임에 넘어갈까? 객관식 문제는 주로 5지 선다형이다. 사실 이런 문제 형태는 시험을 보는 아이가 5가지 선택지 중에 무조건 정답이 있다고 생각하게 한다. 다섯 개의 선택지 안에 시선이나 생각을 집중하게 한다. 5개의 선택지 밖은 보려 하지 않는다. 프레임은 이렇게 작동한다. 정치인은 누구보다도 프레임의 효과를 더 잘 안다. 누가 교육제도와 시험제도를 설계했는지 정말 머리 하나는 대단하다. 어쨌든 현실에선 객관식 문제처럼 그렇게 하나로 딱 떨어지는 답도 없을뿐더러, 타협으로 갈등을 조정해 풀어야 할 문제가 대부분이다. 오지선다형 문제 자체도 이상하지만, 그 문제의 정답이 때로는 167번에 있을 수도 있다. 그런데도 객관식 문제는 항상 아이가 '1번과 5번 사이'라는 프레임(틀 또는 범위) 안에서만 답을 고르라고 강요한다. 우리와 우리 아이들은 20년 가까이 이런 생각의 프레임으로 길들었다. 그래서 여러 정치적인 표현이나 수사를 접하면 액면 그대로 받아들인다. '종북, 노동개혁, 테러방지, 법치주의, 규제 완화, 자유(무역)'과 같은 프레임이 시민의 눈과 귀, 그리고 생각을 한쪽으로만 향하게 한다. 파괴력을 가진 정책에 좋은 이름을 붙여 놓으면, 그 이름에 그저 속아 넘어간다. 이런 표현이 우리에게 어떤 생각과 태도를 만드는지 궁금해하지 않는다. 프레임으로 길들여 시민과 아이들의 정치 지능을 바보 수준으로 끌어내린다.

시험제도가 천재적인 교육과정임을 부정할 수 없을 것 같다. 프레임으로 시민 다수를 길들여 효과적으로 지배하는 데에 시험제도만큼 탁월한 수단은 아마 없을 듯하다. 의심하고 질문하기보다, 우리는 선생님이 중요하다는 것을 정해진 시간 안에 최선을 다해 외운다. 우리는 이렇게 독재국가에 걸맞은 '고분고분'한 국민이 된다. 시험제도로 한 주제에 대한 고민과 토론보다는 암기하는 것을 최고의 지적 능력으로 생각하게 우리를 '교육'한다. 교육과정에 이렇게 놀라울 정도로 '순수한' 설계가 숨어 있다.

역사를 긍정하는 것은 과거를 떠받치던 여러 제도를 긍정하는 것이다. 그 과거의 제도가 바로 오늘의 제도이고, 그 오늘의 제도가

이 헬 조선을 지속하게 하는 주범이다!

마지막으로, 교과서의 선택과 내용이 아이에게 확실하고 강력한 영향을 줄 수 있다. 이 장의 참고 도서인 『교육』(2013)에서, 저자 토마스는 영국 역사책 중의 하나인 『우리의 섬 이야기』*Our Island Story 9*를 교육과정의 숨은 의도를 설명하기 위해 소개한다. 이 책의 저자 마셜은 영국의 역사를 한 문장으로 평가한다. "영국은 야만의 시대에서 19세기까지 자유와 평등, 그리고 진보를 이뤄 온 역사였다고 자찬한다." 거의 찬양 수준이다. 하지만, 19세기에 영국은 전 세계에 못된 짓을 가장 악랄하게 저지르고 있었다. 중국과의 아편 전쟁이 한 예다. 당시 영국은 차와 비단의 수입에서 생긴 대중국 적자를 메꾸기 위해 중국에 아편을 수출한다. 중국 황제가 아편 무역을 중지하려 시도하자 전쟁을 일으킨다. 대영제국이라고 떠벌리던 영국은 사실 마약 중개국이었다. 이것은 영국이 저지른 악행 중에 빙산의 일각이다. 해가 지지 않는 나라인 영국 제국은 18세기에서 20세기까지 전 세계 곳곳을 누비며 살인, 강간, 약탈 등 인간이 할 수 있는 가장 악랄한 짓을 저질렀다. 그래서 '위대한' 영국 제국이었나? 21세기에도 여전히 자국의 제국주의를 자랑스러운 역사라며 떠벌린다. 그런데 가끔 말도 안 되는 제국주의 찬양에 넘어가기도 한다. 나도 어려서 영국 제국을 대영제국이라고 배우며, 해가 지지 않는 위대한 나라로 영국을 선망했던 기억이 난다. 그러면 위대한 대일제국이라고 배워야 하는데 또 그건 아니었다. 이런 논리적인 모순을 그냥 아무 생각 없이 받아들였던 필자는 참 '똑똑'하게 학교에서 교육받은 것 같다. 어쨌든 자국의 역사를 찬양 일변도로 기술하고 아이에게 가르치는 것은 지배이념의 대표적인 예다. 민족주의나 애국주의를 국민에게 심기 위해 이렇게 역사를 교육한다. 자신과 국가를 동일시하는 소수 지배자는 찬란했던 자국의 역사를 강조하며 국가와 민족을 사랑하고, 이에 더해 국가에 충성하라고 한다. 국가에 충성하란 말은 지배자인 자기에게 충성하라는 말이다. 그러니 우리는 권력자가 애국이나 민족의 찬란했던 역사를 자랑할 땐 항상 경계해야 한다. 우리를 지배하려는 그들의 수작이기 때문이다. 그래서 소수가 다수를 지배할 때, 역사책의 선택과 그 내용이 매우 중요해진다.

지배와 불평등의 역사를 긍정적으로 보게 교육하는 것은 현재의 여러 제도status quo를 긍정적으로 바라보게 하려는 것이다!

자국의 역사를 찬양 일변도로 가르치면, 시민은 현재의 권력 구조를 자연스럽게 받아들인다. 사실 현재도 바로 이 순간 과거가 된다. 과거는 현재와 떨어진 실체가 아니다. 현재는 그저 과거의 연장extension일 뿐이다. 따라서 과거의 역사 즉, 과거의 권력 구조를 긍정적으로 기술하는 건 현재의 권력 구조를 긍정적으로 묘사하는 것과 같은 효과가 있다. 과거를 인정하는 건 과거에서 소리 없이 현재까지 이어져 온, 동시에 소리 없이 오늘 우리의 어깨를 짓누르는 모든 제도와 관행을 인정하는 것이다. 그렇기 때문에 과거의 역사를 경제발전과 민주주의의 성숙이었다고 찬양하면, 그 역사를 배운 우리는 과거의 권력 구조를 인정하는 것에서 멈추는 것이 아니라, 결국 현재의 제도나 상태status quo까지 인정하게 된다. 지배구조를 유지해 온 제도는 너무나 견고하고 거대해서 웬만하면 깨지지도, 심지어는 균열 하나 내기도 쉽지 않다. 지배구조라는 거대한 벽은 지금 이 순간에도 굳건히 서 있다. 그런데 이 불평등한 지배 제도는 사실 어제의 제도였고, 그 어제의 제도는 1년 전에도 그렇게 있었다. 마찬가지로 그 일 년 전의 제도는 십 년 전, 그 십 년 전의 제도는 삼십 년 전의 제도였다. 이 거대하고 견고한 제도는 시민의 의심과 피나는 저항이 없으면 그냥 소리 없이 현재로, 그리고 미래로 진행한다. 이렇게 되면, 과거의 바로 그 제도가 오늘과 미래의 우리를 계속해서 짓누를 것이다.

자연스럽게 현재 우리의 문제로 넘어왔다. 역사 교과서를 국정화하려는 것은 과거의 어둡고 슬픈 역사를 현재에도 그대로, 그리고 미래에도 지속하게 하겠다는 헬 조선 권력자의 의도를 드러낸 것이다. 과거의 제도와 관행을 찬양하는 식으로 가르치면, 상당수 시민은 현재의 제도와 관행을 자신도 모르게 찬양하게 된다. 문제는 인류의 역사가 지배와 착취, 불평등과 약탈, 살인, 전쟁으로 점철되어 있다는 데 있다. 이 과정에서 수많은 약자가 울었고 피를 흘렸다. 이런 불의한 역사를 긍정하고 심지어 찬양하는 것은 그 약자와 그 후손을 두 번 죽이는 일이다. 앞으로 태어날 우리의 손자 손녀들, 증손, 고손까지, 그리고 영원히 우리와 같은 약자의 눈물과 피를 다시 쥐어짜겠다는 소리다. 일본이 침략의 역사를 정당화하고 심지어 미화하는 것만 우리가 경계해야 하는 것이 아니다. 우리는 우리나라의 독재 정권과 착취의 역사, 불의와 기회주의(친일, 정경유착)가 승리한 역사, 그리고 이런 기회주의와 불의를 용서한 역사를 날카롭게 바라보아야 한다. 과거의 악독하고 교활한 지배자의 후손은 지금도, 그리고 앞으로도 우리와 우리 자녀를 지배하기 위해 역사를 긍정적으로 묘사하고 이것을 우리 자녀에게 가르치려 한다.

기회주의와 편법이 활개 치던 과거의 역사는 약자가 흘린 피눈물의 역사다!

이렇게 '찬란'하고 '자랑스러운' 대한민국의 역사는 그들의 역사일 뿐이다. 자기들의 아버지, 할아버지가 지배했던 매우 '찬란'했던 역사다. 그런데 이런 자들이 최고 권력의 지위에 있을 때 우리의 조부모와 부모는 피눈물을 흘렸다. 이것을 어떻게 찬란하고 자랑스러운 역사로 받아들일 수 있나? 우리에겐 자학 사관이 필요하다. 우리는 우리의 역사를 살인과 약탈로 점철한 일본과 영국의 제국주의 역사만큼 아프지만 예리하게 기록해야 한다. 제국주의의 지배만큼 우리나라의 악랄했던 지배에 관심을 가져야 한다. 과거의 불의하고 슬픈 억압의 역사를 정확하게 기억하고 기록해야 한다. 그래야 우리 조상과 우리의 눈물과 피를 짜냈던 그들과 그들의 후손들이 우리 사회 전면에 다시는 등장하지 못하게 될 것이다. 아프고 억울했던 역사를 있는 그대로 기록해야 가해자들이 "우리가 언제 그랬냐?", 심지어는 "우리 때문에 너희가 잘 먹고 잘살게 되었어!"라는 망언을 하지 못할 것이다. 이것이 우리와 우리 자녀를 위해 우리가 해야만 하는 일이다. 고치지 않은 과거는 고장 난 현재며, 그 현재가 그대로 또 우리의 미래가 될 것이기 때문이다.

교과서의 선택과 내용 특히, 역사책의 선택과 그 내용은 대표적인 지배 수단 중의 하나다. 이러한 지배 이념은 우리 아이가 독재 국가에서 말 잘 듣게 하고 현재의 불공정한 제도와 관행에 순응하게 하는 데 가장 결정적인 역할을 한다. 현재의 이런 제도는 사실 어제부터, 아니 한 세대 전에서부터 내려오던 것이다. 이 과거의 제도와 관행이 지금 우리 어깨 위에 소리 없이 내려앉아 짓누르고 있다. 과거를 긍정하는 것은 현재를 긍정하는 것이고, 그 현재는 우리에게 헬 조선이다. 하지만 우리를 짓누른 제도와 관행 위에 올라탄 그들에게는 천국이다.

학교의 교육과정이 대표적인 지배의 수단이다. 교육과정에 임기가 긴 반장 제도, 시험제도, 교과서의 선택과 내용이 포함되어 있다. 이런 교육으로 인해, 우리 아이들의 정치 지능은 세 살 수준에서 멈춰버린다. 이래서 누가 봐도 반민주적인 제도를 민주주의로 인식한다. 시험제도로 우리와 우리 아이를 프레임의 덫에 빠지게 하고, 결과적으로 프레임의 지배에서 벗어나지 못하게 한다. 마지막으로, 특정 교과서의 선택과 내용으로 우리와 우리 후손까지 계속해서 과거의 불의와 폭력의 역사를 경험하게 할 수 있다는 사실을 확인했다. 이런 은밀한 교육과정이 헬 조선을 지속하게 하는 가장 핵심적이고 근본적인 수단이다. 그러면 우리를 지배해 온, 우리를 멍청하게 해 앞으로도 영원히 지배하고 싶은 그들을 위한 헬 조선을 만들 방법은 없을까? 대안적인 교육철학은 있을까? 이 책의 3부 12장에서 지배를 해체하게 할 대안 교육 철학에 대해 다룰 것이다.

학교는 우리 아이를 이런 식으로 교육한다!

필립 잭슨Philip Jackson도 자신의 책 『교실에서의 삶』*Life in Classrooms*(1968)에서 현재의 학교에 대해 이렇게 평가했다. 학교는 우리 아이를 민주주의 국가로 위장한 독재 국가에 걸맞은 국민이 되도록 교육한다. 잭슨은 현재 교육과정이 역사책에 숨겨진 의도보다 훨씬 더 깊이 아이를 길들인다고 주장한다. 교육과정은 "교실에서 칭찬하는 방식과 교실에서 권력을 나누고 행사하는 방식"으로 은밀하게 우리 아이를 독재국가에 딱 맞게 길러낸다고 한다.[10] 학교는 대의 민주주의의 우수성, 여러 위계제도의 필요성과 불가피성 그리고 불평등을 인정하게 하고, 동시에 이런 위계 구조에 복종해야 한다는 생각을 아이에게 가르친다. 개인보다 국가가 더 중요하기 때문에 나라를 위해 충성해야 한다는 생각까지 포함해서다. 이런 생각은 독재국가의 국민에게나 필요하다. 어리석어야 하는 노예에게 이런 생각이 필요할 거다. 어떤 무식하고 용감한 자(미국의 케네디 대통령)가 국가가 국민에게 무엇을 해 줘야 할지를 생각하기 전에, 국민이 국가를 위해 무엇을 할 수 있는지를 생각하라고 했던가? 이게 전형적인 국가주의적 사고다. 이런 인간처럼 권력을 장악했던 족속은 국가와 자신을 동일시하는 못된 버릇을 가졌다. 따라서 국가에 충성하라는 말은 사실상 자기한테 충성하라는 거다.

학교에서 연대와 저항은 상상조차 하기 힘들다!

21세기에도 여전히 충성, 지배, 복종의 가치를 가르치는 한국 교육은 부도덕하고 불의한 온갖 권위에 맞서야 할 아이의 저항 정신을 말살한다. '강자에게 개기면 자기만 손해'라는 믿음이 학교에 퍼져 있을 뿐이다. 학교의 권력자인 교장, 교사, 일진, 혹은 부유한 학부모의 크고 작은 모든 종류의 갑질에 맞설 저항의 싹은 학교라는 공간에서 처음부터 잘린다. 학교가 대량 생산하는 미래의 인간형을 상상하는 것은 그리 어렵지 않다. '강자한테 저항해봤자 손해보는 건 자신일 뿐이다! 그러니 닥치고 시키는 대로 하는 것이 장땡이다!'란 깨달음을 경험으로 체득한 '인재'일 것이다. 오토만 제국은 고위직 관리를 임용할 때 관리의 성기를 잘랐다고 한다. 권력에 저항하거나 복종하지 않는 것은 상상도 못 하게 하기 위해서였다고 한다. 하지만 잭슨은 근대에 들어 복종을 교육하는 훨씬 효과적이며 '인도주의적인' 방식이 개발되었다고 주장한다. 거세까지 할 필요가 없는 인도주의적인 복종 교육은 그냥 아이를 학교에 보내는 거다. 학교에 가기만 하면, 아이들은 독재국가에 의심 없이 복종하는 '참된' 국민으로, 그리고 여러 갑질에 연대와 저항을 포기한 영혼이 된다.

이렇게 길러졌지만 적지 않은 뜻있는 시민이 함께 연대해 저항하긴 한다. 그런데 그때마다 연대해 저항하면 참 묘하게 불법 시위가 된다. 상당수 시민은 '불법' 시위란 표현에 아무 생각 없이 동의한다. 다음 장에서 의로운 시민의 연대와 저항을 가로막고, 심지어 처벌하는 사법제도와 그 제도의 본성에 대해 살펴보겠다. 지배를 합법적으로 보호하는 대표적인 국가의 억압적 수단이 사법체계다. 박근혜 최순실 국정 농단 사건도 법철학에 근거해 비평해 보겠다.

6장

지배에 스스로 동의하게 하는 사법제도

법과 정의

법은 과연 정의로운가? 국회의사당과 그 안의 권력을 상징하는 레드카펫을 밟으며 권력에 취한 국회의원의 면상과 행태를 상상해보자. 답은 분명해 보인다. 국회의원은 각 지역구의 유권자를 대변하기 위해 존재하지만, 일단 당선이 되면 지역구의 유권자보다는 입법으로 자신이나 자기 집단의 이익을 추구하는 영악하고 이기적인 소수의 대변자가 될 뿐이다. 상황이 이러하니 국회에서 만들어지는 법이 정의로울 수 있겠는가? 한편으로, 헬 조선에서 가장 고상한 척하는 집단도 있다. 권력의 술에 취한 자들이 만든 법의 해석을 독점하는 사법부다. '귀에 걸면 귀걸이 코에 걸면 코걸이'처럼 자기들 맘대로 해석하고 판결한다는 설이 널리 퍼졌다. '유전무죄, 무전유죄, 유권무죄, 무권유죄'라는 이런 재수 없는 사자성어가 현실에서 작동한다. 이를 인증하는 수많은 법률회사가 헬 조선에서 성업중이다. 그중에서도 무슨 된장 이름 비슷한 로펌은 타의 추종을 불허한다는 설이 있다. 이뿐인가? 대법원은 사법부의 특권 확대(상고법원)를 위해 눈 하나 깜짝 않고 수많은 약자를 희생시키며 행정부와 재판 거래를 시도했다는 보도가 한창이다. 그러면서도 사법부의 독립 운운한다. 이런 상황에서 사법부의 법관들이 법의 해석 권한을 독점하면서 질서를 유지한다. 대표적으로 경제·정치적인 질서다.[1]

경제적인 질서를 유지하는 핵심적인 목적은 사유재산권 보호이다. 이는 어찌 보면 당연하고 바람직해 보인다. 하지만 기업의 사유재산을 강력하게 보호하면 할수록, 현재 헬 조선이 겪고 있는 기업과 개인(가계) 간의 경제적 격차는 그대로 유지되거나 더 벌어질 수밖에 없다. 오해하지 않길 바란다. 아파트 한두 채, 혹은 무주택자의 통장 잔액은 국가와 법이 강력하게 보호해야 한다. 경제적인 약자의 사유재산은 강자 즉, 기업가의 갑질과 자본의 지배에서 자신을 지켜 줄 최소한의 수단이기 때문이다. 반면에 강자의 사유재산권은 국가의 관련 법과 조세제도로 강하게 제한해야 한다. 우리가 문명사회를 이루며 살기로 합의한 이상 강자의 자유는 누르고, 약자의 자유는 더욱 확대해야 한다. 그러지 않고 강자의 자유를 확대하거나 규제하지 않으면, 우리는 국가라는 제도를 가질 필요가 없다. 강자가 규제도 없이 활개 치도록 내버려 두는 환경은 문명사회가 아니라 야생의 세계다. 국가가 강자의 자유를 규제하지 않으면, 맑스와 엥겔스가 『공산당 선언』에서 "대의 민주제하에서 국가는 자본의 이익을 지키기 위해 여러 업무를 수행하는 위원회에 불과하다."고 한 지적에 입이 열 개여도 할 말이 없게 될 것이다. 하지만 헬 조선의 보수적인 애국 정치인들, 보수 언론과 거기에 출연하는 전문가들은 기업의 법인세(경제적인 자유)를 더 못 깎아줘 안달이다. 조금이라도 법인세를 올리자고 하면 흥분하며 반대한다. 기업의 경쟁력을 해친다나? 이렇게 주장하는 수구 정치인이나 경제 전문가의 말이 옳다면, 북유럽과 유럽의 기업은 이미 다 망했어야 한다. 그런데 독일과 프랑스에서 기업이 세금을 많이 내는데도 경제는 왜 잘 굴러갈까? 그 전문가인지 기업의 하수인인지 구분이 잘 안 되는 일부 지식인과 수구적인 정치인의 말이 아무 근거가 없다는 말이다. 그런데도 보호받을 재산도 별로 없는 상당수의 시민이 강자의 사유재산권에 대한 과도한 보호를 외치는 전문가의 주장에 동의한다. 왜 그럴까?

한편으로, 정치적인 질서 유지는 우리에게 어떤 영향을 미칠까? 사법제도는 헬 조선의 정치제도인 대의 민주주의를 유지, 보호한다. 우리는 4년에 겨우 하루 동안만 투표로 정치에 참여한다. 이렇게 시민의 정치 참여를 심각하게 제한하는 대의 민주주의는 '시민의 지배'people's rule를 뜻하는 민주주의와는 거리가 멀어도 한참 멀다. 그런데 이런 제도를 민주주의라 부르고, 시민을 포함해 우리 아이들에게 이렇게 가르치는 것은 사기다. 사실상, 대의 민주주의는 우리와 똑같은 한 명의 시민(대통령)에게 오천만 명이 가진 권력을 몰아주는 제도다. 400조가 넘는 정부 예산을 한 개인인, 대통령으로 위장한 왕에게 몰아준다. 그리고 '네 맘대로 쓰라'고 허용해

주는 제도가 대의 민주주의제이고, 대통령 중심제다. 그래서 헬 조선의 '훌륭한' 여러 대통령은 자기 맘대로 '4대강 사업'이란 이름으로 건설 기업에 퍼주고, 자원 외교로 눈먼 돈(세금)을 물 쓰듯이 막 써버렸다. 그 돈이 어디로 갔는지 그 대통령과 그의 하수인들만 아는 분위기다. 헬 조선의 직전 대통령도 자신이 공약한 복지 제도는 돈이 없어서 못 한다고 하면서, 창조경제란 이름으로 세금을 자신의 가까운 사람들에게 몰아줬다는 설도 있다. 여기서 끝이 아니다. 대통령은 국민 세금으로 만든 공기업을 자기 맘대로 개인(기업 혹은 외국인을 빙자한 한국인)에게 팔아 버린다. 공항, 철도, 전기, 고속도로 등등의 공공 서비스를 생산하고 제공하는 공기업들을 민간 기업에 팔아버린다. 외국인에게 팔기도 하는데, 이 외국인들은 무늬만 외국인이고 이들 뒤에 돈 많은 한국인이 있다는 말이 돈다. 바로 이들 뒤에 전직 대통령과 가까운 사람들이 있다고들 한다.

대의 민주제는 소수의 선출된 정치인이 우리 돈(세금)을 맘대로 써도, 심지어는 우리 공동 재산(공기업)을 자기 맘대로 처분해도 아무 말도 할 수 없게 하는 정치 제도다. 이런 대의 민주제를 정말 민주주의라 부를 수 있을까? 문제는 사법제도가 이런 무늬만 민주주의인 대의 민주제를 합법적으로 보호한다는 데 있다. 하지만, 우리는 이런 말도 안 되는 정치제도와 이 제도를 합법적으로 보호하는 사법제도에 관해 아무 의심도 하지 않는다. 당연히 이의를 제기하는 사람도 거의 없다. 오히려, 상당수 시민은 이런 불완전한 제도를 의심하여 대안을 찾자는 목소리를 위험하게 여긴다. 현재의 정치·경제적인 질서를 유지하는 법은 겉으로는 자유, 평등, 그리고 정의를 지킨다고 한다. 정말일까? 법은 확실히 지킨다. 법은 지배체제의 두 축인 정치·경제 제도와 이 두 제도로 인해 발생한 정치·경제적인 불평등을 합법적으로 그리고 은밀히 보호한다. 보호하는 데에도 한계가 있었나? 박근혜, 최순실 국정농단 사건은 헬 조선의 법체계가 보호해주는 정치제도가 어떤 극단적인 정치 상황까지 만들어낼 수 있는지를 여실히 보여주었다.

박근혜 최순실 스캔들에 관한 비평

언론이 2016년 11월경 박근혜, 최순실 국정농단 사건을 보도하면서 박근혜 대통령의 콘크리트 지지율이 한 자릿수로 떨어졌다. 거의 모든 언론이 이 사건만 보도한다. 그래서 그런지 또 거의 모든 국민이 이 두 사람을 비난한다. 비난이 향해야 할 대상은 이 둘뿐만이 아니다. 우리도 반민주적인 정치·경제 제도와 그 제도를 합법적으로 보호하는 법체계를 비판 없이 믿었기 때문에, 일정 부분 책임이 있다. 엄밀히 말해, 박근혜 대통령은 '민주적'이라고 부르는 선거제도로 연간 400조 원에 이르는 돈을 제 맘대로 쓸 수 있는 권한을 합법적으로 부여받았다. 입이 아프지만, 그 돈은 우리 돈이다. '민주적'이라고 우기는 우리의 정치제도는 사실상 이 막대한 양의 돈(세금)을 배고픈 고양이에게 신선한 회를 무한 보충하듯 맘대로 쓰라고 바치는 제도다. 헬 조선을 아연실색하게 만든 이 사태의 본질은 이 두 살진 고양이가 그 생선(400조 원과 권력)을 야금야금 사이좋게 나눠 폭식했다는 데 있다. 그런데 언론과 국민이 생선을 잘 먹은 이 두 고양이를 비난한다. 고양이에게 생선을 갖다 바치고, 그 후 신경을 끊은 이들은 누구였던가? 두 고양이가 생선을 잘 먹었다고 한목소리로 비난하는 상황이다.

　우리는 반민주적인 제도를 민주주의라고 아무 생각 없이 학교에서 가르쳐준 대로 믿었다. 대통령 임기가 끝날 때면 우리는 늘 이런 비리를 경험한다. 하지만 이런 비리를 만들어내는 구조에 눈감거나, 인식조차 하지 못했다. 이런 우리에게도 어느 정도 책임이 있지 않을까? 이렇게 한 사람에게 권력을 몰아주는 반민주적인 제도를 민주주의로 믿거나, 이런 제도를 고치자고 하면 위험하다고 여겼던 사람들이 먼저 자성해야 하지 않을까? 물론, 사익에는 관심 '없고' 오로지 생선에만 관심 있는 '성실한' 고양이를 대통령으로 뽑은 사람들을 포함해서다. 그나마 박근혜는 다른 대통령과 다르게 혼자서만 생선(권력과 돈)을 폭식하지 않았다. 권력을 사이좋게 나눠 먹는 이타심을 선보인 몇 안 되는 대통령 중의 하나였다. 이 두 분은 우리가 아무 생각 없이 몰아준 권력의 꿀맛을 착실히 즐겼을 뿐이다. 우리는 이런 맹점을 가진 대의 민주주의, 그리고 대통령 중심제를 민주주의라고 철석같이 믿었다. 군주제를 상징하는 경복궁과 대통령 중심제의 상징인 청와대에 어떤 질적 차이가 있는지 고민하지 않았다. 그렇다면 이제 누구를 비난해야 할까? 자성과 함께, 의심의 눈초리로 이런 정치제도를 유지하고 보호해주는 헌법과 법률을 바라보아야 하지 않을까?

사족이다! 지상파 방송사나 언론이 정말 비굴한 존재임을 짧게나마 언급해야겠다. 국정원의 대선 개입과 그 사건과 관련한 수사 방해, 세월호 사건, 메르스 사건, 가습기 살균제 사건, 역사 교과서 국정화 시도, 그리고 백남기 농민에 가한 국가 테러와 같은 사건 역시 박근혜 최순실 스캔들 못지않게 박근혜 정부의 중대한 실정이자 범죄였다. 다수 언론은 정권 초, 중기에 일어난 이런 비극적이고 어이없던 사건에 대해 침묵했다. 대통령의 권력이 약해진 정권 후기에야 이렇게 한목소리로 비판한다. 우리는 저들의 비겁함과 비열함을 반드시 기억해야 한다.

개헌 논의에 관한 비평

귀족주의적인 대의 민주주의와 대통령 중심제를 합법적으로 보호하는 헌법 개정 논쟁에 관해 생각해보자. 대통령이 권력을 독점하게 하는 제도가 문제점이 많으니, 대통령이 될 가능성이 눈곱만큼도 없는 여야 의원 대부분이 개헌하자고 한다. 왜 갑자기 한목소리를 낼까? 자신들은 대통령이 될 만한 도덕성과 능력 중에 그 어느 것 하나 갖추지 못했기 때문이다. 의원 다수가 국회에 외교와 국방을 제외한 내치의 모든 권한을 맡기는 제도로 헌법을 개정하자고 한다. 기가 차다. 다수당이 총리prime minister를 정할 수 있는 제도이기 때문이다. 이런 식으로 헌법을 개정하면, 총리가 현재 대통령의 거의 모든 역할을 맡는다. 이런 개헌은 대통령 중심제보다도 민주주의를 더 후퇴시킨다. 왜 그럴까? 현재는 그나마 우리가 막강한 권한을 사용할 대통령이 누가 될지를 결정한다. 그런데 국회가 내치를 담당하게 하면, 우리가 아니라 국회가 대통령(내각제의 총리)을 뽑을 권한을 갖게 된다. 이런 개헌을 꿈꾸는 국회의원의 속셈은 무엇일까? 국회의원 대부분은 어차피 대통령이 될 가능성이 없다. 그러니 다수당에 들어가서 장관이나 하고, 패거리 짓과 줄서기에 충실하다 보면 현재의 제도로는 절대 이를 수 없는 최고 권력의 자리(총리)에 오를 수도 있기 때문이다.

대통령과 국회의원에게 몰아줬던 권력을 시민과 공정하고 정의롭게 나누는 방향으로 헌법을 개정해야 한다. 적어도 독점한 권력을 시민이 견제할 수 있게 하는 제도적 수단을 개헌안에 포함해야 한다. 이것이 민주주의가 진화해야 할 바람직한 방향이다. 민주주의는 삶에 관한 최종 결정권을 시민에게 돌려줄 때 완성된다. 권력의 공정한 분배는 중앙정부가 독점한 권력을 지방정부와 그 의회에, 그리고 다시 지방정부와 그 의회가 가진 권력을 그 지역의 시민에게 나누어 주는 것을 의미한다. 권력을 나누는 방향으로 헌법을 개정해야 한다. 개헌을 찬성하는 다수 국회의원과 정치 평론가들은 86년 체제는 이제 시대에 맞지 않는다고 한다. 최고의 권력자(총리)도 우리 스스로 뽑을 수 없게 하는 의회 중심으로 개헌하자고 한다. 이런 제도를 민주주의가 발전한 국가가 채택하는 제도라고 사기 친다. 개헌을 찬성하는 자들이 주장하는 제도가 이원 집정부제나 의원 내각제다. 이런 제도는 전두환이 선거인단을 자기 손으로 뽑아 체육관에서 대통령이 되는 것과 하등 다를 바가 없다. 이런 제도는 국회의 다수당이 최고 권력자를 자기들 맘대로 뽑게 해준다. 국회가 국민의 이익이나 여론을 정확히 대변한다면, 어차피 국민의 대표인 국회의원이 수상을 뽑든, 국민이 수상을 직접 뽑든 큰 차이는 없을 것이다. 하지만 '최고' 수준의 국민 '신뢰'를 받는 국회가 국민의 이익과 여론을 정확히 대변한다는 주장은 지나가는 개도 웃을 소리다. 우리는 의원 내각제나 이원 집정부제 방식의 개헌 주장에 또 속아야 할까? 대통령 중임 등과 같은 다른 개헌 논의도 있다. 하지만, 그 논의는 이 글에서는 다루지 않겠다. 국회의원들은 대통령 중임제 방향으로의 개헌은 원치 않을 것이기 때문이다.

이런 개헌 시도조차 합법적으로 진행하게 하는 것이 사법제도다. 그 제도가 현재의 이런 비민주적인 제도를 유지하고 보호한다. 이게 법의 본성이고, 이런 법의 본성에 정통한 법 사기꾼들이 지금 여의도에서 레드카펫을 밟으며 으스댄다. 겉으로는 자신이 시민의 대표자라고 떠들면서, 실제로는 기업과 가진 자들의 이익만을 대변한다. 선거 때만 자기들이 우리 편인 척하며 시장을 방문한다. 서민을 위한 이런저런 제도와 법을 만들겠다고 한다. 서민이 '웃을 수 있는' 헬 조선을 만들겠다고 목청 높여 외친다. 법을 자기만 만들수 있어야 하고, 법을 자기만 해석할 권한이 있다고 외치는 자들을 항상 의심해야 한다. 이자들은 그동안 이런 권한을 활용해 우리를 교묘히 등치며 기득권자들에 붙어먹었기 때문이다. 개헌 논의에 있어 국회의원의 주장에 속아서는 안 된다. 시민의 권리와 경제적인 자유를 보장하는 방향으로 헌법을 개정해야 한다. 국회의원이 가진 권력도 합법적으로 되찾아 와야 한다. 이 책의 3부 마지막 장에서 시민의 권력을 회복하는 구체적인 방식과 예산 편성 과정에 시민 참여를 보장하는 방법, 이를 통해 시민의 '경제적 자유'를 보장하는 정치 제도를 다루겠다.

현재의 질서를 보호하면 어느 계층이 가장 이득을 볼까?

법이 정치·경제적인 질서를 국민을 위해 착실히 지켜준다. 여기서 국민은 다수의 힘없는 99%가 아니고, 1%의 강자다. 법은 1%에 속하는 국민의 재산과 생명을 악착같이 지켜준다. 이것이 정의와 종종 동일하게 여기는 법의 본성이다. 따라서 우리는 법을 항상 의심하여 개정해야 한다. 우리는 법을 항상 비판적으로 보아야 한다. 역사적으로 수많은 형태의 공동체나 국가가 나타나고 사라졌다. 그 수많은 공동체 중에 과연 몇 나라나 평등의 가치를 제대로 실현했을까? 눈 씻고 찾아도 다섯 손가락을 넘지 않을 거다. 이는 지금까지 대부분의 국가는 불평등했고, 그 불평등을 그 나라의 법이 유지하고 보호했다는 의미다. 그동안 법치란 이름으로 특권과 동의어인 불평등을 지켰다. 권력자들은 자신에게 특권을 보장하는 법치가 좋을 수밖에 없다. 권력자는 약자가 연대해 자신에게 저항하면 법치로 겁박하고 처벌했다. 법치 또한 합법적인 공포 정치Terror의 한 방법이다. 어쩌면, 법이 은밀하면서 가장 강력한 공포 정치의 도구인 것 같다. 우리는 그동안 테러 수단에 불과한 법치에 아무 의심 없이 동의했다. 법의 본성을 의식하든, 의식하지 않든지 간에 이에 침묵하는 시민은 법을 활용하는 공포 정치에 동의하는 것으로 지배자들에게 보일 수 있다는 것이 더 큰 문제다. 지금까지 법의 본성에 관한 주장은 내 개인적인 생각이 아니다. 법의 본성을 비판적으로 연구하는 학문이 있다. 법철학 분야의 비판적인 법학이다.

비판적인 법학Critical Legal Studies, CLS 2이란?

비판적인 법학에 따르면, 법체계는 지배하려는 의식Hegemonic consciousness을 내포한다고 한다. 이탈리아 출신 맑스주의자인 안토니오 그람시Antonio Gramsci는 법의 본성을 이렇게 이해했다. 사회의 다양한 신념체계가 그 사회의 질서를 유지한다. 사회의 구성원은 그 신념체계를 상식으로, 즉 자연스럽게 인정한다. 심지어 이러한 신념체계가 자신을 지배할 때에도 이러한 신념체계가 필요하다고 여긴다. 그 신념체계를 사회의 안정을 위해 영원히 지속하여온 필수적인 것으로 간주하기 때문이다. 사회의 시민 다수는 불평등한 정치, 경제적인 권력 관계로 인해 지배와 차별을 경험했다. 이렇게 차별받는 시민이 이러한 불평등한 권력 관계를 보호하는 법체계의 유지를 원한다. 지배받는 시민이 이러한 체계의 권력 행사에 스스로 동의한다. 이게 법의 본성에 대한 그람시의 이해다.[3]

법의 본성에 대한 깊은 고민 없이, 현재 대한민국의 상당수 시민은 여전히 '법치'를 중시한다. 법으로 지배하는 그들에게 얼마나 고마운 일인가? 지배와 불평등을 유지하기 위해 법 전문가가 미디어에 출연해 이렇게 떠든다. 어느 세력이 법치를 부정한다고 하거나, 소수 시민이 대법원의 판결을 부정한다고 한다. 그러면 상당수 시민은 이런 전문가들의 의견을 곧이곧대로 믿는다. 그래서 동료 시민이 깨어있는 소수 시민을 체제를 부정하는 자들이라 비판한다. 하지만 우리는 체제를 끊임없이 부정해야 한다. 그래야 조금씩이라도 우리가 행복해질 수 있다. 법이 소수자의 권리와 자유를 침해하거나 차별할 때, 우리는 그 법을 가장 이른 시일 안에 개정하라고 요구해야 한다. 나아가, 시민이 법 개정의 과정에 참여할 수 있어야 한다. 판사가 법을 자의적으로 해석해 KTX 여승무원 해고 사례에서처럼 노동자의 권리를 우습게 여길 때, 우린 어떻게 해야 할까? 우리는 헌법과 법률의 본래 취지를 무시한 판사를 우리 손으로 직접 탄핵할 수 있어야 한다. 판사도 우리가 월급 주는 공무원civil servants에 불과하다. 법을 해석하는 권리를 위임했을 뿐이다. 법관이 임무를 공정하게 수행하지 않았다고 판단했을 때, 우리는 그 법관을 자리에서 물러나게 할 권한을 가져야 한다. 이게 시민이 주인인 민주 사회이며, 법을 활용한 권력 남용을 제어할 방법이다.

요약하면, 사회의 법체계와 다른 여러 신념 체계(규범, 전통적인 관습, 정치, 경제, 문화, 종교적인 신념)는 기득권 집단의 이익을 보호하기 위해 그때그때 만들어진 것이다. 이것이 비판적인 법학 연구의 핵심 주장이다. 우리가 법의 본성에 대해 이렇게 일상적으로 토론하게 된다면, 지배자가 법을 지배의 수단으로 활용하는 정도가 현격히 줄어들지 않을까? 법이 지배 수단으로 전락하는 것을 막기 위해 시민은 법을 만들고(입법권), 해석하는 과정(사법권)에 직접 참여할 수 있어야 한다. 개헌안은 시민의 이런 참여를 보장하는 법과 제도를 담아야 한다. 이 책 3부 16장에서 시민의 참여를 보장하는 개헌안을 다루겠다.

비판적인 법학의 등장 배경과 특징

비판적인 법학은 1970년대 미국에서 정통 법 이론에 대한 좌파적인 비판으로 등장했다. 비판적 법학은 세 가지 특징을 가진다. 첫 번째, 이 학문은 정치과학이나 사회학문 분야가 아닌 법학의 영역에 속한다. 둘째로, 비판적 법학은 법의 원리 속에 숨은 불평등의 문제를 폭로하고, 이러한 문제를 해결하려 한다. 세 번째로, 이 연구는 간 학문적인(융합적인) 접근법을 채택한다. 비판적 법학은 주로 정치학, 철학, 문학 비평, 심리 분석, 언어학, 그리고 기호학의 연구 성과를 이용해 법의 보수성에 대해 비판한다. 하버드 로스쿨 교수인 로베르토 웅거 교수는 비판적 법 연구의 이론가 중에서 대표적인 인물이다. 웅거는 사회에 네 가지 신념이 스며있다고 주장한다. 법은 하나의 체계로 사회에서 일어나는 행동에 관한 모든 문제에 답을 제시할 수 있다. 이러한 해답은 법의 원칙에 바탕을 둔다. 법의 이러한 원칙은 구성원의 사회관계에 대한 논리적으로 일관된 관점을 반영한다. 마지막으로, 법에 따라 만들어진 사회의 규범이 시민의 모든 행동을 결정한다. 시민은 이러한 규범을 내면화하기 때문이다. 물론, 시민은 법의 실질적인 강제 때문에 이러한 규범을 따르기도 한다.

하지만, 비판적인 법학은 이 네 가지 가정을 모두 부정한다.[4] 법은 하나의 체계이거나 법이 모든 문제를 해결할 수 있다는 사실을 부정한다. 법의 독립성과 법적 추론의 중립성도 인정하지도 않는다. 비판적인 법학은 법 원칙이 다양한 인간관계에 대한 하나의, 일관된 관점을 압축한다는 주장에도 이의를 제기한다. 법의 몇몇 원리가 서로 다르거나, 심지어 자주 논리적으로 모순을 드러내는 가치를 표현하기 때문이다. 마지막으로, 법이 사람들의 사회적인 행동을 결정짓는 요소로 간주할 만하다는 주장에 대해서도 회의적이다.

법에 본성에 관한 질문의 답

법에 대해 시민이 가진 여러 상식이나 기대는 타당한가? 법은 중립적이며 일관된 원칙을 가지는가? 법이 독립적인가? 다 아니다. 이런 현실에서 법이 시민의 행동을 결정할 기준이 될 수 있을까?

아니다! 이런 법이 시민 사이에 일어나는 모든 갈등에 대한 해답을 줄 수 있을까? 아니다! 시민은 법의 역할에 대한 그동안의 기대나 믿음을 여전히 가져도 될까? 아니다! 프로이트의 부정 이론에 바탕을 두면서, 비판적인 법학은 법의 본성에 대해 이렇게 평가한다. 법은 평등과 자유를 약속한다. 하지만 법은 우리 사회의 억압적인 위계질서 속에 존재하기도 한다. 그래서 법은 사회의 위계질서(불평등과 차별)를 보호한다. 이것이 위선적 사회에 매우 잘 어울리는 법의 이중성이다. 법은 사회의 이러한 두 측면 사이의 모순을 무시하거나 부정하고 있는가? 맞다!

법은 공포 정치의 수단일 뿐만 아니라 기득권 계층의 특권을 보호하기 위해 존재한다. 모든 시민이 이런 법의 본성을 알게 될 때, 우리는 비로소 법 권력의 남용을 막을 수 있을 것이다.

왜 대법원에 서 있는 법의 여신은 안대를 쓰지 않았을까?

정의의 여신이 한 손에 들고 있는 저울은 법의 공정성을, 그리고 다른 한 손에 들고 있는 칼은 국민이 부여한 법의 강제력을 상징한다. 우리 대법원에 서 있는 법의 여신은 다른 나라에 있는 정의의 여신과 한 가지 차이가 있다. 헬 조선의 대법원에 서 있는 정의의 여신은 안대를 쓰지 않았다. 정의롭고 공정하다고 홀로 우기는 사법부는 재판 당사자인 피고와 원고 뒤에 누가 서 있는지를 유심히 관찰한다. 물론, 피고와 원고의 배경에 관심 없는 척하는 감각은 놀라울 정도다. 정말 세심하게 재판 당사자 뒤에 누가 있는지를 참고해 '공정한' 선고를 내린다. 정의의 여신이 안대를 쓰지 않은 이유가 바로 여기에 있다. 권력과 돈을 가진 권력자가 피고와 원고 중 누구 뒤에 서 있는지를 꼼꼼하게 파악하는 데 안대는 너무 거추장스럽다. 헬 조선 정의의 여신의 눈을 자세히 보면 '유전무죄, 무전유죄, 유권무죄, 무권유죄'라는 사법부의 가치가 그 여신의 동공에 선명하게 새겨져 있다. 헬 조선은 돈을 가진 자와 정치권력을 가진 소수에겐 정말이지 천국이다. 법이 그들의 지배와 특권을 보호하기 때문이다. 권력자는 법 위에, 법치를 받는 대다수 시민은 법 아래에 있다. '만인은 법 앞에 평등하다!'란 표현에서 '만인'에 헬 조선 엘리트는 속하지 않는다. 법치를 외치는 무리는 정치인이 아니라, 지배자일 뿐이다. 법은 남용할 권력도 없는 대다수 시민을 윽박지르기 위해 있어야 하는 것이 아니다. 과도한 권력을 쥔 정치·경제 분야의 실세를 제어하는 데 필요하다. 그동안 우리는 법치에 대해 비판 없이 동의했다. 이러한 동의로 인해 법이 지배 수단으로 활용되었다. 이제 법 전문 사기 집단을 노려보자. 그동안 이 사기꾼들이 지배자가 아니라 정치인으로 보였다. 이들은 자신을 위장하는 탁월한 지배 수단을 쥐고 있기 때문이다. 이 은밀한 수단이 지배 이념이다. 다음 장에서 지배를 보이지 않게 하는 교묘한 수단인 이념을 해부하겠다.

7장

규칙과 법에 복종하게 하는 이념

21세기에 이념은 무슨 얼어 죽을 이념 타령을 해?

지난 세기말에 공산주의가 붕괴했을 때, 이념의 시대는 종말을 선언한 것처럼 보였다. 하지만 전체주의와 공산주의는 거시적인 이념 중의 일부를 가리킬 뿐이다. 이념은 거시적으로 보면 사회주의, 진보주의, 보수주의, 그리고 전체주의 정도를 가리키지만, 현대적인 의미에서 다양한 신념, 견해, 가치 등도 이념이다. 미디어가 정치, 사회, 경제, 문화 등 다양한 분야의 이슈를 소개하면, 시민은 이런 이슈에 대해 자신만의 의견이나 입장을 형성한다. 이념이 바로 개인의 이런 특정한 입장을 떠받치고 있는 생각이다. 이념은 다양한 생각이나 가치로 정의할 수 있기 때문에 정치, 경제, 종교, 문화적인 신념체계를 의미한다. 이러한 신념체계에 바탕을 두고 개인의 특정한 태도와 견해가 생겨난다. 이렇게 생겨난 태도와 견해에 따라 개인은 특정한 행동을 하게 되거나, 어떤 행동은 하지 못하게 된다. 이념은 개인의 견해와 태도를 만들어 그 개인을 지배하는, 강력하면서도 눈에 보이지 않는 여러 종류의 생각이다.

이념은 어디로 튈지 모르는 대중의 행동을 쉽게 예측하게 한다. 대중은 지배자가 짜놓은 이념의 구조물 속에서만 생각하기 때문이다. 이념에 따라 개인은 특정한 견해와 태도를 갖게 되고, 그 견해와 태도에 바탕을 두고 특정한 행동을 한다. 행동은 태도에서 나오고, 태도는 특정한 생각에서 나온다. 이념이 우리의 모든 행동을 조종한다는 말이다. 그런데도 이념의 시대는 끝났다고 말하는 몇몇 유력 정치인이 보인다. 이런 정치인은 둘 중에 한 부류로 판단해도 될듯하다. 정치에 '정' 자도 모르는 아무 생각 없는 정치인이거나, 매우 교묘하게 우리를 속이려는 인물로 보면 된다. 후자의 경우는 우리를 '뇌가 없으면서 사납기만 한 거대한 짐승'으로 보는 부류의 정치인이라고 보면 된다. 이념은 거대한 뇌가 없는 짐승을 예측할 수 있게 길들여 조종하는 보이지 않는 지배자의 무기다. 그래서 지배자들은 자신의 무기를 숨기기 위해, 이제 이념은 사라졌다면서 뇌가 없다고 여기는 우리에게 사기 치는 것이다. 이렇듯 이념은 정치적이다. 이념은 소수 지배 계층의 지위와 이익을 논리적으로, 이론적으로 뒷받침한다. 이념은 지배를 위해 존재한다. 이념은 사회의 정치, 경제, 사회, 그리고 법적 제도들을 잘 작동하게 만든다.[1] 한 사회에서 제도들이 원활하게 작동할 때, 그 사회의 지배 계층의 지위는 안정된다. 그래서 이념은 사회의 여러 제도를 잘 작동하도록 하므로 지배계층에 필수적이다.

칼 맑스(1818~1883)의 이념

이념은 역사적으로 소유 형태와 관련해서 존재하며, 이념은 각 시대의 지배계급의 이익과 지위를 유지하기 위해 작동한다. 맑스는 봉건주의에서는 충성과 명예라는 이념이, 뒤이어 자본주의에서는 자유와 평등이란 이념이 작동했다고 분석한다. 자유와 평등이란 이념은 국가나 귀족 권력에서 개인인 자본가의 자유를 보장했고, 시민의 참정권 획득(평등)도 새로운 지배계급으로 등장한 자본가의 이익을 확대해 주었다. 이렇게 자유와 평등이란 이념의 강조로 인해, 오래된 동시에 점점 쇠퇴하던 과거 권력인 귀족의 힘이 약화하였다. 지배계급은 자신들의 지위나 이익을 계속 유지하기 위해, 시민 다수가 현재의 자본주의가 필연적이며 유일한 대안이라고 믿도록 설득해야 했다고 맑스는 주장한다.

루이 알튀세르(1918~1990)의 이념

자본가의 이러한 설득 노력과 함께, 자신의 지위를 유지해주는 핵심적인 수단은 사유재산권의 보호다. 후기 맑스주의자인 루이 알튀세르는 사유재산권이 자본주의 체제에서 어떻게 보호받는지를 분석한다. 사법제도가 사유재산권(지배계급인 자본가의 지위와 권력을 유지하는 핵심 권리)을 보장해주는 핵심적인 제도이고, 경찰과 감옥 제도가 이 사법제도를 강제력으로 뒷받침한다. 알튀세르는 사법제도와 사법기관의 결정을 집행하는 경찰과 감옥 제도를 "억압적인 국가 도구"Repressive State Apparatus라 부른다. 알튀세르는 자본주의하에서 억압적인 국가 도구가 자본가와 노동자 간의 경제적인 권력 관계를 지킨다고 보았다.[2] 노동자는 월급을 대가로 자신의 노동력을 판다. 이러한 관계 속에서 기업가는 노동자의 노동력을 착취한다. 이에 대항해 노동자가 불복종하거나 혁명을 꾀하면, 억압적인 국가 기구인 법원과 경찰이 나선다. 어디서 많이 보던 장면이 떠오른다. 뉴스다. 노동자가 생존권을 위해 연대해 파업하면 정부가 잠시 뒷짐 지고 지켜본다. 그러다가 정부는 사장의 은밀한 지원 요청SOS에 경찰력을 투입한다. 여기서 끝이 아니다. 헬 조선의 대법원은 일을 더욱 고상하게 처리한다. 대법원은 헌법적인 권리인 노동자의 파업권보다, 법률이 보장한 사용자 측의 손해배상 청구권을 더 중시한다. 코레일 철도노조와 쌍용차 노조 손배소 판결이 대표적이다. 노동조합은 막대한 손해배상 청구 소송에서 지면 어떻게 할 도리가 없다. 법의 본성이 또 한 번 확인되는 순간이다.

억압적 국가 도구인 사법제도와 경찰, 감옥 제도가 현재의 생산관계로 발생하는 기존의 권력 관계를 유지한다. 우리는 대한민국의 산업 현장에서 일어나고 있는 파업, 이에 뒤따르는 경찰력의 파업 현장 투입, 그리고 헌법이 보장하는 파업권보다 사용자의 손해배상청구권을 우선하는 대법원과 법원 판결을 목격했다. 오죽하면 대한민국에선 노동 삼권이 손해배상 소송에 가로막혀 있다는 표현이 나올 정도다. 사법제도와 경찰제도의 이런 관행은 억압적 국가

기구의 교과서적인 작동 방식이다. 자본가와 노동자의 경제적인 권력 관계와 이 관계에 대한 보호는 어쩌면 우리 탓이다. 상당수 시민이 의심 없이 권력의 핵심부 중의 하나인 사법부의 권위를 인정하고 신뢰하기 때문이다. 이들은 시민(주로 자본가들)의 생명과 재산을 지켜주는 경찰과 감옥 제도에 대해서도 같은 태도를 보인다. 사법제도, 경찰 제도, 그리고 감옥 제도가 가질 수 있는 위험성에 대해 의심하지 않았기 때문에, 그동안 이러한 제도들이 현재의 권력 관계status quo를 아무 탈 없이 유지했다. 이념은 이렇게 지배를 받는 시민의 동의를 끌어내는 방식으로 지배체제를 유지한다. 지배계급(자본가 집단)의 지위와 권력(사유재산권 보호)을 유지하기 위해, 이념이 21세기 대한민국 사회에서 완벽하게 소리 없이 작동한다. 이념이 이렇게 완벽하게 작동하고 있는데 왜 잘 보이지 않을까?

문화는 이념의 또 다른 이름이다!

문화를 정의하기가 어렵다. 에드워드 타일러Edward Tylor의 정의가 상당한 도움이 될 듯하다. 타일러에 따르면, 문화란 한 사회의 지식, 신념, 예술, 법, 도덕, 관습, 그리고 그 사회의 구성원이 습득한 여러 습관이나 능력과 같은 것이다. 문화인류학에서 문화는 사회가 중시하는 가치와 의미를 담고 있는 다양한 사회적 실천과 행동이다.[3] 문화는 지식, 신념, 예술, 관습, 그리고 법과 같은 것이고, 이런 것들은 사회가 중시하는 여러 가치와 의미를 담는다. 그래서 문화가 가진 여러 가치와 의미가 개인이 특정한 행동을 하게 하거나 하지 못하게 할 수 있다. 다니엘 벨Daniel Bell은 이념을 "행동 지향적인" 신념 체계로 정의한다. 쉽게 풀면, 벨은 이념은 사회 구성원이 특정한 행동을 하게 하거나, 하지 못하게 한다고 주장한다.[4] 결국 이념과 문화는 이름은 서로 다르지만, 둘 다 사회 구성원의 행동을 조종한다는 면에서 같은 것으로 보인다. 시민의 생각이나 태도를 조종해 이들의 행동을 예측하게 하는 수단이 이념이자 문화다. 지배자는 문화가 특정한 가치를 중시하게 한다. 그러고서 문화로 다수 시민이 같은 생각을 하게 하거나, 자신이 의도한 방향으로 대중이 생각하게 조종한다. 지배자가 가장 좋아하는 단어가 '예측 가능'이고, 가장 혐오하는 표현이 '불확실성'이다. 이념은 피지배자인 시민의 행동을 예측하게 해준다. 이념과 동의어인 문화가 이제 이런 역할을 한다. 그래서 헬 조선엔 문화로 시작하는 언론이 존재하나 보다.

이제 지배 이념이 구체적으로 어떻게 작동하는지 살펴보겠다. 경쟁은 누구나 피할 수 없다고 생각하는 가치다. 경쟁이란 가치가 대표적인 지배 이념 중의 하나다. 경쟁이 어떻게 다수의 행동을 예측하게 하는지를 살펴보겠다.

한국의 오디션 문화

'경쟁'이 어떻게 지배계급의 지위와 이익을 유지해주고, 심지어 더 확대해 주는지를 살펴보려 한다. 오디션 프로그램 열풍이 식을 줄 모르고 최근 몇 해 동안 지속되었다. 이런 현상과 경쟁이란 이념과는 어떤 관계가 있을까? 우선 우리의 노동 시장 상황을 잠깐 살펴보자. 그러면, 경쟁이 어떻게 지배계급인 자본가의 이익을 유지하고 확대하는지를 쉽게 파악할 수 있다. 취업 준비생의 기본 스펙을 보면 입이 벌어진다. 토익 점수, 학점, 여러 자격증, 해외 언어 연수 및 각종 봉사 경력, 관련 분야의 인턴십 경력, 그리고 창의적인 자기소개서 등이다. 구직자 한 명이 이 모든 스펙을 갖고 있다. IMF 이전에는 상황이 아주 달랐다. 과거에 기업이 여러 스펙 즉, 다양한 노동력을 사기 위해서는 여러 명을 비싼 인건비를 각오하고 뽑아야 했다. 경쟁은 사장이 여러 가지 노동력(다양한 스펙)을 아주 싼값에 사게 해주었다. 하지만 경쟁하는 과정에서 일자리 창출처럼 기업의 사회적 책임을 요구하는 청년과 정치인의 목소리는 점점 작아졌고 심지어 잊혔다. 어떻게든 좁은 취업 문을 뚫기 위해, 취업 준비생은 서로 치열하게 경쟁한다. 수많은 청년이 경쟁이라는 프레임(이념)에 갇혀버렸다. 청년이 연대해 정부와 기업에 당당하게 일자리 수 확대를 요구해야 한다. 그런데 이들은 아무 말 없이 묵묵하게 경쟁에만 몰두한다. 이런 현상이 벌어진 지 오래다.

이 와중에 자본에서 구조적으로 자유롭지 못한 방송사가 수많은 오디션 프로그램을 제작해 방송한다. 오디션 프로그램은 최근 수년 동안 시청자를 웃고 울렸다. 문제는 이런 프로그램을 보면서, 시청자가 경쟁을 자연스럽게 일상적인 것으로 받아들인다는 데 있다. 프로그램의 참가자나 그 프로그램을 시청하는 시청자 모두 경쟁 강도의 차이가 있을 뿐, 어떤 형태로든지 경쟁 상황에 부닥쳐 있다. 물론 오디션 프로그램 참가자의 경쟁 강도는 일반 시민과 학생이 일상에서 느끼는 것과는 차원이 다르다. 오디션의 경쟁 강도가 훨씬 더 세다. 시청자는 치열한 경쟁 과정에서 승리하거나 실패하는 모든 참가자에게 자연스럽게 감정 이입한다. 참가자가 겪는 여러 종류의 감정(환희와 좌절)에 공감한다. 이 과정에서 시청자는 경쟁이 품고 있는 여러 가치를 내면화한다. 경쟁의 불가피성, 경쟁에서 어떻게 해서든 살아남아야 한다는 더 강화된 인식, 그리고 자기 계발에 대한 열망이 무의식적으로든 의식적으로든 시청자의 의식에 스며든다. 경쟁이란 이념이 오늘의 문화를 호흡하는 사람의 의식과 무의식에 완벽히 스며든다. 오디션 프로그램의 참가자가 보여주는 눈물, 웃음, 그리고 좌절에 공감하는 순간 우린 속은 것이다. 왜일까? 시민의 경쟁 대상은 영업이익을 독차지하는 기업가다. 같은 시민끼리는 경쟁이 아니라 연대가 필요하다. 오디션 프로그램은 경쟁을 피할 수 없는 것으로 보이게 만든다. 이를 통해, 연대의 가치를 왜소하게 보이거나 아예 잊히게 한다. 그래서 연대란 가치는 우리의 의식에서 사라진 지 오래다.

물론, 경쟁의 장점도 있다. 효율성이다. 산업이나 경제 분야에서 경쟁은 효율성으로 우리에게 보답한다. 정확히 말하면 우리에게가 아니다. 효율성은 우리에게 우리 심장을 향하는 화살로 되돌아올 수 있다. 효율성은 시민에게 정리 해고와 같은 매우 살벌한 형태로 자신을 드러낼 수 있기 때문이다. 효율성은 제한된 자원으로 최대의 이윤이나 효과를 만들어 내는 것을 뜻한다. 경제 분야에서 효율성을 지나치게 강조하게 되면, 수많은 일자리가 줄어들게 된다. 효율은 더 적은 노동력의 투입으로 생산성을 높이는 것을 의미하기 때문이다. 더 큰 문제는 경쟁을 중시하는 문화(이념)는 구성원 모두를 지치게 하고, 수많은 동료 시민을 낙오된 채로 내버려 두는 비인간적인 모습을 보인다는 데 있다. 오디션 프로그램이 우리 사회를 더 비인간적으로, 동시에 이미 지쳐 있는 노동력을 더 지치게 하는 일에 열중하고 있다. 그래서 나는 오디션 프로그램을 정말 싫어한다. 왜? 나도 경쟁의 문화에서 허덕이고 있기 때문이다. 안타깝게도 이런 인간성 말살 프로젝트에 시청자는 저항은커녕, 저항해야 하는지에 대해서도 회의적이다. 헬 조선의 모든 영역에서 수많은 종류의 경쟁이 일어나고, 그 경쟁의 승자를 인정해 준다. 그 인정을 얻기 위해 경쟁에서 이길 가능성이 희박한 수많은 무리가 앞뒤 안 보고 달린다. 바로 이 과정에서 우린 정말 '예측 가능한' 좀비가 되어버린다. 이념이 이렇게 다수를 예측 가능한 대상으로 만든다. 매년 대략 40만 명이 대학을 졸업한다. 이토록 많은 취업준비생에게 턱없이 적은 수의 일자리가 던져진다. 하지만, 수많은 취업 준비생은 자본의 탐욕과 무책임을 비판하거나 이에 저항할 생각을 안 한다. 일단, 눈곱만큼 던져진 일자리를 향해 취업 가능성도 거의 없는 수많은 젊은이가 그 경쟁의 대열에 합류한다. 이것이 이념의 힘이다. 많은 시민이 오디션 프로그램과 이념과의 관계에 대한

나의 분석에 이렇게 반응할 수도 있다. '텔레비전 쇼 하나를 너무 과하게 해석하네!' 시민은 이렇게 이념에 무감각해지거나 저항을 포기하고 무력감만 느낀다. 더 큰 문제는 무력감과 무감각은 그 자체만으로도 경쟁이라는 이념을 확대 재생산하는 것과 다르지 않다는 데 있다.

현대인은 거대한 감옥(문화)[5]에서 수감자로 살아간다!

문화가 우리를 손쉬운 지배의 대상으로 만들었다고 주장하는 학자가 있다. 미셸 푸코Michel Foucault다. 푸코는 자신의 책 『감시와 처벌』(1975)에서 두 이야기를 소개한다. 첫 번째 이야기는 1757년 1월 5일, 42세인 전직 프랑스 병사였던 로베르 프랑수아 다미앵이 프랑스 왕 루이 15세에게 칼을 들고 다가가 가벼운 상처를 입혔던 사건이다. 이로 인해 다미앵은 국왕 살해죄로 유죄 선고를 받았다. 사형 선고 후 두 달도 지나지 않아 군중이 보는 앞에서 다미앵의 팔다리가 잔인하게 찢기는 형벌을 받았다는 이야기이다. 두 번째는 이렇게 잔인한 처벌이 일어나고 80여 년이 흐른 뒤의 이야기다. 이 이야기는 파리의 죄수가 갇힌 감옥의 규칙을 설명한다. 죄수의 일과는 겨울에는 아침 6시에, 여름에는 아침 5시에 시작한다. 하루에 9시간 동안 일 년 내내 노동한다. 교육은 하루에 2시간씩 받아야 한다. 겨울에는 9시에, 여름에는 8시에 죄수의 모든 일과가 끝이 난다는 설명이다. 푸코는 처벌 방식이 개선되었다는 세간의 평가에

이의를 제기하기 위해 이 두 이야기를 소개한다. 푸코는 공개적인 잔인한 형벌을 순화된 처벌(감옥 수감)로 바꾼 것은 처벌을 약하게 한 것이 아니라, 더 효과적으로 처벌하기 위한 것이었다고 평가했다. 푸코는 범죄자를 고통스럽게 살해하는 형벌이 감금과 육체노동으로 진화한 것을 부정하지 않는다. 푸코는 처벌 방식의 변화를 이렇게 판단했다. 신체적인 형벌에서 범죄자의 심리를 통제하는 것으로, 이를 통해 범죄자의 행동을 바꾸는 방식으로 전환했다. 감옥의 이런 징계 방식은 죄수의 행동을 예측할 수 있게 하기 위함이었다.

푸코의 책 『감시와 처벌』에 더 충격적인 분석이 있다. 감옥의 순화된 처벌 방식이 감옥을 넘어 현대 사회의 제도 설계를 위한 모델이 되었다는 점이다. 푸코는 범죄자의 심리를 훈육(규칙과 법에 복종하게 훈련하는 실천)하는 방식이 학교, 병원, 공장과 같은 곳들에 적용되었다고 주장한다. 현대 사회가 감옥의 훈육 방식이 지배하는 거대한 감옥이 되었다는 말이다. 죄수의 생활 규칙과 감옥 밖 현대인의 생활 방식이 크게 다르지 않다. 학교나 회사, 병원의 일과 계획을 살펴보면, 죄수의 생활공간인 감옥의 그것과 크게 다르지 않다. 죄수와 감옥 밖의 현대인은 똑같이 시간표대로 즉, 각각의 제도와 기관이 정해준 계획표대로 산다. 불편하지만 부정하기 쉽지 않다. 낮에는 직장과 학교가 정해준 규칙과 시간표대로, 밤에는 집이란 공간에 알맞은 규범에 맞춰 현대인은 자신이 갇힌 줄 모른 채 투명 '감옥'에서 생활한다. 우리는 어디에 있든 특정 규칙과 규범을 지키며 살아간다. 왜? 우리는 그렇게 훈육당했기 때문이다. 그래서 우리는 예측 가능한 존재가 된다. 조종하기가 쉽다.

훈육에 대해 좀 더 살펴보자. 푸코는 죄수의 심리를 조종하는 행동 교정 방식이 군대의 신병 훈련과정에서도 그대로 나타난다고 주장한다. 현대의 군인 훈련은 단지 총을 쏘는 방법을 가르치는 것이 아니다. 각각의 단계마다 교관이 지시한 절차와 자세에 맞춰 총 쏘는 법을 신병에게 가르친다. 신병 훈련은 사람을 효과적으로 죽이는 기술보다는 '말 잘 듣는 군인'을 생산하기 위함이었다. 총 잘 쏘는 군인이 아니라, 교관이 가르쳐준 방식과 절차에 따라 총 쏘는 '고분고분한' 군인을 만들어 내는 것이 신병 교육의 가장 중요한 목적이다. 학교에서 학생을 교육하는 방식과 공장에서 노동자를 훈육하는 방식 또한 신병 훈련 방식과 유사하다. 이 책 5장에서 '복종'을 교육하는 대중 교육의 역사와 그 구체적인 방식을 다루었다. 죄수를 훈육하는 방식을 감옥에 이어 학교, 회사, 공장, 병원 등과 같은 현대의 제도에 적용했다는 푸코의 주장은 불편하다. 하지만, 상당히 설득력 있게 들린다.

정신병원은 어떤가? 푸코는 자신의 책 『광기의 역사』*A History of Insanity in the Age of Reason*(1964)[6]에서 정신과 치료의 야만적 측면을 설명한다. 정신 질환의 원인을 제거한다며 치아를 모조리 뽑아 버리거나, 내장이나 뇌 일부를 절단하던 시절이 있었다. 이런 야만적이고 무지한 정신과 치료[7]가 영국 퀘이커교 신자인 사무엘 튜케가 시작한 과학적이고 도덕적인 정신질환 치료로 발전한다. 푸코는 이 변화를 소개하면서, 튜케의 인도주의적인 정신과 치료를 이렇게 평가했다. "튜케의 도덕적 치료는 정신병자를 쇠사슬과 여러 신체적인 학대에서 자유롭게 했다. 하지만, 튜케는 도덕적 규칙이 정신병원을 지배하게 했다. 숨 막힐 정도의 책임감이란 쇠사슬로 광기 madness를 결박했다." 푸코는 이러한 주장을 뒷받침하기 위해 튜케의 정신병원에서 열린 한 파티 장면을 묘사한다. 파티의 개최자는 정신병원의 의사, 간호사, 그리고 보호사들이다. 여러 정신질환자가 이 파티에 초대된 손님이다. 환자들은 파티가 열리는 동안 경쟁 상태에 놓이게 된다. 환자들은 누가 더 예의 바르고 이성적으로 행동하는지를 놓고 경쟁한다. 푸코는 파티가 안쓰러울 정도로 아무 일 없이 마무리되었다고 말한다. 사회를 지배하는 도덕이 이제 정신병원까지 지배하게 되었다고 그는 주장한다. 물론, 푸코도 사이코패스와 같이 범죄 성향을 보이는 환자에 대한 치료의 필요성을 부정하지 않는다. 하지만 푸코는 파티의 손님인 광인이 인도주의적인 치료 대상으로 적절한 치료를 받기보다, 도덕적인 규범으로 판단되었다고 주장한다. 광인이 또 다른 형태의 사법체계 안에 갇히게 되었다는 말이다. 푸코는 정신병자가 자신을 묶는 사슬에서 자유로워졌지만, "도덕적 세계라는 정신병원"에 감금당했다고 말했다.

튜케의 병원에서 광인을 치료하는 도덕이 사회에서도 수많은 규범이나 법치의 형태로 우리를 지배한다고 하면 너무 무리한 주장일까? 파티에 참석한 광인은 의사의 바람대로 도덕적이고 이성적인 행동으로 자기 생각과 행동을 맞추려 노력했다. 이 과정에서 광인은 자신의 진정한 본성을 잃어버린다. 그들의 본성은 광기다. 여기서 광기는 사회의 지배 제도, 관습과 관행, 그리고 여러 편견에 순응하지 않거나 거부하는 저항정신이다. 이런 광기는 억압하기보다 장려해야 할 덕목이 아닌가? 본성을 잊어버린 광인의 모습에서 현대인의 모습이 보인다고 하면 너무 우울할까? 현대인도 사회의 수많은 규범을 지키며, 실존적인 선택보다는 사회가 정해 준 가치에 맞춰 선택하며 살아간다. 우리는 가치, 규범, 법률 등으로 지은 거대한 투명 감옥에서 다시 한번 예측하기 쉬운 무리가 된다. 시민 상당수가 거대한 감옥인 사회가 중시하는 가치, 규범, 그리고 법률의 테두리 안에서만 착하게 행동하기 때문이다. 그래서 지배하기가 너무 쉽다.

인간은 문화(거대한 도덕적 감옥) 밖으로 나갈 수 있을까?

우리는 자유롭게, 독립적으로 판단하고 행동할 수 있을까? 거대한 도덕적 감옥(문화)에서 자유로운 판단이 가능할까? 문화에 도덕과 관습, 가치, 신념, 규범, 그리고 상식이 녹아있다. 그리고 우리는 이런 문화(이념의 구조물)에서 산다. 우리는 이념으로 지은 거대한 투명 감옥에서 살아간다. 수감자인 우리는 담장 밖의 세상을 꿈꿔야 한다. 하지만, 먼저 보이지 않지만 견고하게 서 있는 이념의 벽을 주시해야 한다. 이 보이지 않는 벽이 우리의 생각과 태도를 정하고, 결국 행동까지 조종하기 때문이다. 문화(이념)의 수감자인 우리는 독립적으로 생각하고 판단할 수 없다. 자유로운 행동은 말할 것도 없다. 그래서 우리는 늘 어딘지 모르게 부자연스러움을 느끼며 살아간다. 문화가 정한 가치, 규범, 신념, 그리고 수많은 프레임에 길들어 너무나 쉽게 조종당하는 신세로 전락했다. 대안은 없을까? 우리의 자유와 행복을 가로막는 규범, 가치, 신념을 당연하게 받아들이는 것부터 중단해야 한다. 이러한 것을 항상 의심해야 한다.

어떻게 문화란 감옥에서 벗어날 수 있을까?

나는 인간의 정체성을 생각의 큐브(정육면체)로 이해한다. 생각의 큐브를 구성하는 수많은 생각과 그 무수한 연결이 인간의 정체성을 구성한다고 생각한다. 깨어있는 인간은 늘 하루의 임무를 수행해야 한다. 매일 큐브에서 각각의 생각을 꺼내 유통기한을 살펴봐야 한다. 철 지나서 독을 뿜는 편견과 그릇된 신념이 큐브에 셀 수 없이 많다. 편견과 그릇된 신념은 자신뿐만 아니라 사회 전체를 병들게 한다. 편견과 신념은 폭력적인 방식으로 자주 구체화된다. 다양한 소수자에 대한 차별과 폭력이 대표적인 예다. 그러니 큐브를 들여다보고, 기한이 지난 생각은 즉시 폐기 처분해야 한다. 그래야 우리가 누릴 자유의 폭이 조금씩이나마 커진다. 그다음 현재에 알맞은 생각으로 큐브의 빈자리를 채워야 한다. 신념, 가치, 이념에도 유통기한이 있다. 깨어있는 인간은 매일 큐브를 주의 깊게 살펴 상하거나 폭력적인 생각이 있는지 찾아내야 한다. 우리는 인간의 고기로 조종당하는 좀비 떼가 아니다. 목동이 맘대로 모는 양 떼는 더욱 아니다. 깨어 생각하는 인간이기에 생각의 큐브를 늘 새롭게 해야 한다. 그러지 않으면 철 지난 것들이 생각의 자유를 제한하고, 결국 그 생각이 우리의 행동을 지배해버린다. 여기서 끝나지 않는다. 교체해야 할 시대착오적인 생각이 우리 사회의 진보를 가로막는다. 진보의 길이 막힌 헬 조선은 다시 우리를 구속한다. 폐기하지 않은 생각은 우리 사회의 여러 소수자를 괴롭히기도 한다. 성 소수자의 차별 폐지 반대로, 양심적 병역 거부자에 대한 반복되는 수감으로, 이주 노동자에 대한 임금 차별과 신체적인 학대로 나타난다. 생각의 정체stagnation가 불러온 파괴적인 현상들이다. 따라서 미로처럼 얽힌 문화(이념)란 감옥의 투명 벽을 허물어야 한다. 문화를 허물어뜨리는 방법은 간단하다. 생각의 큐브를 매일, 순간순간 살펴야 한다. 새것으로 낡은 것을 대체해야 한다. 그러지 않으면 이념의 벽이 낸 통로만 따라 이동하는 무리가 될 수밖에 없다. 유통기한이 지난 생각에 대해 예민하게 경계하지 않으면 우리는 또다시 예측하기 쉬운 존재가 되어버린다. 조종당하기 쉬워진다. 인간의 살(돈, 성공, 화려한 삶 등의 가치)만을 좇아 무한 질주하는 좀비와 같은 신세가 된다. 그 가치가 우리를 한 방향으로 모는 미끼(이념)인 줄은 전혀 파악하지 못한 채로 말이다.

대중의 행동을 길들여 조종하는 문화(이념)를 경계해야 한다. 생각의 큐브에 '경쟁은 어쩔 수 없어!'란 생각을 폐기하고, 그 자리에 '연대'라는 지혜로운 생각을 채워 넣어야 한다. 이것은 거대한 감옥의 벽에 작은 균열을 내는 괜찮은 시작이 될 수 있다. 지배자가 지어놓은 문화(이념)의 미로에서 벗어날 수 있다. 우리는 지배자가 '예측할 수 없는' 실존적인 존재가 되어야 한다. 이를 위해, 이념의 벽을 허물고 용기를 내어 그들이 의도하지 않은 길로 걸어야 한다. 우리가 투명 벽돌로 지어진 벽을 무너뜨리고 다른 길로 갈 수 있어야, 지배자가 예측할 수 없는 실존적 존재가 될 수 있다. 이렇게 해야 우리는 문화의 지배에서 조금이나마 자유로워질 수 있다. 문화(이념)의 감옥에 갇힌 나를 포함한 현대인에게 캐서린 벨지의 말은 의미 있게 다가온다. "대중이 평소에 소중히 생각하는 가치와 신념은 학문적 연구로 발견한 깨달음과는 정반대다. 그래서 상당수 대중은 새로운 정치적 제안과 같은 학문적인 연구 결과를 자신의 상식에 비추어 계속해서 거부한다. 결국, 학자의 철저하고 객관적인 연구보다 대중의 게으름을 더 중시하는 지경까지 이르렀다."[8]

경쟁이란 지배 이념은 눈에 잘 띈다. 다음 장에서 소개할 또 하나의 지배 이념은 스텔스 기능이 탁월해 시민의 눈에 웬만해선 자신의 모습을 들키지 않는다. 다음 장의 주인공은 '상식'이다. 상식은 강력하면서 은밀한 지배 이념이다. 상식의 본성과 상식을 생산해서 대량으로 유포하는 대중문화의 본성과 그 역할에 대해 살펴보겠다.

8장

자유와 해방을 스스로 거부하게 하는 대중문화

문화는 제국주의적이다! 문화는 자신이 정한 수많은 규범을 개인
이 따르도록 강요하기 때문이다. ― 자크 데리다

문화와 주체a subject or a self**는 무엇인가?**

나는 앞 장에서 문화는 이념과 같은 역할을 한다고 했다. 후기
구조주의 철학poststructuralism과 문화 구성요소학memetics의 통찰
을 빌어 문화와 주체(자아)의 본성에 대해 살펴보겠다. 문화는 역
사적·지리적 공간을 채운 수많은 생각, 가치, 신념, 심지어 편견과
같은 추상적인 것의 총합이다. 나는 문화를 사회의 추상적인 것이
모두 모여 한 방향으로 흐르는 '거대한 생각의 강'이라 정의한다. 거
대한 생각의 강은 앞서 데리다가 표현한 것처럼 '제국주의적'이다.[1]
이런 추상적인 것이 개인의 행동을 지배하기 때문이다. 이 생각의
강에 수많은 가치, 신념, 상식, 심지어 철 지난 편견과 미신적인 것도
녹아있다. 생각의 강이 담고 있는 모든 추상적인 것이 그 강에 사

는 개인의 행동을 조종한다. 보이지 않는 것이 보이는 인간의 행동을 소리 없이 지배한다. 하지만, 이러한 지배가 잘 느껴지지 않는다.

자크 라캉이 말하는 주체가 이 강 속에 사는 개인이다. 개인은 강 속에 녹아 있는 가치와 신념에 따라 여러 금지에 복종한다.[2] 그뿐만 아니라 문화는 개인이 특정 행동(소비)을 하도록 은밀히 강요한다. 주체는 생각의 강에 녹아 있는 다양하고 작은 생각의 한 모음일 뿐이다. 주체는 행동하는 주어a subject이기도 하지만, 문화가 강요하는 규범을 따르는 신하a subject이기도 하다.[3] 주체는 문화가 제시하는 규범에 맞게 행동한다. 주체의 행동은 결코 문화에서 독립할 수 없다.[4] 제국주의적인 문화를 거부하는 여러 작은 집단이 있긴 하다. 소수자 집단이 대안적인 삶과 신념을 세우며 살아간다. 하지만, 이들 또한 종류가 다른 작은 문화의 영향을 받는다.

문화 구성요소학memetics[5]도 자아에 대해 이와 비슷한 설명을 한다. 문화 구성요소학은 리처드 도킨스의 책 『이기적인 유전자』에서 비롯했다. 유전자가 복제를 쉽게 하려고 인간의 몸에 모이는 것처럼, 밈meme도 복제를 쉽게 하려고 인간의 자아 속으로 모인다. 밈은 문화를 이루는 작은 구성 요소다. 밈은 '생각의 강'에 녹아 있는 수많은 종류의 생각이다. 밈은 가치, 신념, 과학적 사실, 통념, 미신, 편견까지 포함한다. 모든 학문적 연구 성과도 밈이다. '점심 후에는 커피 한 잔이 제격이다!'와 같은 통념이나 상식도 밈이다. 문화 구성요소학에 따르면, 자아는 종류가 다른 수많은 밈의 복합체이다. 다소 충격적일 수 있다. 밈의 복합체인 자아는 문화가 대량 생산한 하나의 산물이기 때문이다.[6] 이뿐만이 아니다. 인간이 다양한 밈을 소유하는 것이 아니라, 여러 밈이 자아 속에 모여 사실상 한 인간을 소유한다. 소유는 지배를 의미한다. 이것은 마치 인간이 유전자를 소유한 것이 아니라, 유전자가 인간을 소유한다는 도킨스의 주장과 결이 같다.

후기 구조주의 철학이 말하는 주체도 문화 구성요소학의 자아와 마찬가지다. 자아나 주체는 독립적인 개체이기보다는 문화가 만들어낸 산물이다.[7] 이는 인간이 자기만의 가치와 신념을 갖거나 여러 생각을 하는 것이 아니라 문화의 가치, 신념, 그리고 여러 생각이 개인을 소유하여 지배한다는 것을 의미한다. 문화는 수많은 추상적인 것, 즉 밈을 주입해 자아나 주체를 대량 생산한다. 따라서 자아는 문화의 축소판이다. 우리는 문화가 강요한 여러 금지에 복종하면서, 우리도 모르게 착한 주체가 된다.[8] 문화가 대량 생산한 우리(주체 또는 자아)는 자신을 특별하고 개성 있게 포장하려 한다. 역설적으로, 대량으로 생산한 자동차, 가방, 아파트 같은 소비재를 사 자신의 개성을 표현하거나 익명성을 극복하려 한다. 안타깝지만 그래도 다행이다. 우리는 그동안 문화의 지배를 인식조차 하지 못했다. 인간이 수십만 년 동안 유전자의 지배를 인식조차 못했지만, 이제 우리는 유전자를 제어할 수 있게 되었다. 마찬가지로 다양한 가치, 신념, 생각, 심지어는 편견이 인간의 태도와 행동을 지배했다. 밈의 존재를 인식한 인간은 밈의 총합인 문화 즉, 생각의 강을 제어할 수 있게 될 것이다.

생각의 강은 혼자 맑게 하기에는 너무나 거대하다. 많은 사람이 강 곳곳이 썩어 역겨운 냄새를 내고 있다고 느끼지만 이내 포기한다. 자신의 왜소함을 느껴 이 강을 맑게 하는 일을 포기해버린다. 하지만, 거대한 생각의 강을 맑게 할 수 있다. 우린 혼자가 아니기 때문이다. 강 곳곳에 적지 않은 수의 이름 없는 개인이 자신의 주변을 맑게 하고 있다. 인류의 지성이 정의롭지 못한 생각을 인식해 대안적인 생각을 우리에게 제안했다. 우린 그저 그 사상가의 깨달음을 읽고 주변 사람에게 말해 주면 된다. 그러면 생각의 강은 점점 맑게 바뀌기 시작한다. 결국, 수많은 개인의 깨달음이 만들어 낸 잔물결이 어느 지점에서 어느 순간엔가 다 같이 만나 큰 파도를 일으킨다. 이 파도가 강 속에 녹아있는 지배자와 그들의 문화가 생산한 수많은 더러운 생각을 끄집어내 정화한다. 좋은 책과 그 책을 읽고 감동한 주체 혹은 자아가 건강한 문화를 만든다. 깨달은 주체는 획일적 가치가 아닌 다양한 가치와 행동, 이로 인한 여러 문화적 산물을 만들어 낸다. 문화의 생산자 혹은 밈의 생산자가 된 주체는 더는 문화의 지배를 받지 않게 된다. 정의로운 밈을 만들어 퍼트리는 주체로 거듭난다. 그러니 자신의 왜소함에 주눅들 필요가 없다. 우리는 우리가 생각하는 것보다 훨씬 더 강력하다. 세상의 정의로운 변화는 항상 이름 없는 한 사람에게서 시작되었다. 태어나면서부터 철학자이거나 정치인인 사람은 없다. 훌륭한 사상가와 과학자도 자신의 업적을 세상에 내놓기 전까진 위대하지 않았다. 이름 없는 작은 소년, 소녀가 세상을 바꾼 철학자, 정치 지도자,

과학자, 작가가 되었다. 우리 모두 위대한 사람이 될 잠재력을 충분히 갖고 있다. '나는 아닐 거야.'라며 잠재성을 스스로 죽이는 일만 하지 않고 꿈을 위해 한 걸음씩 전진하면 된다. 지금까지가 문화의 본성, 주체, 그리고 문화의 지배에서 벗어나기 위한 내 제안이었다. 이제는 문화와 문화에 사는 주체인 우리가 처한 현 상황에 대한 이해를 바탕으로 대중문화의 지배에 집중해보자.

대중은 만든 적도 없는데 '대중문화'란 것이 있다!

우리는 '거대하고 사나운, 하지만 뇌가 없는' 짐승이다. 짐승이 즐기라고 던져준 문화가 있다. 이를 대중문화라 부른다. 우리는 드라마, 영화, 스포츠, 게임 등을 즐기고, 때론 집착하며, 심지어 사랑하기까지 한다. 상당수 대중은 이런 종류의 대중문화에 중독된 것 같기도 하다. 왜일까? 대중인 우리의 문화니까? 그런데 대중문화라 불리는 것이 정말 대중을 위한 것일까? 단지, 대중이 소비하도록 생산한 문화는 아닐까? 우리는 이런 문화를 만드는 데 한 푼도 내지 않았다. 심지어 엑스트라로 출연한 적도 없다. 우리는 이 문화의 주체가 아닌 관람객일 뿐이다. 드라마, 영화, 스포츠, 게임 등은 대중을 위해 만들어진 것은 아니다. 단지, 대중이 소비하게 하려고 생산한 것이다. 그런데 왜 이런 것을 대중문화라고 할까? 자본은 왜 이런 문화를 생산해 유통할까? 화려하고 감각적인 오락 속에 은밀한 밈이 숨어 있다. 대중문화에 담긴 은밀한 메시지는 우리

의 생각과 태도를 조종하고, 결국에는 우리의 행동을 지배한다.[9]

대중문화에는 자본의 목소리가 담겨 있다!

나는 대중문화라 부르는 것을 좋아하지 않는다. 솔직히 싫어한다. 좀 더 엄밀히 말하면, 대중문화라고 이름 붙은 가짜 대중문화를 혐오한다. 대중문화를 정의하는 데에 여러 가지 견해가 있을 수 있다. 예술과 문화의 한 형태에 '대중'이란 단어를 붙이려면, 대중이 그 예술과 문화에 직접 참여해 만든 것이어야 한다고 나는 생각한다. 대중이 특정 예술이나 문화를 즐긴다는 사실만으로 거기에다 대중이라는 이름을 붙이는 것에 동의하지 않는다. 우리는 언제부터인가 여가 활동마저 권력자나 대중 매체가 정해 준 범위 안에서 선택했다. 스포츠, 영화, 드라마, 게임, 그리고 웹툰 등의 대부분이 정치권력 집단과 자본이 만든 것이다. 그러기에 이런 문화에 대중의 목소리도 담기지 않았다. 대중문화는 오히려 대중의 정신에 건강하지 않은 것으로 가득 채운다. 소위 대중문화라는 것(영화, 드라마, 게임, 스포츠 등등) 속에 후원 기업의 목소리가 은밀히 담겨 있다고 나뿐만 아니라 많은 문학 이론가가 강하게 믿고 있다. 이렇게 생각하는 이유는 간단하다. 돈 내는 사람의 의도가 대중문화 콘텐츠에 들어가는 것은 어찌 보면 당연하다. 대중문화에 투자한 사람 혹은 기업의 의도가 대중문화 콘텐츠에 담겨 있지 않을까? '광고, 소비, 화려한 삶, 성공의 기준, 경쟁과 같은 가치와 신념'이 대기업이 투자해 만든 콘텐츠에 정말 들어있지 않을까? 대중문화의 본성에 대한 여기까지의 설명은 안토니오 그람시의 것이다. 그람시는 이탈리아 출신 맑스주의자이며, "문화를 활용한 지배"cultural hegemony 방식에 관해 주장했다.[10] 그람시에 따르면, 지배 계급은 자신들의 이익과 지위를 보호하는 세계관을 대중에게 퍼트린다. 자신들의 사회, 정치, 경제적 지위를 뒷받침하는 신념, 가치, 관습, 정치관, 종교관, 철학을 자연스럽고, 사회 구성원 모두에게 이익이 되는 영원한 것들로 강조해 대중의 것으로 만들어 버린다.

헤게모니는 지배당하는 사람이 스스로 용인하는 지배의 구조다. 지배자는 대중을 눈에 띄는 폭력으로 지배하지 않는다. 동의를 끌어내는 구조로 대중을 지배한다. 문화는 이러한 동의 구조의 한 부분이다. 동의를 만들어내는 구조인 문화는 현재의 권력 관계를 정당화한다.

드라마는 우리 의식 즉, '생각의 강'에 나쁜 밈을 심는다.

그람시는 지배계급이 만들어 유포한 대중문화를 지배를 숨기거나 돕는 이념적 수단으로 본다. 이 장에서는 다양한 대중문화 중 드라마의 이념적 역할에 대해 살펴보겠다. 드라마가 대중에 미치는 영향력이 가장 은밀하면서 강력하기 때문이다. 드라마에 투자하는 기업은 이런 문화를 활용해 우리에게 어떤 생각을 주입하고 싶을까? 매우 보수적인 생각일까? 지극히 상식적인 생각이어도 충분하다. 화려하게 사는 것이 행복이라는 생각. 화려한 삶은 어떻게 가능할까? 자연스럽게 돈이 중요해진다. 돈으로 기업이 욕망하라고 지정해준 자동차나 가방을 소비하고 행복해한다. 소비는 화려한 삶을 좇는 개인이나 기업 모두에게 '선'good/virtue이 된다. 여기서 그치지 않는다. 화려하게 살기 위해 경쟁은 필수다. 이러한 상식이 기업이 후원하는 드라마나 텔레비전 프로그램에 담긴다. 대중은 드라마 주인공이 무심하게 누리는 화려한 삶을 자연스레 갈망하게 된다. 멋진 선남선녀가 주인공인 드라마는 시청자를 소비를 욕망하는 주체로 획일화한다.[11] 드라마는 우리에게 무엇이 필요하고, 무엇을 욕망해야 하는지, 심지어 무엇을 인생의 가치로 삼아야 하는지까지 구체적으로, 하지만 은밀하게 감성을 자극해 주입한다. 우린 화려한 삶을 누리기 위해, 여러 불의와 불의를 유지하는 제도와 관행에 눈감게 된다. 사회적인 불공정과 정의롭지 않은 제도에 눈 감은 채 공부나 일을 열심히 한다. 그래야 드라마의 남자 주인공처럼 예쁜 여자를 자기 여자로 만들 수 있고, 여자는 착하고 예뻐져야만 멋지고 돈 많은 남자를 만날 수 있다. 우리는 이렇게 성공과 화려한 삶만을 좇는 예측하기 쉬운 존재(다수 혹은 대중)가 되어버린다.

상식을 담은 드라마는 대중이 현재의 제도를 재확인하여 동의하게 한다.[12]

대중문화는 지배이념의 새로운 이름이며, 대중적이지 않은 소수 지배계급이 만든 문화다. 대중문화는 우리를 지배하는 소수의 지배 수단이다. 소위 대중문화라는 것은 우리의 자아에 편견과 철지난 상식을 주입하여 우리를 반동적reactionary(진보적인 변화를 거부하는)으로 만든다. 아인슈타인은 상식을 열여덟 살짜리 아이가 수집한 편견의 모음에 불과하다고 생각했다. 편견의 모음이 상식이고, 상식이 진보적인 변화를 가로막는 주된 장애물이다. 그런데 대중문화, 특히 드라마가 편견의 모음인 상식을 앞장서서 확산한다. 그것도 매우 감성적으로 퍼트린다. 드라마는 우리에게 상식을 주입하고, 이런 상식은 지배이념으로 작동한다. 이 단락에서는 드라마가 퍼트리는 상식의 이런 측면을 비평해보겠다. 상식은 사회의 질서와 규범을 재확인하는 역할을 한다. 규범은 해야 하는 것과 하지 말아야 하는 것에 대한 규칙의 총합이다. 문제는 질서와 규범이 소위 가진 자에게 대단히 유리하게 작동한다는 데 있다. 상식은 대한민국이 민주주의 국가이며, 자유 시장과 무역을 중시하는 자유주의 국가임을 인정한다. 하지만 민주국가라 부르는 대한민국은 소수 정치 엘리트가 지배하는 귀족주의적인 정치제도를 가진다. 5천만 명 중의 0.0006%에 해당하는 3백 명(국회의원)만 공동체의 규칙인 헌법과 법률을 만들 수 있다. 대통령과 소수 행정부 관료는 400조가 넘는 엄청난 예산을 어디에 쓸지를 결정하는 권한을 독점한다. 3천여 명의 판사만 시민이 공동체의 규칙을 위반했는지 판단할 수 있는 법의 해석 권한을 독점한다. 대한민국이 민주국가라는 상식이 입법권, 예산 편성권, 그리고 법의 해석 권한의 독점을 은폐하여 보호한다. 앞서 살펴본 것처럼, 상식은 누가 봐도 분명한 지배(권력 독점)를 감추고, 이를 통해 반민주적인 권력 독점을 시민이 동의하게 한다. 이념은 이렇게 강요가 아니라 '동의'를 끌어내는 방식으로 작동한다. 상식이 동의를 만들어내는 이 과정에서 결정적인 역할을 한다.

자유주의는 어떤가? 기업이 시장에서 경제 활동을 할 때 정부가 규제를 최소화하라는 얘기다. 자유주의에서 자유는 일반적으로는 약자인 시민의 자유를 중시하는 것처럼 보인다. 하지만, 사실상 강자인 기업의 자유를 의미한다. 역설적으로 시민이 자유를 소중히 여기고 반드시 지켜야 할 가치라고 주장하면 할수록, 강자인 기업이 정부의 규제 없이 시장의 약자와 노동자를 짓밟을 수 있게 된다. 자유가 강조될수록 강자와 약자 간의 경쟁에서 심판 역할을 해야 하는 정부의 입지는 작아진다. 이런 상황에서 약자가 자유의 가치를 계속해서 강조하고 주장한다. 상당수 시민도 이에 동의한다. 지배체제는 이런 기만적인 비대칭 정보asymmetric information(정보 격차)에서 오는 시민의 동의에 힘입어 작동한다.

상식이 사실상 지배체제를 은폐한다!

장 자크 루소는 사회의 여러 법과 관습이 불평등을 만들어내고, 불평등한 사회구조를 심지어 보호한다는 사실을 깨닫는다. 루소의 깨달음은 상식적이지 않다. 루소가 죽은 지 거의 250년이 다

되어 가는데도, 법과 제도에 대한 그의 통찰은 대중의 상식 밖에 있다. 법은 질서 유지를 위해 존재하는 것이기 때문에 본성상 보수적이다. 법은 지배자와 피지배자의 관계를 유지하고 보호한다. 즉, 정치인과 시민의 불평등한 권력 관계와 자본가와 노동자 사이의 권력 관계를 지킨다. 강자의 지배를 유지하고 합법적으로 보호한다. 따라서 법은 지배의 대표적인 수단이다. 법은 각 시대의 불평등을 유지하는 역할을 한다. 태생적으로 법은 가진 자들The haves 즉, 강자의 편이다. 법은 어느 시대에나 사회의 질서 특히 정치·경제적인 질서를 지키기 위해 있기 때문이다. 문제는 어느 시대의 어느 사회도 예외 없이 항상 불평등했다는 데 있다. 법은 불평등한 구조를 합법적으로 유지할 뿐만 아니라, 불평등의 구조가 공격당하거나 위협받을 때 지배 구조를 강제적인 힘으로 보호한다. 감옥 제도와 경찰 제도를 통해서다. 감옥과 경찰 제도가 프랑스 현대철학자인 루이 알튀세르1918-1990가 말한 억압적인 국가 기구The Repressive State Apparatuses다.13 억압적인 국가 기구의 역할에 대한 알튀세르의 분석도 상식적이지 않다. 인류 역사에 평등했던 사회가 나타난 적이 거의 없었음을 고려하면, 법이 주로 권력자의 지위를 유지하기 위한 제도라는 사실은 쉽게 추론할 수 있다. 하지만 시민은 법치와 준법에 대한 가치만 상식으로 인정하고, 이 가치를 지키려 한다. 법의 본성과 숨은 역할에 대한 알튀세르의 통찰은 상식적이지 않다. 법의 본성에 대한 토론도 상식의 범위를 벗어나 있다. 상식은 법을 지배 수단으로 인정하지 않는다. 상식은 법을 활용한 지배 관행을 절대 인식하지 못한다. 사실상 상식이 지배체제를 은폐한다. 상식을 활용한 지배는 계속 이어진다.

상식은 반동적이다!

비판적 법학의 대가이자 하버드 대학 법학 교수인 로베르트 웅거의 답은 이렇다. 법은 고정불변의 것이 아니다. 항상 비판적으로 바라보면서 개정해야 한다. 불평등을 완화하기 위해 법을 끊임없이 개정해야 한다. 법 자체와 입법 과정에 대해서도 비판적인 시선을 유지해야 한다. 하지만 상식은 입법의 주체는 시민이 아니라 국회의원이라고 생각하게 한다. 상식은 국회의원의 입법권 독점을 동의하게 한다. 결과적으로, 권력 독점을 은폐한다. 설상가상으로 상식으로 인해, 상당수 시민은 입법 주체가 시민이어야 한다는 주장을 과격하거나 혁명적인 발상으로 여긴다. 이래서 상식을 은밀하고 강력한 지배의 수단이라고 하는 것이다. 법을 만드는 주체가 시민이어야 한다는 사실 그 자체를 인식하지 못하게 하기 때문이다. 상식은 권력자에겐 어메이징amazing한 지배 수단이다. 상식이 지배수단이라는 주장과 논리도 상식 밖에 있다. 그렇다면 루소, 알튀세르, 그리고 웅거의 주장은 몰상식인가? 상식으로 인해, 우리는 위 사상가들의 통찰을 과격하거나 위험하다고 여긴다. 상식의 이런 해석 때문에, 우리는 법을 활용하는 지배 체제를 인식조차 하지 못했다. 상식은 진보적인 변화를 거부하는 반동적인 힘일 수 있기에 지배자는 상식의 중요성을 잘 안다. 이런 이유로, 권력자는 대중문화를 아끼고 육성한다. 드라마와 같은 대중문화가 정의로운 변화마저 거부하는 반동적인 상식을 생산하기 때문이다. 거기다 감성적으로, 그리고 은밀하게 우리의 의식에 상식을 주입한다. 그래서 대중문화에 중독된 우리는 반동적으로 바뀐다. 그래서 우리는 건강한 변화마저 거부하고 저항하게 된다. 상식은 가장 은밀하면서도 강력한 지배 이념이다.[14]

사유재산이 모든 불평등의 근원이라는 주장도 상식적이지 않다!

루소와 알튀세르에 따르면, 법은 기본적으로 사유재산권을 지키는 수단이다. 문제는 사유재산이 모든 불평등의 근원이라는 데 있다. 피에르-조제프 프루동Pierre-Joseph Proudhon, 1809-1865은 약자의 사유재산은 강자의 갑질에서 약자를 지켜주는 자유의 수단이라고 주장했다. 약자의 사유재산권은 노동에 대한 자본의 지배에서 노동자를 지켜주는 필수적인 수단이기 때문이다. 반면에, 초고액 자산가(1조 원대 이상의 부자들)의 재산은 전쟁 동안에 약탈했거나 약자의 노동력을 착취해 부당하게 취득한 것일 수 있다.[15] 약자가 낸 세금을 정치인을 꼬드겨 몰래 뺏어낸 부일 수도 있다. 이런 부는 분명 공적으로 규제해야 한다. 초고액자산가의 사유재산을 규제하는 법률을 만들어 불평등의 정도를 완화해야 한다. 사유재산에 대한 내 주장이 과격하거나 위험하게 보일 수 있다. 그런데 '왜

사유재산을 규제하자는 내 주장이 위험해 보일까?'

상식이 정의로운 생각을 위험하다고 판단하게 한다!

일부 독자는 법과 상식, 그리고 사유재산권에 대한 내 생각이 위험하다고 판단할 수 있다. 현재 여러분의 머릿속에 있는 어떤 생각이 사유재산권에 대한 내 견해를 위험하다고 판단하게 할까? 사유재산권에 대한 독자의 생각은 어디에서 나왔을까? 사유재산권에 대한 우리의 견해는 누구의 입과 손끝에서 나왔을까? 대중의 생각을 제조한 문화(생각 혹은 밈의 총합) 공장은 어디일까? 누가 여러분의 뇌 속에 생각(밈)을 주입했을까? 사유재산권 보호는 지켜야 할 자본주의의 원칙이라고 굳게 믿는 분에게 나는 이렇게 물어보고 싶다. "지구는 누구의 것일까? 그리고 지구는 누구의 것이어야 하는가?"

미국의 알래스카주는 석유채굴로 얻은 돈으로 펀드를 만들어 80년대부터 현재까지 알래스카의 모든 주민에게 배당금을 제공한다.[16] '지구와 그 땅, 그리고 땅에 묻힌 자원이 누구 소유여야 할까?'란 근원적인 질문을 하고 싶었다. '지구는 공공재다! 지구의 자원, 자원을 품은 땅과 그 산물은 지구 생명체의 공동 소유다!'란 생각이 너무 급진적인가? 과격해 보이는 나와 위대한 사상가들의 이런 생각은 현대인의 상식과는 멀다. 하지만 이것이 정의로운 생각임은 분명하다. 사실 이러한 논리는 기본소득제도나 모든 국민의 최저 생계 보장을 위한 국가 배당금, 혹은 역소득세 같은 주장을 폈던 여러 사상가의 것이다. 버트런드 러셀, 존 스튜어트 밀, 심지어 신자유주의의 대표 이론가인 밀턴 프리드먼의 논리였다. 이상적인 사회주의자라고 알려진 샤를 푸리에Charles Fourier, 1772-1837의 생각이며, 동시에 『유토피아』를 쓴 토머스 모어의 500년 된 생각이기도 하다. 문제는 이런 정의로운 생각이 상식적이지 않다는 데 있다. 대중은 이런 생각을 위험하게 보고 결국 거부한다. '누가 그리고 무엇이' 우리가 이런 정의로운 생각을 위험하다고 여기게 했을까? 우리는 정의로운 생각을 위험하거나 비현실적이라고 판단하게 한 그 생각을 어디에서 얻었을까?

드라마는 대중문화가 하는 못된 짓을 앞장서서 한다!

드라마가 퍼트리는 상식이 현재의 불평등을 유지한다! 드라마가 연출하는 현실은 사실상 현재의 제도와 그 제도가 낳은 불평등을 시청자에게 재확인해 주는 역할을 한다.[17] 심지어, 정치권력과 재벌을 비판하는 드라마를 시청자에게 보여줘도 권력에 대한 저항 정신이 생기기보다 현재의 권력 관계를 무의식적으로 인정하게 되고, 쉽게 체념하게 한다. 드라마의 사실주의가 현재의 제도와 불평등 그 자체를 상식으로 보이게 한다. 상식은 시민 다수가 늘 있어 온 불평등을 해결할 정의롭고 진보적인 생각을 위험하거나 실현 불가능하다고 판단하게 한다. 그래서 시청자 스스로 사회를 진보하게 할 제안을 거부하게 된다. 이런 와중에 기업가는 시민의 공동 소유인 지구와 그 자원을 독점한다. 그들은 자원과 생산수단의 독점으로 엄청난 잉여가치 즉, 영업이익까지 독식한다. 이런 상황에서 기업가는 재벌 2세라는 캐릭터로 드라마에 등장한다. 잘생기고 옷 잘 입는 지고지순한 남성으로, 때로는 성격 파탄자이지만 한번 사랑에 빠지면 목숨 거는 남자친구로 드라마에 나온다. 어떻게 묘사되든 재벌 2세는 대중에게 선망의 대상이 된다. 욕먹어야 할 대상이 선망의 대상이 되는 놀라운 역설이 일어난다. 이런 어이없는 현상이 드라마를 보는 동안 시민의 의식 속에서 소리 없이 일어난다. 드라마에 몰입하는 중에 돈이 최고의 가치이며, 돈이 우리를 행복하게 할 것이라고 무의식적으로 받아들인다. 드라마가 '돈이 최고다.'란 획일적이며 상식적인 가치를 뿌리 깊게 대중의 의식 속에 심는다.[18] 그래서 우리가 불평등을 만드는 구조적인 문제엔 눈 감게 하고, 그 체제 안에서 어떻게든 신분을 상승하려 앞뒤 보지 않고 달리게 한다. 드라마는 이렇게 우리가 현재의 제도와 질서status quo, 그리고 규범 체계를 재확인해 유지하게 한다. 우리는 이런 재확인을 통해 현재의 제도와 질서를 당연하게 받아들인다.

이래서 드라마는 보수적이다. 유토피아에서라면 보수는 환영받을 만한 이념 성향이다. 보수가 이상적인 사회와 그 사회를 떠받치고 있는 여러 제도를 지키는 역할을 하기 때문이다. 하지만 인류는 한 번도 평등한 적이 없고, 차별이 없었던 사회는 존재하지 않았다. 이런 불평등과 차별을 용인하고 지키려는 보수를 어떻게 좋게

볼 수 있을까? '바꾸려고 시도했는데 더 나빠지면 어떡하지?'라고 주장하면서 건전한 보수가 되겠다고 하시는 분들 혹시 있을지 모르겠다. '구더기 무서워서 장 못 담그는가?'라고 질문해 보고 싶다. 사회적인 진보와 발전을 위해 혁신을 시도하고 실패할 수 있다. 하지만, 실패는 같은 실패를 반복하지 않게 하는 가치 있는 데이터가 된다. 드라마는 편견 덩어리인 상식을 의식 속에 뿌리박히게 만든다. 상식이 우리의 의식을 올가미처럼 꼼짝달싹 못 하게 해 사회를 정의롭게 할 생각을 위험하거나 비현실적이라고 판단하게 한다. 한 예로, 대중은 진보적인 정치인이나 양심적인 학자가 주장하는 기본소득제와 이 주장의 논거인 '지구는 공공재다.'란 주장을 너무 급진적이고 위험하며, 상식적이지 않다고 생각한다. 상식이 바로 오늘의 한국을 헬 조선으로 만든 장본인임에도 '난 그래도 상식적인 사람이야. 난 온건 보수, 혹은 중도 개혁 성향이야.'라는 정치 무뇌아가 지껄일 말을 스스로 읊조린다. 자본과 보수적인 정치 엘리트가 참 고마워한다. 1%의 특권층과 99%가 대립하고 경쟁하는 사회에서 중도, 온건, 개혁 보수라는 말은 1%가 자기편을 확보하기 위해 만들어 놓은 기만적인 정치적 표현에 불과하기 때문이다.

사유재산권은 어디까지 인정해야 할까?

드라마가 유포한 상식 때문에, 우리는 땅에다 맘대로 선 긋고 자기 땅이라고 우기는 생각이 얼마나 몰상식한지를 인식하지 못한다.[19] 사유재산을 어디까지 인정해야 할까? 농사지은 땅의 산물인 수확물은 농사를 지은 사람의 사유재산이 될 수 있지만, 땅은 원래 모든 사람의 공동 소유였던 사실을 기억할 필요가 있다. 유럽 백인이 아메리카 원주민의 삶의 터전을 자신의 사유재산으로 만들었다. 백인들의 강탈 논리가 참 가관이다. 백인이 아메리카에 정착해 자신의 노동력으로 농사지은 땅은 자기 것이 된다는 논리였다. 아메리카 땅과 백인의 노동력이 결합하면 아메리카의 땅은 백인 것이 된다는 존 로크의 논리였다. 이런 논리가 만 이천 년 동안 그 땅을 터전으로 삼았던 원주민을 그 땅의 배경 정도로 만들어 버렸다. 백인과는 다르게, 당시 아메리카 원주민은 말 그대로 자연에서 나는 농산물과 열매를 채집하는 정도였다. 원주민은 영문도 모른 채 삶의 터전을 강탈당했다. 거기다, 로크는 땅을 경작하지 않은 백인의 후손이 그 땅을 소유하는 것이 정당한지 아닌지에 대해서는 아무 말도 안 하고 죽었다. 아메리카의 진짜 주인인 원주민은 그 땅에 속한 자원의 일부가 되어버렸고, 땅은 대대로 백인의 차지가 되었다. 무책임한 로크가 아메리카의 주인이었던 원주민을 영원한 객으로 만들어 버렸다.

화려한 소유물을 무심한 척 과시하는 드라마는 강자의 사유재산권을 지키는 데 앞장선다

사유재산권에 대한 이러한 토론은 드라마가 제공하는 상식에 포함되지 않는다. 지구는 우리 모두의 것이다. 그러기에, 모든 사람의 공동 소유인 땅은 개인의 소유가 될 수 없고, 땅을 경작해서 얻은 농산물 정도만 사유재산이 될 수 있다. 사유재산권을 보호해야 한다고 믿는 상식은 이런 주장을 인정하지 않는다. 그래서 재벌의 재산권을 일정 부분 제한할 필요가 있다는 지식인의 주장에 대중은 사회주의자의 과격하거나 위험한 주장 정도로 치부해 버리게된다. 드라마는 성경의 십계명만큼 사유재산권의 인정이 자본주의의 제1원리라고 믿게 하기 때문이다. 드라마는 대부분 현재의 제도와 관행을 있는 그대로 묘사한다. 드라마는 퇴행을 지향하는 사실주의다. 그래서 무의식적으로 현재의 정치·경제적인 권력 관계나질서를 재확인하고, 유지하는 역할을 한다. 드라마 감독과 작가도모르는 드라마의 숨은 본래 기능이다. 드라마는 드라마일 뿐일까?드라마 대본을 구성하는 언어는 이념을 담는 수단이다.[20] 일상적인말 속에도 상대의 생각과 태도, 그리고 구체적인 행동을 유도하거나 막으려는 의도가 있다. 그런데 이야기로 구성한 드라마의 줄거리에 아무 의도가 없을까? 드라마의 대본, 소설 등의 문학이 개인의 정체성 형성에 영향을 주거나, 사회 제도를 옹호하고 보호한다는 주장은 문학 이론의 오랜 주장이다.

문학은 대표적인 지배의 수단이다[21]

문학 이론Literary theory이 비평한 한 예를 살펴보자. 문학 이론은 보편성을 강조하는 제인 오스틴의 소설이 영국 제국을 식민지 원주민에게 선망의 대상으로 만들었다고 분석했다.[22] 오스틴의 소설이 식민지 원주민에게 영국 제국을 문화적 취향이나 행동의 표준으로 각인하는 역할을 했다. 소설이 개인의 인격과 윤리적인 문제를 푸는 방식에 대한 표준을 식민지국의 피지배자에게 제시했다. 문학이론가들은 문학이 이념적 수단으로 작동했다고 주장한다. 오스틴의 소설은 영국인의 화려한 삶과 개인의 행동 규범을 제시한다. 식민지에 대한 영국의 약탈과 착취가 이러한 화려함에 묻힌다. 살인, 약탈, 착취를 당하는 식민지 원주민이 영국 문화를 선망하는 믿기지 않는 일이 일어난다. 문학의 힘이다! 살인과 약탈(제국주의의 본성)로 영국은 '독점'의 아이콘이 되었다. 식민지 원주민은 부의 독점으로 가능했던 영국민의 화려한 삶을 동경한다. 원주민 자신의 자원과 노동력을 착취해서 이룬 화려한 삶인데도 말이다. 독점이 순식간에 선망의 대상이 된다. 마치 드라마에서 독점의 아이콘인 재벌 2세가 동경의 대상으로 탈바꿈하는 것처럼 말이다. 이런 일이 여전히 현재의 한국에서도 일어난다. 원망의 대상이 동경의 대상으로 바뀌는 일이 드라마를 보는 시청자의 의식 속에 소리 없이 일어난다. 문학의 역할에 대한 다른 견해도 있다. 문학이 이념을 폭로하는 수단이며, 사회질서에 지장을 초래한다는 주장이다. 문학은 현재의 제도와 규범을 의심하게 만드는 역할도 했다. 그렇다면 현재의 드라마는 사회의 위계질서를 재확인하여 그 권력 관계를 정당화하는 이념의 수단인가? 아니면 사회질서를 의심함과 동시에 지배이념을 폭로해 질서와 이념을 무효로 만드는 수단인가? 이 문제에 관한 판단은 그리 어려워 보이지 않는다.

대중문화는 야바위꾼(정치인과 기업가)의 충직한 바람잡이다!

대중문화를 경계해야 할 이유가 하나 더 있다. 대중문화 예를 들면 월드컵, 올림픽, 프로야구와 같은 스포츠, 또 한편으로 영화나 게임과 같은 것은 우리가 사회의 중요한 이슈를 보지 못하게 한다. 심지어 중요한 이슈가 있었는지, 그리고 그 이슈가 정말 중요한 이슈인지를 판단할 여유조차 주지 않는다. 드라마나 스포츠 같은 대중문화는 중독성이 마약만큼 강력하다. 대중문화는 대중의 습관이 되었다. 스마트폰이 대중의 눈과 귀에 스마트한 방식으로 대중문화가 유혹하는 속삭임을 전달한다. 덕분에 거기서 헤어 나오기가 쉽지 않다. 왜 대중문화에서 빠져나와야 할까? 한 일화가 있었다. 미국에서 9·11이 일어났을 때, 영국에서 일어난 일이다.[23] 당시 토니 블레어의 여론 조작 전문가public relation expert(홍보 전문가나 스핀 닥터로 불리기도 함) 중의 한 명이 블레어 총리에게 보낸 이메일의 내용이 공개되었다. "총리님! 지금이 재정 지출 관련한 문제를 공개할 적기입니다." 매우 전형적인 방식이다. 홍보 전문가 혹은 스핀 닥터는 대중의 여론을 교묘히 조종하는 전문가다. 모든 홍보 전문가가 이런 교활한 짓을 하진 않는다. 일부 못된 홍보 전문가는 중요한 정치, 경제적인 이슈를 대중에게 공개하기를 원하지 않지만 공개해야 할 때, 대중의 시선을 연예인 스캔들, 대형 사고, 테러, 자연재해와 같은 것에 돌리려 한다. 연예인 스캔들, 대형 사고, 테러가 매일 일어나는 것이 아니기 때문에 시청률 높은 드라마나 천만 관객을 끄는 영화로, 또는 스포츠나 게임으로 우리의 눈과 귀를 정치, 사회, 문화의 중요한 문제에서 떼어 놓으려 한다. 야바위꾼의 바람잡이처럼 화려한 대중문화로 우리의 얼을 쏙 빼놓는다. 이런 대중문화는 우는 아이의 울음을 뚝 그치게 하는 뽀로로와 같은 역할을 대중에게 한다. 순식간에 아이의 시선은 뽀로로에게 향한다. 대중문화의 매력이 정말 강력한 건지 아니면 아이의 '순수함' 때문인지 헷갈린다. 불편한 진실은 기업가와 정치인이 우리를 뽀로로 아이 다루듯 그렇게 다룬다는 데 있다. 이런 꼼수로 헬 조선 인구의 최대 51%, 아니 최근의 보수 정권 10년에서는 대략 30%만 속여도 정치인은 자기가 하고 싶은 일을 제멋대로 해댔다. 우리가 '뽀로로'에 빠져 있는 동안에! 정치가 개인의 삶과 직접 관련 있는 문제 대부분을 결정한다. 대중문화를 어느 정도 누려도 된다. 사람이 늘 진지하게 살 필요가 없기 때문이다. 하지만, 우리 삶의 여러 측면에도 우선순위가 있다. 우리의 삶이 힘들고 자유롭지 못한 이유는 정치 때문이다. 최저임금, 보육, 교육, 노동, 주거, 의료, 연금 등의 문제가 다 정치적으로 풀리는 문제들이며, 우리 삶과 직접 관련된 문제들이다. 이런 삶의 문제를 먼저 해결하고 그다음에 대중문화를 오락의 한 형태로 어느 정도 즐긴다면 어느 정도 이해할 수 있겠다. 그래도 현재의 대중문화에 대한 대안 문화는 필요하다.

자본에 의한, 자본을 위한, 자본의 문화가 대중문화다!

　대중문화를 경계해야 할 이유를 요약해 보자. 보수적인 생각이나 반동적인 상식이 대중문화의 형태로 우리 의식 깊숙이 뿌리내린다. 상식은 우리가 진보적이고 정의로운 생각을 위험하거나, 비현실적이라고 생각하게 한다. 사회의 진보를 가로막는 은밀한 주범은 대중문화가 퍼트린 상식이다. 화려함과 중독성으로 무장한 대중문화는 우리 삶과 관련된 주요 정치·경제적인 이슈에서 우리의 관심을 떼어 놓는다. 소수 권력자와 기업인이 삶과 직결된 중요한 문제를 우리도 모르는 사이에 결정해버린다. 이런 결정이 우리 사회를 그들에겐 천국으로, 우리에겐 헬 조선으로 만들었다. 대중문화가 퍼트린 상식은 우리가 현재의 권력 관계를 재확인하여 지배체제에 동의하게 한다. 사실상 지배를 숨기는 역할을 한다. 그래서 그런지, 그들은 자신의 금쪽같은 돈을 들여 대중문화를 만들고 퍼트린다. 더 큰 문제는 대중문화가 매우 자극적이어서 중독성 또한 강력하다는 점이다. 우리는 그들이 만든 대중문화에서 되도록 멀어져야 한다. 대중문화는 우리가 아닌 그들의 특권적 지위를 유지하는 지배 이념으로 훌륭하게, 지금도 여전히 작동하고 있다. 심지어, 우리는 지배이념으로 작동하는 대중문화의 아이콘이 되기를 열망하기까지 한다. 일부는 오디션 프로그램에 출연해 이상한 심사위원의 모욕적인 평을 들어가며 버틴다. 그러면서 대중은 살벌한 경쟁 과정(오디션 프로그램)에 감정 이입해, 자기도 모르게 경쟁의 가치를 자신의 의식 속에 심는다. 결과적으로 경쟁이란 가치가 일상화하고, 경쟁은 피할 수 없다는 인식이 우리 의식에 스며든다. 경쟁의 대안적 가치는 쳐다볼 생각조차 못 하게 된다. 경쟁의 대안적 가치는 이 책의 3부 첫 장에서 다룰 것이다. 오디션 프로그램을 즐겨본다는 진보 지식인이 있을 정도다. 지배 이념을 진보 지식인이 퍼트리고 있는 거다. 진보 지식인도 '생각의 강'(문화 혹은 큐브)에 나쁜 생각을 채우고 있다는 의미다. 대중의 오락거리들이 '생각의 강'(문화와 그 속에 사는 주체 ; 큐브)에 나쁜 믿을 대량으로 쏟아붓는다. 대중문화는 교육제도와 함께 상식으로 우리를 지배하는 못된 짓을 했다. 대중문화는 자본에 의한, 자본을 위한, 자본의 문화다. 기업가 본인 돈으로 만든 드라마로 자신을 멋지게 선전한다. 대중이 '자신'을 선망하게 하려는 작태가 파렴치하지 않은가? 기업가 본인에게도 민망한 노릇일 텐데 이자들은 민망함의 감정을 못 느끼는 자들인 것 같다. 드라마는 탐욕과 독점의 아이콘을 선망의 아이콘으로 교묘하게 탈바꿈하게 하는 수단이다. 이제 이런 수법에 그만 넘어가야 한다. 어쨌든, 기업의 돈으로 만든 대중문화의 목적은 상식으로 우리를 사기 쳐 지배하기 위해서다. 그러면 '어떤 문화를 우리가 만들고, 즐겨야 할까? 진정한 대중문화는 어떤 가치를 담아야 할까? 지배체제를 소리 없이 작동하게 하는 상식의 해체는 어떻게 가능할까? 상식을 재확인하기를 거부하는, 상식에 도전하고 저항하는 예술은 어떠해야 할까? 상식의 거대한 벽에 균열을 내는 문화는 무엇일까?' 다음 장에서 위의 질문에 대한 답을 탐색해 보겠다.

9장

시민이 봐서도, 생각해서도 안 되는 대안 문화

예술사Art History와 아이콘an icon

아이콘은 그림(이미지)을 뜻하는 고대 그리스어 에이콘eikon에서 유래한 말이다. 기독교 국가에서 예수나 성모 마리아와 같은 성인을 그린 그림이나 조각을 가리킨다. 기독교인에게 여러 아이콘은 자신의 기도나 신앙생활에 도움을 주는 십자가 같은 종교적인 상징물이다. 아이콘이 왜 예술사의 이해에 필수적일까? 예술사의 연구는 주로 회화 작품에 대한 분석과 관계가 있다. 19세기부터 예술사가는 선사 시대부터 근대까지 수많은 회화 작품과 다른 문화권의 작품에 대한 체계적인 연구를 시작했다. 여기에 주목할 만한 점이 있다. 예술사를 연구하는 과정에서 회화 작품에 아이콘을 사용하는 전통이 유럽뿐만 아니라 다양한 시대와 문화에서도 발견되었다는 점이다. 이집트의 신, 로마 황제의 초상화, 기독교 성화, 불교나 힌두교의 회화작품도 아이콘을 이용하는 전통을 가졌던 사실이 드러났다.[1] 아이콘의 예로 백합은 성모 마리아의 순결을, 십자가에 거꾸로 매달린 사람은 가톨릭교회의 초대 교황인 베드로를 상징한다. 알렉산드리아의 성녀Saint 캐서린을 그린 그림은 아이콘을 이해하는 데 매우 유용하다. 성녀 캐서린을 그린 수많은 그림에서 캐서린의 외모가 각기 다르다. 수백 년에 걸쳐 수많은 화가가 캐서린을 그렸기 때문이다. 그런데도 예술 사가가 외모가 다른 성녀 캐서린을 식별하는 일은 어렵지 않다. 캐서린을 나타내는 아이콘이 있기 때문이다. 캐서린의 그림마다 바퀴가 함께 그려져 있다. 바퀴가 성녀 캐서린을 나타내는 아이콘이다. 이렇게 아이콘을 활용해 과거의 수많은 회화 작품에 대한 분석이 가능했다.

아이콘은 세속적인 그림에서도 있었다. 17세기 네덜란드 화가 페르메이르Vermeer는 〈우유병을 든 하녀〉Milk Maid라는 그림에서 아이콘을 사용했다. 이 작품은 당시 이상적인 여성의 본보기role model로 가정적이고 온화한 여성을 묘사한다. 작가의 의도는 그림에 사용된 아이콘을 보면 쉽게 알 수 있다. 페르미어는 그림의 하단 오른쪽에 빨래 바구니를 지우고 발 난로를 그려 넣는다. 17세기 혹한의 유럽에서 발 난로는 따뜻함, 사랑, 충성을 의미했다. 발 난로 근처에 온화함과 사랑을 상징하는 큐피드가 장식으로 그려진 것을 보면, 이 그림에 대한 페르미어의 의도가 더 확연하게 드러난다.[2]

아이콘은 현대 미술에서도 보인다. 앤디 워홀이 실크 스크린 방식으로 작업한 마릴린 먼로의 판화 자체가 소비주의를 상징하는 아이콘이다. 역설적으로 워홀은 자기가 비판하는 소비주의의 방식으로 작업했다. 워홀은 소비주의를 지속하게 하는 대량생산 방식을 이용했다. 워홀은 이러한 작업 방식 자체로 소비주의를 비판한다. 자연스러운 결과로, 워홀은 대량생산을 가능케 하는 판화로 여배우인 먼로를 상품화한 현실을 비판했다. 먼로의 판화는 소비주의와 여배우의 상품화commodification에 대한 워홀의 비판적인 시선을 상징적으로 표현한다.[3] 이 장은 대안적인 대중문화 즉, 상식에 도전하고 저항하는 문화를 소개하기 위함이다. 대안적인 문화를 탐색하기 위해 아이콘의 이해에 더해 모던 아트를 살펴보자.

모던 아트와 아방가르드

모던 아트를 한마디로 표현하면 아방가르드Avant-garde다. 프랑스어인 아방가르드는 원래 '군대의 선봉에 서 있는'의 의미가 있는 군사 용어였다. 하지만 19세기 중엽 이후에 등장한 예술적인 특성 즉, '시대를 앞서 있는, 실험적인, 혹은 혁신적인'을 의미하는 말로 아방가르드를 사용하기 시작했다. 아방가르드는 형용사와 명사의 의미를 구분해 이해할 필요가 있다. 예술의 특성을 의미하는 아방가르드는 형용사이지만, 명사의 의미로는 이러한 예술적 특성을 가진 예술가 집단을 아방가르드라 부른다. 형용사의 의미로 먼저 사용하기 시작했다.[4] 아방가르드적인 모던 아트를 소개하기 위해, 이 장에서 소개할 주요 작품은 에두아르 마네의 〈소풍에서의 점심〉(1863), 피카소의 〈정물〉Still Life(1914)과 몇몇 조각 작품, 마르셀 뒤샹의 〈샘〉Fountain(1917)이다. 이 장의 주제는 이런 작품의 어떤 특성이 전위적Avant-garde인지를 이해하는 거다. 왜 모던 아트가 전위적인지, 그리고 아방가르드적인 작품이 21세기 한국 대중 예술에 어떤 의미를 가질 수 있는지 살펴보겠다. 진정한 대중문화의 예를 탐색하기 위해서다.

파리의 꿈과 현실의 벽

19세기 중엽 프랑스 파리는 유럽 전체의 문화적인 수도로 인정받고 있었다. 이 때문에 수많은 무명의 젊은 화가가 프랑스 파리로 몰려들었다. 특히, 1870년에는 나폴레옹 제국의 몰락과 함께 문화 부문에 대한 규제가 풀리고, 예술 교육에 대한 재정비가 이루어진다. 이런 이유로 유럽의 수많은 예술가가 파리로 향한다. 하지만 꿈을 갖고 찾아온 예술가들 앞에 놓인 현실의 벽은 너무나 높았다. 파리의 수많은 예술가와의 경쟁도 문제였지만 더 큰 장벽은 파리의 예술계 자체였다. 파리에서 예술가의 지위를 인정받기 위해선 시민에게 자신의 작품을 보여줄 수 있어야 했다. 하지만 작품 전시의 기회를 얻기는 쉽지 않았다. 자신의 작품을 파리의 살롱에 전시할 수 있을 때야 비로소 공식적인 예술가로 인정받을 수 있었다. 문제는 모든 작가의 작품이 살롱의 기준에 맞지 않았다는 데 있다. 살롱의 심사위원은 매우 '전통적인' 기준으로 살롱에 걸릴 작품을 심사했다. '전통적인'이란 말에는 두 가지 의미가 있다. 하나는 파리의 예술학교에서 배운 대로 그리는 것을 의미한다. 전 세계에서 몰려든 화가들은 재능은 있지만, 파리에서 그림을 배우지 못했기 때문에 이 기준에 맞지 않았다. '전통적인'의 두 번째 의미는 회화작품에 환각법illusionism을 적용하는 것이다. 환각법은 평면인 회화 작품을 입체적으로 보이게 하는 회화의 기법이다. 회화의 입체적인 느낌은 원근법이나 명암으로 표현한다. 첫 번째 의미가 수많은 예술가를 좌절하게 한 주된 이유였다. 물론, 성공한 파리 예술가가 누리는 특권도 젊은 예술가에게는 또 다른 장벽이었다. 당시 파리 시민이 예술을 즐기는 방식도 전통적인 미학에 바탕을 두고 있었기 때문에, 파리의 현실은 혁신적인 젊은 작가에게 거대한 장벽과 같았다. 자연스러운 결과로, 이러한 현실은 많은 무명의 예술가를 사회·경제적으로 주변화했다. 역설적으로 이러한 소외감이 아방가르드적인 예술의 원천이 되기도 했다.

당시 파리의 사회·문화적인 분위기는 자본주의적인 요소, 특히 상업적인 요소가 파리 문화 전반에 스며있었다. 이런 문화로 인해, 시민은 오로지 신분 상승만을 추구하게 되었다. 돈의 축적과 이를 통한 신분 상승을 추구하는 획일적인 가치는 가난한 시민뿐만 아니라 예술가 집단을 소외시켰다. 자연스러운 결과로 예술가 집단은 돈만을 추구하는 '좀비 사회'를 비판하게 된다. 나는 한 가지 가치(돈)만 중시하는 획일적인 사회를 '좀비 사회'라 부른다. 이런 사회에선 돈과 같은 가치를 던져주면 다수는 그쪽만을 향하게 된다. 모든 것의 판단 기준이 돈이기에, 다수의 태도와 행동 패턴을 예측하기가 무척 쉽다. 소수 지배자가 좀비 사회의 구성원을 조종하기가 편해진다는 의미다. 어쨌든 이러한 환경에서 젊은 예술가가 상업화한 예술과 예술계를 비판한다. 젊은 화가들은 자신의 처지에 굴하지 않고 작품을 카바레나 카페, 예술 잡지 사무실 등에 전시해 예술가로서의 경력을 만들어갔다. 당시 파리에는 수많은 예술 잡지가 있었다. 잡지의 수명은 길지 않았지만, 여기에서 많은 사상과 실험적인 예술들이 생겨났다. 예술 잡지가 새로운 사상과 혁신적인 작품을 창조하는 예술가 집단의 모태가 된다. 실험적이고 혁신적인 젊은 화가가 바로 아방가르드다. 이런 화가가 그려 낸 작품의 특성도 아방가르드하다고 부른다. 사회의 주류 문화가 제시한 획일적 기준에 저항하며, 자신만의 새로운 기준을 세우는 이름 없는 예술가의 활동이 바람직한 대중문화의 한 형태가 될 수 있지 않을까?

획일적인 기준을 요구하는 것은 폭력이다!

앞서 언급한 것처럼, 무명작가는 살롱에 작품을 걸 기회를 갖지 못했다. 어느 사회나 각종 진입 장벽이 있다. 이러한 진입 장벽은 하나의 표준으로 위장한다. 살롱의 심사위원은 파리 예술계의 주요 인물들이었고, 이들이 가졌던 예술 작품에 대한 기준이 재능 있고 혁신적인 화가의 살롱 진입을 막고 있었다. 하지만, 1863년에 프랑스 황제 나폴레옹 3세는 당시 예술계에 이미 흐르던 새로운 예술적 분위기나 경향성을 읽고 있었다. 이에 대한 반응으로 나폴레옹은 '살롱 드 레퓨지'Salon de Refuses라는 살롱에서 탈락한 작품을 걸 수 있는 전시회를 열어준다. 이 전시회는 새로운 예술적 열망을 담아내는 제도가 된다. 이 전시회의 최고 화제작이 바로 에두아르 마네Edouard Manet의 〈소풍에서의 점심〉Le Dejeuner sur l'herbe, The picnic Luncheon이다.5 당대 미술 전문가와 파리 시민 모두 마네의 작품을 비웃고 조롱했다. 마네는 이 그림에 환각법illusionism을 전혀 적용하지 않았다. 그림을 자세히 살펴보면, 오른쪽 남자의 손가락과 시냇가에서 발을 씻고 나오는 여인의 손가락이 거의 닿아 있다. 원근법을 거의 적용하지 않았다. 누드로 그려진 여인의 머리 장식과 배경도 구분되지 않는다. 명암도 적용하지 않은 거다. 그 여인의 시선 처리도 매우 공격적이다. 관객을 정면으로 응시하고 있는 벗은 여성은 관객을 향해 "뭘 보니?"라고 말하는 것처럼 보일 정도다. 이외에도 신사의 정장이 일반적인 남자의 정장과는 다르게 상당히 '올드-패션드'old-fashioned하다. 그러나 마네는 예술 전문가와 파리 시민에게 조롱받으려고 이 작품을 전시하지 않았다. 오히려 살롱의 심사위원과 시민 모두를 조롱하기 위해서였다. 마네는 원근법, 명암, 누드 여인의 시선 처리와 같은 예술적 기준을 고의로 무시했다. 당시의 예술적 기준에 도전하기 위해서다. 마네는 살롱의 심사위원이 정한 예술의 기준과 시민이 예술을 즐기는 방식 둘 다를 조롱한 거다. 이런 이유로, 마네의 〈소풍에서의 점심〉을 아방가르드적인 모던 아트의 시작을 알리는 작품으로 평가한다.6

마네는 이 작품으로 예술 작품을 평가하는 객관적 기준은 없어져야 한다고 외친다. 마네의 작품은 예술을 평가할 유일한 기준이 있다는 편견을 영리하게 비꼰 것이다. 나는 이렇게 하나의 기준을 정하는 것을 '폭력의 미학'이라 부른다. 예술 작품의 기준은 수많은 예술가에게 진입 장벽과 같았다. 자연스럽게, 이러한 예술적 기준이 그들의 자존감을 떨어뜨렸다. 마네는 아름다움과 예술을 평가하는 기준이 갖는 폭력과 부당함을 지적했다. 마네의 지적이 이루어진 지 150여 년이 흘렀다. 하지만 현재에도 마네의 외침은 여전히 시민의 상식으로 들어와 있지 않다. 21세기 현대를 사는 시민이 여전히 패션 산업과 미디어가 정한 기준(유행)에 따라, 본인뿐만 아니라 다른 사람의 외모를 평가한다. 이러한 아름다움의 기준에 맞추기 위해 수많은 사람이 성형외과를 찾기도 한다. 방송, 신문, 패션 잡지, 인터넷에 쏟아져 나오는 모델의 사진을 보며, 우리는 우리도 모르는 사이에 아름다움과 추함의 기준을 학습한다. 이렇게 들어온 획일적인 미의 기준은 수많은 여성과 남성에게 폭력 그 자체다. 학습된 미의 기준은 기준과 다른 외모를 가진 사람에게 '너는 왜 그렇게 못생겼어?'라고 은밀히 속삭이는 것과 같기 때문이다. 미디어에서 보이는 수많은 미남, 미녀의 사진은 아름다움에 대한 객관적인 기준이 있다는 편견을 만든다. 지구상에 있는 수많은 생명체에겐 아름다움을 측정할 수 있는 객관적인 기준은 없다. 인간에게만 '만들어진 혹은 정해진' 미의 기준이 있을 뿐이다. 식물과 동물은 아름다움이라는 기준으로 자신을 순위 매기지 않는다. 아방가르드적인 모던 아트는 인간만 이런 못되고 멍청한 편견을 가진다고 우리에게 외친다. 지금까지 바람직한 대중문화의 형태로 예술을 살펴보았다. 이제 피카소로 우리의 눈길을 돌려보자.

피카소와 소비주의

피카소의 조각 〈정물〉Still Life(1914)은 그에게 천재라는 칭호를 선사했다. 이 작품은 피카소의 연금술사적인 면모를 여실히 드러낸다. 버려진 나무 조각, 합판, 대량생산된 제품, 소비주의가 버린 물건을 활용해 예술 작품을 창조했다. 〈개코원숭이와 새끼〉Baboon and Young(1951)란 작품도 얼굴은 두 개의 장난감 자동차로, 꼬리는 자동차 스프링으로, 귀는 컵의 손잡이로, 몸통은 물병으로 만들었다. 자전거의 안장과 핸들만으로 〈황소의 머리〉Bull's Head(1943)란 유명한 작품도 만들었다. 피카소는 이런 작품으로 자신의 천재성을 드러냈다. 피카소는 이런 작품으로 예술 창작에 정교한 기교나 솜씨보다 상상력과 아이디어가 더 중요하다고 선언했다. 조각의 재료로 대리석이나 청동 같은 전통적인 재료를 사용하지 않았다. 재료의 기준을 깨는 아방가르드적인 특성이 이런 조각에서 드러난다. 피카소는 버린 상품이나 재료를 활용해, 사람들이 버린 물건을 예술 작품으로 만든다. 근대 유럽은 소비주의의 홍수 속에서 소비를 미덕으로 간주하고 있었다. 피카소는 '쓰레기'를 활용해 획일적인 소비 행태와 사치를 비판한다.[7] 시민이 버린 쓰레기를 이용해, 가장 가치 있다고 여기는 예술 작품으로 변모하게 하는 피카소의 예술 행위 속에 이런 의도가 있었다. 피카소는 소비주의가 만연한 오늘의 우리와 대중 예술가에게 이렇게 외치는 것 같다.

현대인은 소비하는 과정에서 수많은 물건을 버린다. 획일적으로 소비하면서 버린 수많은 물건과 함께 다른 소중한 가치도 버리진 않았을까? 21세기 예술가는 사람들이 버린 것으로 소중한 가치를 창조하는 **가치를 전복**하는 일에 전념해야 하지 않을까?

마르셀 뒤샹과 예술의 본성

뒤샹은 익명으로 자기 작품인 〈샘〉(소변기 ; 1917)을 뉴욕의 독립예술가협회 전시회에 출품한다. 하지만 협회는 이 작품의 전시를 거부한다.[8] 이 변기는 뒤샹 본인이 만든 것이 아니라, 변기 가게에서 산 것이었다. 뒤샹의 변기는 전시회 기간에 사라진다. 하지만 1960년대 들어 세계의 여러 미술관이 뒤샹을 기념해 이 변기를 전시하기 시작한다. 급기야 2004년 영국의 500명이 넘는 예술 전문가가 뒤샹의 〈샘〉을 20세기를 대표하는 가장 영향력 있는 작품으로 선정한다.[9] 피카소, 앤디 워홀, 앙리 마티스를 제쳤다. 이 작품은 '예술은 무엇인가?, 예술가란 도대체 누구며, 무엇을 해야 하는가?'라는 철학적 질문을 던졌다. 뒤샹의 작품은 20세기 개념 미술Conceptual art(아이디어 중심의 예술)의 시작이기도 하다. 물론, '예술은 당신이 소변보는 것(변기) 정도에 불과하다.'라는 기존 예술가를 향한 그의 조롱으로 해석할 수도 있다. 반예술주의자답게 뒤샹은 예술 본성

자체에 대한 의심을 기성품인 변기로 표현했다. 〈샘〉은 예술작품의 품격과 예술가의 기교가 갖는 상관관계를 끊어버린 상징적인 작품이기도 하다. 사실, 〈샘〉의 출품과 전시 거부를 비판한 예술 잡지의 기고문은 뒤샹과 그의 여러 친구가 벌인 '다다 운동'Dada의 스캔들 만들기 프로젝트였다.[10] 다다는 이성, 논리, 근대 자본주의적인 미학을 거부하는 20세기 초에 일어난 예술 운동이다. 이후 이것이 드러났음에도 영국의 주류 전문가는 〈샘〉을 지난 세기를 대표하는 가장 영향력 있는 작품으로 선정한 거다. 지금까지 아이콘, 아방가르드적인 모던 아트, 이의 대표적인 예술가인 마네, 피카소, 뒤샹의 작품이 가진 특성을 살펴보았다. 이런 특성에 대한 이해에 바탕을 두고, 21세기 한국의 대중문화를 비평해 보는 일은 의미 있는 시도일 것 같다. 이 장에서는 대중문화 비평을 드라마와 영화로 시도해보겠다. 이 두 예술 장르가 대중에 미치는 영향이 막대하기 때문이다.

아이콘과 아방가르드로 드라마와 영화를 비평하기

아이콘과 아방가르드의 개념을 이용해, 우리 시대의 대중문화에 밈을 대량으로 쏟아붓는 드라마와 영화를 해석해 본다면 어떨까? 우리 드라마는 '한류'라는 이름으로 높은 부가가치를 갖는 상품으로 인정받는다. 그러고 보니, 드라마는 대중예술이 아니라 돈을 벌어주는 상품인 것 같다. 일부 사람들은 드라마의 다양성이 어느 정도 갖추어졌다고 주장할 수 있다. 하지만 드라마의 남자 주인공은 한결같이 성공한 남성 중의 한 명이다. 성공한 남자의 아이콘 인 남자 주연 배우 옆에 여자 주인공은 그 성공한 남자의 연인으로 항상 등장한다. 각각의 드라마에서 남자 주연의 이름과 직업은 매번 바뀌지만 '성공한 남성'이라는 공통점은 변하지 않는다. 반면에, 여주인공은 돈 없고 가난한 흙수저 집안의 '아름다운' 여성이다. 현재 드라마의 대부분은 성공한 남자와 예쁘고 착한 여자의 아이콘 인 남녀 주인공이 나오는 광고 패키지다. 드라마를 보면, 패션 잡지 인 『보그』*Vogue*의 동영상 버전을 보고 있는 듯한 느낌이 들 정도다. 드라마는 직접 광고나 간접 광고PPL, product placement로 가득 찬 여성 잡지나 남성 잡지일 뿐이다. 드라마는 스토리가 들어간 광고이기 때문에, 일반적인 잡지보다 소비를 부추기는 영향력은 비교가 되지 않을 정도로 강력하다. 히트한 드라마의 여배우가 몸에 걸친 모든 것은 항상 완판이다. 드라마 자체가 '돈과 소비'를 상징하는 아이콘이 되어 버렸다. 이것은 드라마 자체가 '반아방가르드적'Anti-avant-garde이라는 사실을 의미한다. 드라마는 돈, 소비, 이를 통한 화려한 삶을 부각한다. 이것은 시민이 가지는 통념 혹은 상식을 재확인해 주는 것이다. 드라마는 분명 반아방가르드적이다.

노엄 촘스키가 이런 인터뷰를 한 적이 있다. 현대 사회의 지배계급은 중산층에게 한 가지 성공의 기준을 제시한다. 아니, 그 기준을 주입한다고 한다. 지배계급이 주입한 성공의 기준은 '화려한 상품을 많이 소비'하는 것이다.[11] 대중은 드라마를 보는 동안, 화려한 삶을 동경하고 그 화려한 상품과 삶으로 자신의 가치를 표현하려 한다. 이러한 가치 주입으로 상식이 재확인되고, 이러한 재확인은 현재의 불평등한 사회를 더욱 고착하게 한다. 대중문화에 선한 밈을 채워야 할 대중 예술은 상식과 상식이 뒷받침하는 모든 기준을 창조적으로 파괴해야 한다. 하지만 드라마는 돈으로 산 화려한 삶이 우리를 행복하게 할 수 있다는 상식을 더 강화한다. 드라마의 폐해는 여기서 끝나지 않는다. 드라마는 성공한 소수를 항상 승자로 묘사하고, 나머지 다수는 자신을 패자로 느끼게 한다. 이런 드라마는 인간의 존엄 자체를 짓밟는 폭력 그 자체다. 그래서 나는 드라마의 미학을 '폭력의 미학'이라고 부른다. 마지막으로, 드라마는 시민의 경쟁 상대인 기업가를 원망하기보다는 선망하게 만든다. IMF 이후로 시민의 소득은 정체됐지만, 기업가의 이익은 급격히 증가했다. 불평등의 정도가 더 악화하였다. 공정한 분배가 기업가의 욕심으로 인해 이루어지지 못했다. 그런데 드라마는 욕심의 아이콘인 재벌 2세를 시민이 선망하게 한다. 그것도 잘생긴 배우를 이용해서다. 욕심쟁이 재벌 2세가 선망의 대상으로 탈바꿈하는 이해할 수 없는 현상이 일어난다. 대중이 가진 가치나 상식을 뒤엎는 괜찮은 드라마가 가물에 콩 나듯 보이기도 한다. 하지만, 이런 드라마는 시민이 드라마를 계속 보게 하는 알리바이의 역할을 할 뿐이다. 드라마는 대체로 상식이 만들어 낸 불평등의 상황status quo을 더 악화시킨다. 드라마는 상식을 생산해 유포하는 생각 공장이다. 드라마는 돈으로 산 화려한 삶으로만 인간의 가치를 드러내도록 대중을 세뇌한다는 면에서 전혀 대중을 위한 것이 아니다. 드라마는 획일적인 기준으로 대중을 길들이고 조종하기 위한 자본의 지배 수단이 되어버렸다. '기업이 과연 누구를 위해, 어떤 목적으로 드라마 제작을 후원할까?'란 질문이 꼭 필요해 보인다.

대중을 위한 진정한 예술이란?

영화 〈피에타〉는 자본주의의 잔인한 속성과 자본주의의 작동을 위해 작은 부품으로 사는 인간의 비참함을 그린다. 비정한 자본주의 구조에서 주인공은 자신의 역할이 같은 사회를 사는 동료에게 얼마나 큰 아픔과 상처를 주는지 인식조차 하지 못했다. 이렇게 살던 주인공은 가족의 소중함과 가족을 잃었을 때의 상실감이 얼마나 뼈아픈 고통인가를 깨닫게 된다. 채권 추심 업자인 자신이 동료 인간과 그 가족에게 무슨 짓을 그동안 해왔는지를 깨닫고, 자살을 선택한다. 주인공은 돈으로 인한 비정함과 잔인함이 난무하는 자본주의를 힘겹게 사는 이 시대의 개인인 우리를 상징하는 아이콘은 아니었을까? 마지막 장면에 뿌려진 주인공의 피는 우리를 위해 신께 자비를 구하는 상징이지 않았을까? 잔인한 세계에서 자신의 행동이 동료 인간에게 어떤 고통을 주는지 인식조차 못하고 '성실히' 갑질하며 사는 우리를 위해 흘리는 피가 아니었을까? 예수의 피가 인류의 원죄에 대해 신께 자비를 구하는 상징인 것처럼 말이다. 주인공의 선명한 피를 보면서, 문득 십자가 위에서 예수가 했던 말이 생각났다. "저들은 자기가 무슨 일을 하고 있는지 모른다!" 상당수 드라마는 상식이란 이름의 편견을 고착화하고, 그래서 현재의 불평등을 유지한다. 드라마 작가와 감독은 자신이 하는 일이 무슨 일인지 알고 있을까? 자본주의의 비정함을 공격하고 이에 의문을 던지는 영화와 드라마 중에 어느 쪽이 대중을 위한 예술일까? 이제는 진지하게 물어야 할 때가 온 것 같다.

사족 : 영화 〈피에타〉의 감독이 최근 '미투Me, Too 운동'의 한복판에 서 있다. 그래서 나는 대중 예술의 한 예로 이 영화를 말하는 것이 적절할지에 대해 고민했다. '사회의 위선과 병폐를 고발하는 비평가는 어느 수준의 도덕성을 가져야 하는가? 그리고 사회 비평가의 도덕성이 낮으면 그 비평의 내용(영화의 메시지)은 존중할 가치가 없는가?'에 대해 고민했다. 물론, 내가 이 영화를 좋은 영화로 언급했을 당시에는 미투 운동이 일어나기 한참 전이었다. 미투 운동이 한창인 현시점에서도 이 영화를 같은 시선으로 언급한 이유는 위에서 내가 고민한 것이 의미 있는 토론 주제가 될 수 있다고 생각해서다.

모던 아트는 아름다움의 기준을 해체한다. 그래서 모던 아트는 예술이다!

모던 아트는 에두아르 마네의 〈소풍에서의 점심〉에서 뒤샹의 〈샘〉에 이르기까지 일관되게 흐르는 한 가지 특징을 보여준다. 아름다움에 대한 획일적인 기준의 파괴다. 모던 아트는 표준화된, 객관적인 아름다움이라는 폭력적인 기준을 과감히 해체했다. 미와 예술에 대한 하나의 기준이 수많은 재능 있는 예술가를 주변화했다. 모던 아트는 '기준으로 위장한 사회적인 폭력'을 오래전에 폭로하고 이에 저항했다. 이러한 폭로가 있고 난 후 160여 년이 지난 21세기에 지구촌에서도, 지구촌의 엘리트 그룹과 미디어가 여전히 하나의 기준을 시민에게 강요한다. 성공을 평가하는 유일한 기준은 돈과 소비를 통한 화려함이다. 패션 산업은 봄, 여름, 가을, 겨울 한번도 빠짐없이 획일적인 트렌드를 제시 혹은 강요한다. '이번에는 이런 스타일이 아름다움'이라고. 청소년과 대학생에게는 언제나 성적이나 경쟁 같은 획일적인 가치만을 주입한다. 모든 사람을 하나의 기준으로 줄 세운다. 이렇게 시민을 줄 세우는 문화는 폭력 그 자체다. 시민은 기준의 획일성이 가하는 폭력을 고스란히 감내한다. 왜 이토록 힘들어야 하는지도 모른 채 우울해하며, 때로는 자살을 자신을 지키는 유일한 수단으로 사용하기도 한다. 진정한 대중 예술은 기준의 획일화가 먼저 출발한 소수만을 행복하게 하면서, 다수를 불행하게 하는 폭력적인 이념임을 계속해서 외쳐야 한다. 이러한 의미에서, 영화 〈피에타〉는 예술의 형태로 '돈'이라는 획일적 기준이 우리 사회에 미치고 있는 폐해를 아프지만 적나라하게 묘사했다. 현재의 가치가 현재의 제도를 유지한다. 오늘의 제도가 우리를 지배한다. 억압적인 제도를 의심하거나 부정하는 예술이 진정 대중을 위한 것이다. 대중예술은 상식과 동시대의 지배적인 가치를 전복subversion해야 한다. '가치 전복'이라는 기준은 다양한 장르의 예술 작품을 비평하는 한 주요 기준이 될 수 있다. 폭력적인 기준을 파괴한 모던 아트는 아름다움을 평가하는 기준을 파괴했다. 하지만 모던 아트는 이러한 창조적 파괴로 인해 더 예술적이다. 획일적인 기준을 세우는 것은 이 기준으로 다수를 지배하려는 생각이 아닐까? 따라서 대중문화에 좋은 밈을 채우는 대중 예술은 획일적인 기준으로 무장한 문화를 의심하고 이에 저항해야 한다. 이런 행동이 낳은 여러 결과물 자체가 진정한 대중문화일 수 있다.

보수적인 상식으로 인해, 우리는 정의로운 변화마저 거부한다. 지배자는 상식으로 우리를 보이지 않게 지배한다. 상식은 가장 강력하면서 은밀한 지배이념이다!

아름다움에 대한 획일적인 기준을 해체한 모던 아트는 상식에 대해 이렇게 질문해보라고 우리에게 권한다. '이념의 시대는 정말 끝났을까? 대중문화는 진정 대중을 위한 것일까? 법은 정의로운가? 사유재산은 반드시 보호해야 하는가? 드라마는 지배이념과 아무 관계가 없을까? 문학이 현재의 제도와 권력을 인정하게 하는 지배의 수단이라는 사실은 음모론일까? 대의 민주주의가 시민을 위한 최선의 정치제도인가? 삼권 독점이 아니고 진짜 삼권이 나뉜 것인가? 자본주의는 영원할까? 우리를 위한 자유는 존재하긴 하는 것인가? 자본주의의 대안은 정말 없을까? 경쟁은 불가피한가?' 다음 장에서 '자유란 무엇인가?' 그리고 '우리를 위한 자유는 정말 존재하긴 할까?'란 질문에 대해 답하겠다.

있지도 않은 자유를 있다고 느끼게 하는 거짓자유

우리가 외치는 자유의 본성은?

다양한 사회적인 논쟁이 있을 때마다 이름에 '자유'가 들어간 보수 단체들, 어버이 연합, 요즘엔 어머니 연합이 시위 현장의 한 자리를 차지하며 목소리를 높인다. 언론은 이런 시위 장면을 참 잘 도 보도한다. 찍을 것은 안 찍고 이런 장면만 찍어 보여준다. 왜 이렇게 할까? 논쟁의 여지가 없는 이슈도 이렇게 보도하면 논쟁의 여지가 있는 문제로 둔갑할 수 있기 때문이다. 2만 원의 힘은 놀랍다! 주로 할아버지, 할머니처럼 나이가 지긋한 분들이 한결같이 '자유'를 외친다. 과연 이분들이 외치는 자유가 누구의 것일까? 자유를 신봉하듯이 외쳐대는 어버이들은 생각해봤을까? 할아버지와 할머니들은 자신이 외치는 자유가 자기 아들, 딸의 밥줄을 끊을 수 있으며, 나아가 자신이 금쪽같이 여기는 손자, 손녀를 영원한 비정규직으로 만들 수 있다는 사실을 한 번이라도 생각해봤을까? 이렇게 생각하면서 자유를 외칠 어버이들은 없을 것이다. 이분들은 한국 전쟁이 만들어낸 학습효과로 인해, 자유를 북한 공산주의에 반대되는 개념으로 이해하는 것 같다. 북한을 추종하는 불순 세력, 친북 세력 혹은 종북주의자에게서 대한민국을 지키는 이념으로 자유란 단어를 외치는 듯하다. 하지만 이분들이 외치는 자유는 두 종류의 자유 중에 '강자의 자유'를 의미한다. 나머지 하나는 '약자의 자유'다. 약자의 자유는 강자의 자유를 다룬 후에 살펴보겠다. 아버지와 어머니, 그리고 우리가 깊이 생각하지 않고 외치는 자유는 이런 표현에서 자주 보인다. 자유 시장, 자유 무역, 자유민주주의 등이다. 자유로 시작하는 이런 용어가 우리의 정치·경제적인 토론에서 자주 나타난다. 무엇보다도, 신자유주의라는 경제 모델이 지구촌을 최근 40여 년간 지배하면서, 우리는 자유라는 단어를 우리의 정치·경제적인 현실에서 필수적인 이념이나 가치로 간주하게 되었다.

가장 악랄하고 교묘한 지배 이념은?

자유라는 가치는 우리 사회에서 너무나 일상적이다. 우리에게 자유가 주어지지 않는다면, 마치 숨 쉴 공기가 부족한 환경에서 사는 것과 같다고 느낄 수 있을 것이다. 하지만 시민이 자유를 외치면 외칠수록, 역설적으로 시민이 누릴 자유가 축소되는 경우도 있다. 시민이 떠올리는 자유는 학교에서 깊이 있게 생각하지 않은 채, 혹은 토론 없이 외운 헌법적 자유다. 우리 헌법은 12조에서 22조까지 여러 자유를 보장한다. 신체의 자유를 시작으로 양심과 종교의 자유, 거주 이전의 자유, 표현의 자유, 그리고 학문과 예술의 자유 등이다. 우리가 자유를 얼마나 소중히 여기는지, 자유가 무엇인지 설명할 필요가 없을 정도로 자유는 너무 익숙하고 당연해 보인다. 하지만 헌법이 자유를 소중히 여기고 있는 만큼 시민도 자유를 소중히 여기고 있는지, 그리고 자유가 시민의 삶에 실제로 어떤 영향을 줄 수 있는지에 대한 충분한 숙고가 있었을까? 우리 사회가 갑질 사회가 되어감에 따라 점점 동물의 왕국으로 변해 가고 있다. 그런데도 자유에 대한 진지한 토론이 이루어지지 않는 것을 보면 자유의 파괴력에 대해 모르는 것인지, 아니면 사회주의자로 찍힐까 봐 자유를 제한하자는 얘기를 못 하는 것인지 궁금하다. 저소득층의 아이들, 부모보다 가난한 청년 세대, 동네의 자영업자, 구멍가게 크기의 보습학원장, 동네 미용실 주인, 재래시장 상인, 그리고 아파트 경비원은 을도 아닌 병으로 살아간다. 이런 현실에서 우리는 자유가 얼마나 위험하게 쓰일 수 있는지를 목격하고 있다. 그런데도 자유의 본성에 대한 진지한 토론은 이루어지지 않고 있다.

비정하고 파괴적인 자유

강자와 약자의 관계를 가리키는 갑, 을 관계에서 자유는 조심스러운 균형을 유지해야 한다. 정부와 같은 제삼자가 이러한 균형을 유지하기 위해 개입하거나 규제해야 한다. 강자와 약자 사이에 나타나는 힘의 불균형은 역사적으로 인간 사회에서 늘 있었기 때문이다. 강자의 자유를 규제하지 않으면, 약자의 자유를 심각할 정도까지 침해할 수 있다. 심지어 약자의 생존 자체가 어려울 수 있다. 강자의 자유를 약자와 똑같이 보장하거나 그 이상으로 보장하면, 이는 문명사회를 절대적 자유가 있는 야생 상태로 만드는 것과 다르지 않다. 한국 현대사를 보자. 경제 권력과 정치 권력을 가진 절대 강자인 소수의 자유를 공정하고 민주적인 방식으로 규제하지 않았을 때, 어떤 일이 벌어졌는가? 군인이 군사 반란을 일으킬 자유, 국정원이 선거에 개입해서 민주주의의 기반을 흔들 자유, 검찰이 사찰로 시민의 통신 자유를 침해할 자유, 정치인이 22조가 넘는 우리 돈을 건설 대기업들에 퍼 줄 수 있는 자유, 34조라는 돈을 자원 개발에 투자하고 대부분을 잃어도 책임을 면할 수 있는 관련 부서 장관과 공기업 사장의 자유, 초대형 슈퍼마켓이 유통업에 진출해 재래시장 상권을 침해할 자유, 대기업이 골목 상권까지 치고 들어올 자유, 그래서 제과점, 미용실, 밥집, 대리운전 프랜차이즈가 골목 구석구석까지 들어와 동네의 수많은 영세 상점을 무형 문화재와 같이 보호해야 할 상황을 만들 자유, 선진국의 값싼 농산물이 관세 없이 자유롭게 들어와 가격 경쟁력이 없는 우리 농산물과 경쟁할 자유, 중국이나 인도, 제삼 세계 국가의 노동력이 세계화로 인해 국경을 넘지 않고도 가격 경쟁력이 없는 우리의 노동력과 자유롭게 경쟁할 자유, 그래서 국내 대기업의 투자를 자신의 나라로 빼앗아 갈 자유, 대학 입시에서 공공연하게 고교 등급제(특목고와 자사고 우대)를 적용하는 현실에서 부자가 자신의 자녀를 등록금이 비싼 자립형 사립고에 입학할 수 있게 하는 자유, 그 결과로 매년 서울대가 신입생 중 절반이 넘는 학생을 자립형 사립고나 특목고 출신으로 선발할 수 있는 대학의 자유 등이다. 강자의 제한 없는 자유의 활용이 이 땅을 헬 조선으로 만들었다.

한국 사회는 강자의 자유를 제한 없이 보장했다. 이는 우리를 허물어버린(규제 완화) 에버랜드에서 야생동물과 인간이 서바이벌 게임(자유시장, 자유무역)을 하며, 심판은 최소한의 역할을 하는 (작은 정부) 광경과 묘하게 겹친다. 결국에는, 푸드 코트나 미아보호소의 문마저 열어 주며, 이미 배부른 맹수와 몇 남지 않은 겁에 질린 인간은 서바이벌 게임 2차전을 시작한다. 이런 자유 경쟁과 헬 조선의 풍경은 절묘하게 겹친다. 강자와 약자가 아무 규제나 심판, 보호 장비도 없이 경쟁하도록 하는 경제 이론이 신자유주의다. 우리 사회는 이런 자유를 가치 있게 여기지만, 사실은 이 자유의 본성에 대해 깊이 있게 알지 못한다. 우리 할아버지 할머니가, 동시에 대다수 시민이 원했던 자유가 이런 거였을까? 보수 단체의 어르신도 자신이 목청 터지게 외쳤던 자유가 이런 강자의 자유였단 사실을 안다면, 앞으로도 이전과 똑같은 마음으로 자유를 외칠 수 있을까?

헌법이 보장한 자유는 알맹이 없는 자유다!

자유는 거대한 권력 앞에 왜소함을 느끼며 좌절하는 약자에게 무엇을 의미할까? '자유'는 여러 의미를 가지는 다차원적인 개념이다.[1] 자유란 개인 스스로 자신의 삶과 운명에 관해 결정하거나 선택할 수 있는 독립성에 관한 것이다. 언론과 사상의 자유, 교육과 직업의 자유, 배우자를 선택할 자유, 다른 나라로 이주할 수 있는 개인적인 자유 등이 있다. 정치철학은 일반적으로 이런 종류의 자유를 '~에 관한 자유'라 한다. 이보다 훨씬 더 중요한 자유가 있다. 이것은 '~로부터의 자유'다. 배고픔에서의 자유, 억압적인 가난에서의 자유, 건강을 해치는 작업환경에서의 자유다. 이런 '경제적인 자유'를 보장하지 않으면 헌법이 사상, 신체, 학문, 예술의 자유 등을 보장해도, 개인은 이런 자유를 다 누릴 수 없다. 돈이 없으면 강남에 거주할 수도, 비싼 사립학교에서 공부할 수도, 굶어가며 창작활동을 할 수도 없기 때문이다. 약자인 노동자를 위해 경제적인 자유의 필요성을 인식했던 운동이 사회 민주주의였다. 공동체주의는 사회 민주주의의 또 다른 이름이다. 사회 민주주의는 갑이 자유를 무한하게 '활용'하는 상황에서 생겨났다. 약자의 자유가 점점 줄어드는 상황에서 사회 민주주의는 시민이 가져야 할 자유의 본성과 그 자유를 가질 필요성을 인식하도록 하는 괜찮은 길잡이가 될 수 있다. 사회 민주주의는 앞서 언급한 두 가지 종류의 자유를 시민이 갖지 못했을 때 일어난 운동이었기 때문이다. 이 단락에서 말하는 사회 민주주의는 스웨덴, 프랑스, 독일과 같은 유럽의 것을 의미한다. 러시아와 북한의 사회주의 혹은 공산주의를 의미하지 않는다.

사회 민주주의와 자유 민주주의는 대립할까?

사회 민주주의와 자유 민주주의의 차이에 대해 살펴보자. 일단, 둘 다 민주주의다. '사회'와 '자유'는 경제적인 측면을 나타내는 표현이다. 마치 두 개가 대립하는 개념으로 보이지만, 사실 정도의 차이다. 정치, 경제학자가 말하는 이상적인 사회주의 국가는 어디일까? 스웨덴이다. 그러면 같은 학자들이 생각하는 가장 이상적인 자본주의 국가는 어디일까? 역시 스웨덴이다. 이상하게 들릴 수 있다. 스웨덴은 사회주의 국가면서 동시에 자본주의 국가다. 사회주의와 자본주의는 대립하는 이념이 아니다. 대한민국은 경제적 측면에서 자유주의 국가다. 사회주의는 하지 않는다. 그런데 스웨덴도 자본주의, 우리도 자본주의다. 두 나라는 똑같이 돈 버는 데 탁월한 개인이 마음껏 원하는 만큼 돈을 벌 수 있게 한다는 면에서 자본주의다. 스웨덴의 세율, 특히 법인세율이 1980년대에는 60% 이상일 정도로 높았다.[2] 반면에 헬 조선의 법인세율은 대략 20% 내외다. 이마저도 다 내지 않는다. 여기서 사회주의와 자유주의의 차이가 발생한다. 우리는 기업가인 개인의 경제적 자유를 강조하기 때문에 법인세율이 낮다. 반면에 스웨덴은 기업가 개인의 경제적 자유보다 공동체(사회) 구성원의 경제적 자유를 더 중시한다. 개인이 막대한 부를 모으면, 나머지 다수(사회)가 경제적 어려움에 직면할 수 있기 때문이다. 스웨덴은 기업가 개인의 경제적 자유보다 사회(공동체)의 경제적 자유를 더 보호하는 데 중점을 둔다는 점에서 사회주의다. 사회주의는 공동체주의다. 사회주의는 경제적 강자에게 더 높은 세율을 적용해, 그 돈으로 공동체 구성원 모두에게 평등한 기회를 보장하는 제도다. 사회주의는 세금으로 모든 시민에게 교육, 의료, 출산, 보육, 주거, 연금 등과 같은 복지를 제공해 약자가 자신의 인생을 스스로 설계할 자유를 주는 경제 이념이다. 사회주의는 '개인이 가진 돈의 크기가 그 사람이 누릴 자유의 크기까지 결정한다!'는 사실을 깨달았기 때문이다.[3] 2017년 대선에서 진보, 보수를 가리지 않고 '억강부약'이란 표현을 선거의 슬로건으로 사용했다. '억강부약'은 강자의 자유보다 약자를 보호하는 공동체주의의 또 다른 표현일 뿐이다. 우리 대선주자들이 진보, 보수 가리지 않고 사회주의를 외쳤다는 말이다.

두 종류의 게임 중 어떤 방식이 더 정의로운가?

시장에서 일어나는 모든 거래는 게임이다. 마치 고스톱과 같다. 고스톱의 선수는 5명이고 전체 판돈이 100만 원이었다고 가정해보자. 명당 20만 원씩의 판돈을 가지고 고스톱을 시작한다. 고스톱이 끝난 후에 돈을 다 딴 사람이 그 돈을 혼자 거의 다 가지고 집에 가는 것이 자유주의다. 20만 원 정도만 나머지 네 명에게 밥이나 먹으라고 주고 가버리는 것이 자유주의다. 이러면, 나머지 패자 4명은 각각 5만 원씩 갖게 된다. 승자는 80만 원을 가져간다. 이와 다른 규칙을 가진 게임에선, 돈을 다 딴 사람이 60만 원 이상을 나머지 패자에게 다시 나눠준다. 그래도 승자는 40만 원을 얻게 된다. 이러면, 게임에서 진 4명은 각각 15만 원씩 다시 돌려받게 된다. 이렇게 후한 재분배에도 불구하고, 승자는 나머지 패자보다 거의 세 배나 많은 돈을 얻게 된다. 이런 방식의 게임이 사회주의다. 승자가 패자보다 16배 많이 가져가는 게임의 방식을 선호하면 자유주의자이고, 승자가 패자보다 3배 정도 더 가져가는 방식의 게임을 선호하면 사회주의자라 말할 수 있다. 우리는 이제 어떤 경제 모델을 원하는지에 대해 진지하게 생각하고 토론할 때가 되었다.

돈의 크기와 자유의 크기

사회 민주주의가 등장했을 때 노동자는 투표할 자유, 공동의 이익을 위해 모일 자유, 정치·경제적인 권력인 정부와 기업을 자유롭게 비판할 자유를 거의 갖지 못했다. 교육을 선택할 자유, 건강을 돌볼 개인적인 자유는 더욱 상상할 수 없었다. 법률이 노동자의 시민적인 자유를 보장하지 않아서가 아니었다. 가난 때문에 노동자는 자신의 운명을 스스로 결정할 진정한 자유를 갖지 못했다. 사회 민주주의는 경제적 자유를 중시한다. 사회 민주주의가 사회 내에서 다른 경제적인 지위는 시민에게 각기 다른 정도의 자유를 허락하는 현실을 인식했기 때문이다.[4] 가난에서 벗어나지 못한다면, 우리 자녀들은 교육받거나 치료받을 자유를 상당 부분 누리지 못하게 된다. 이로 인해, 아이는 자신의 미래에 대해 꿈꿀 자유마저 마음껏 누리지 못한다. 자신이 가진 돈의 양이 그 사람이 누릴 자유의 크기와 폭을 결정한다는 의미다. 실제로 재능이 아니라, 부모의 경제력이 아이의 교육 기회를 결정한다. 현실적으로, 강남에 사는 아이가 꾸는 꿈과 비강남 지역에 사는 아이가 꾸는 꿈 사이에는 무시 못 할 격차가 있다. 우리가 원했던 사회가 이런 곳이었나?

헌법이 보장한 모든 자유를 누릴 수 있게 하는 가장 필수적인 자유는?

가난에서 자유롭게 하는 것 즉, 사회적인 약자에 대한 경제적인 보호는 우리 아이들이 꿈꿀 자유를 평등하게 보장하는 데에 필수적이다. 아이가 미래에 대해 자유롭게 마음껏 꿈꿀 수 있게 해주려면, 아이의 부모가 질병이나 실직으로 경제적인 위기에 빠졌을 때 국가가 이들을 보호해야 한다. 국가(공동체)가 경제적인 보호를 제도적으로 해줄 때에야 비로소 자유 민주주의가 그토록 소중히 여기는 가치인 자유를 보장할 수 있다. 이를 통해 시민이 자기 운명에 대해 스스로 결정할 자유를 얻게 된다. 국가가 '경제적 자유'를 보장하면, 시민은 사회를 더 정의롭게 할 정치 참여의 기회까지 얻게 된다. 국가가 실직, 질병, 노년의 가난에서 시민을 보호한다면, 시민은 자신의 운명을 스스로 결정할 수 있게 해주는 실질적인 자유를 누릴 수 있게 될 것이다. 경제적인 자유를 얻기 위해, 시민은 너무 오래되어 상투적으로 들릴 수 있는 또 하나의 가치를 자유와 함께 요구해야 한다. '평등'이란 가치다. 사회가 불평등하면 할수록 약자가 누리는 자유는 그만큼 작아진다. 불평등의 정도가 심할수록 강자는 그에 걸맞게 더 큰 자유를 누리게 된다. 반면에, 사회·경제적인 약자는 강자가 쓰고 버린 만큼만 자유를 누릴 수밖에 없게된다. 불평등은 인생을 설계하고 자아를 실현할 자유를 침해할 뿐만 아니라, 사회를 변화시킬 자유에까지 악영향을 준다. 권력의 중심지인 국회에 대해 기업과 시민이 가지는 접근 권한을 생각해 보자. 시민은 경제적 지위에 따라 입법으로 세상을 변하게 할 기회에서조차 차별받고 있다.

익숙해진 불평등을 넘어!

과거나 지금이나 정도의 차이가 있을 뿐 개인은 태어나 주변 환경을 인식하는 순간부터 불평등을 학습하게 된다. 자연스러운 결과로, 불평등에 대해 무감각해진다. 심지어, 현대의 개인은 불평등한 현실에 문제의식을 느끼거나 분노하기보다 정치·경제적인 위계구조의 상층부에 속한 집단을 선망하기까지 한다. 드라마에서 재벌 2세는 능력도 있고 외모가 훌륭하며, 거기다 이상적인 배우자나 애인으로 보이기 때문이다. 드라마는 재벌 2세가 가문보다는 능력이 탁월해 그 지위를 차지하고 있다고 계속해서 우리를 세뇌한다. 또 한편으로는, 경제적 불평등이 자신의 자유를 심각하게 침해하는 것에 분노하기보다 이러한 현실 앞에 체념한다. 심지어 아예 문제의식을 느끼지 않는 사람도 상당히 많다. 거기다 전문가가 언론에 나와 귀족 편에 서서 자유를 외친다. 그러면서, 누구든 평등을 요구하면 공산주의자나 사회주의자로 낙인찍는다. 일부 이런 전문가 집단이 시민의 눈과 귀를 가려버린다. 우리의 큐브에 자신의 논리를 심는다. 자신의 논리로 우리를 세뇌한다. 평등의 요구는 위험하다고.

자유와 함께 평등을 요구해야 한다!

경제적 자유를 더 확대하기 위해 유럽의 복지 제도를 도입하자고 하면 그런 복지 제도는 사회 민주주의 국가에서나 가능하다고 주장한다. '지나친 복지는 국민을 게으르게 만든다고.' 전문가는 우리가 세금을 다 내는 상황에서도 공짜 좋아하면 안 된다고 열변을 토한다. 복지 제도 도입을 주장하는 뜻있는 정치인이나 지식인을 대중 영합주의자라고 비난하기까지 한다. 상당수 시민은 마치 컴퓨터의 하드처럼 이런 전문가의 주장을 자신의 큐브에 그대로 저장한다. 시간이 좀 지나 복지 제도를 확대하자고 외치는 정치인을 보면 대중 영합주의자라고 목청 높여 비난한다. 복지의 수혜자가 복지 혜택을 거부한다. 공적 서비스(교육, 주거, 의료, 여러 보험 등)를 세금으로 공동구매해 가장 저렴하게 제공하겠다는 정치인을 거부해 버리는 것이다. 이런 의로운 정치인을 서슴없이 비난하기까지 한다. 이게 바로 세뇌의 효과다.

평등이란 가치가 이런 복지 제도의 도입 주장에 바탕을 두고 있다. 평등을 계속해서 강조하지 않으면, 강자는 약자의 자유를 무참히 짓밟을 수 있다. 자유와 함께 평등을 외치고, 헌법이 보장한 자유를 진정으로 보장해 줄 수 있는 경제적 자유를 당당히 요구해야 한다. '경제적 자유'를 보장하는 방향으로 헌법을 개정해야 한다. 이 책 15장에서 국가가 모든 시민에게 경제적 자유를 보장해야 한다는 논거와 구체적인 방법을 다루겠다. '헬 조선에 사는 시민은 헌법이 여러 자유를 보장하고 있는데 도대체 왜 자유를 느낄 수 없을까?'라고 물을 수 있다. 우리 헌법이 가장 필수적인 경제적 자유를 보장하지 않기 때문이다. 돈이 있어야 공부하거나 치료받을 수 있다. 돈이 있어야 실직한 경우에도 더 좋은 일자리를 얻기 위해 추가적인 교육을 받을 수 있다. 경제적 자유 즉, 돈이 있어야 학문, 예술, 주거의 자유 등을 실제로 누릴 수 있다. 경제적 자유를 모든 시민에게 보장할 때, 시민은 자신의 운명을 스스로 설계해 자아를 실현할 자유를 얻게 된다. 경제적 자유만이 우리를 정치적으로, 경제적으로, 사회적으로 자유롭게 할 수 있다는 인식이 우리 사회에 퍼져야 한다.

강자의 자유를 제한할 때에야 평등을 어느 정도 실현할 수 있다!

자유와 평등을 추구했던 프랑스 혁명이 일어난 지 벌써 두 세기가 지났다. 프랑스 혁명 정신인 자유, 평등, 박애는 대부분 국가의 헌법 형성에 핵심적인 가치와 기준이었다. 하지만 우리는 우리도 모르게 공동체(국가) 수립의 근본이 되어야 할 헌법을 이상적인 기준으로만 느끼고 있는 것 같다. 우리는 평등과 자유란 가치에 익숙하다. 하지만, 우리 사회에서 평등과 약자의 자유를 찾기가 쉽지 않다. 평등은 모든 시민이 같은 꿈과 같은 경제적인 지위를 가져야 한다는 것을 의미하지 않는다. 평등은 기회를 균등하게 얻는 것과 관계있다. 누구나 자신과 공동체의 운명을 결정할 권리를 똑같이 가져야 한다는 의미다. 평등하지 않다면, 자유는 강자에게만 제한 없는 자유를 보장하게 된다. 반면에 강자가 자유를 아무런 제약 없이 사용할 수 있게 되면, 약자는 자유의 상당 부분을 빼앗기게 된다. 따라서 약자의 자유를 보장하기 위해, 권력을 가진 강자의 자유를 제한할 필요가 있다. 이래서 권력자는 평등의 가치를 그리 좋아하지 않는다. 거의 제한 없이 누려왔던 자신의 자유가 평등에 대한 시민의 요구 때문에 작아질 수 있기 때문이다. 수구적인 전문가는 평등에 대한 강조가 자유의 가치를 훼손할 수 있고, 심지어 자유와 평등은 양립할 수 없다고까지 주장한다. 신자유주의가 1980년대 이후로 득세하면서 자유시장과 무역, 경제활동에 관한 기업의 자유가 커지기 시작했다. 이러한 자유를 보장하기 위해, 전 세계의 상당수 정부는 규제 완화나 민영화와 같은 기업의 재산권 보호와 확대를 위한 여러 조치를 시행했다. 각국 정부가 자본의 자유를 확대함에 따라 선진국과 다국적 기업, 지구촌의 강자들이 약자를 양심의 가책이나 도덕적인 책임감 없이 합법적으로 짓밟았다.

평등을 요구하는 것은 위계제도 즉, 지배체제에 대한 도전이다![5]

사회적인 약자가 가진 유일한 무기는 평등이란 가치를 죽을 때까지 외치면서 이 목소리를 중심으로 연대하는 거다. 싸움은 쉽지 않다. 갑은 끊임없이 방해할 것이며, 을과 병 사이를 갈라놓으려 할 것이기 때문이다. 평등을 요구하는 것은 사회의 위계제도에 맞서는 도전이기 때문에 엘리트 집단은 당연히 이를 방해할 것이다. 자신이 갑이 아닌데 갑이라고 착각하는 수많은 을과 병 들로 인해 이 싸움에서 질 확률이 매우 높다. 한 예로, 교육과 의료복지의 확대와 같은 이슈가 나오면, 갑뿐만 아니라 을과 병인 약자도 공짜 복지란 표현을 써가며 반대한다. 복지 수혜자가 복지를 거부하는 이해할 수 없는 현상이 일어난다. 사회적인 약자인 을과 병이 복지 정책으로 인해 국민이 복지에 의존하게 되고, 복지 제도를 교묘히 활용하는 부정 수급자가 발생할 수 있다고 주장한다. 수구 언론에 나오는 전문가 집단의 세뇌 덕분이다. 복지는 정부가 시민이 낸 세금으로 교육, 주거, 의료, 보육, 실업보험과 같은 공적 서비스를 시민 모두를 위해 공동 구매하는 것이다. '무상 복지'란 표현은 전문가 집단과 언론이 만든 프레임에 불과하다. '무상 복지'란 표현을 내뱉는 전문가나 정치인은 우리 편이 아니라고 생각해도 된다.

서민에게만 복지 혜택을 몰아주자는 '선별적' 복지란 표현에도 속지 말자. 우리는 '보편적' 복지를 요구해야 한다. 보편적 복지를 하려면, 기업가를 포함해 전 국민이 세금을 더 내야 한다. 받을 복지 혜택을 고려하면, 시민이 낼 세금은 그리 많이 오르지 않는다. 반면에 기업은 상대적으로 세금을 훨씬 더 많이 내야 한다. 그래서 기업은 복지 자체를 좋아하지 않는다. 제발 세금만 오르지 않기를 바랄 뿐이다. 보수당의 의원은 기업의 이런 속내를 너무나 잘 알고 있다. 그래서 증세가 필요 없는 선별적 복지를 절대적으로 옹호한다. 한술 더 떠 자신들이 서민 편인 척한다. 서민에게 복지 혜택을 집중하자고 하면서, 뭣 하러 이 회장에게 기초 노인 연금 주고, 그 손자에게까지 밥을 공짜로 주냐고 주장한다. 그 돈으로 서민 복지에 더 쓰자고 하면서 서민을 속인다.

복지에 대해 반드시 알아야 할 점이 있다. 세금으로 공동구매하는 복지는 사회·경제적인 변화로 실직하거나, 질병 때문에 직업을 잃은 시민을 경제적으로 보호하기 위한 것이다. 경제적인 보호로 실직자가 다시 취업할 수 있게 된다. 재취업에 성공한 노동자가 세금을 내 사회에 다시 기여할 수 있게 해주는 제도가 복지 제도다. 복지는 '무상'이 아니라, 잠재 납세자에 대한 국가의 투자로 이해해야 한다. 복지 부정 수급자에 대해서도 처벌을 강화하거나 효율적인 관리체계를 찾는 것이 우선이다. 경제적인 보호가 필요한 시민을 외면하는 방식으로 복지 정책을 추진하는 것은 바람직하지 않다.[6]

수구적인 언론은 다수의 시민이 자신을 갑으로 착각하게 했다. 소수 지배자는 언론을 활용해 을과 병인 약자를 갑의 논리로 세뇌하여 계속해서 자신들의 지위를 유지했다. '그들'은 이렇게 이런 논

쟁에서 늘 이겼다. 보수 정권이 10년을 해 먹는 동안, 싸움의 결과
는 참담했다. 전체 노동자 중의 반이 월급을 채 2백만 원도 못 받
는 현실[7]에서, 보수 정권은 총선과 대선에서 계속 승리했다. 비관적
이다. 하지만 싸움은 지더라도 계속해야 한다. 우리가 다음과 같
은 사실을 정확하게 인식할 수 있다면 싸움에서 이길 수 있을 것
이다. 강자가 약자보다 훨씬 더 큰 자유를 누리고 있는 현실, 자
유시장과 무역은 강자를 위한 이념이란 사실, 평등이 없는 자유
는 강자에게만 특혜를 준다는 사실, 사실상 상류층의 자녀만 비
싼 학교를 선택할 수 있게 하는 시장주의적인 교육 정책이 가난한
집 아이의 교육권을 심각하게 침해하고 있다는 인식, 사회 전반
에 깊숙이 스며든 갑과 을의 권력 관계가 아파트 경비원을 자살하
게 할 수 있다는 사실[8], 강자의 자유를 적절하게 제한하지 않을 때
아이가 미래에 대해 마음껏 꿈꿀 수조차 없다는 인식이 퍼지면, 이
기나긴 싸움의 승자가 바뀔 수 있지 않을까?

사회 계약을 다시 써야 하는 이유

근대 이후 민주국가에서 개인은 태어나는 순간 국가 권력을 인
정해야만 하는 사회 계약의 당사자가 된다. 이 계약에 서명한 적이
없음에도, 누구도 이 계약을 의심하지 않았다. 이런 계약이 있었는
지도 모르거나 들어 본 적은 있지만, 사람들이 별로 중요하게 생각
하지 않았기 때문이다. 상당수 시민은 이 계약이 얼마나 중요한지

를 아는 것 같다. 하지만, 이들도 스스로 이 계약을 바꿀 힘이 없다고 느껴 쉽게 체념한다. 사회 계약론의 일반적인 내용을 쉽게 설명하면 이렇다. 국가는 시민의 생명과 재산을 지켜준다. 대신에 개인은 국가 권력의 정당성을 인정해야 한다. 이를 위해, 개인은 태어나면서부터 가지는 자연권 일부를 포기해야 한다.9

근대 이후 국가는 개인의 생명과 재산을 보호했다. 이런 국가 서비스의 수혜자는 주로 슈퍼 갑(1조 원 이상의 초고액 자산가)인 소수 엘리트였다. 수많은 약자는 보호받을 재산 자체가 없었다. 어딘가 밑지는 장사처럼 보인다. 국가는 갑과 을의 생명 모두 보호한다. 그러면, 사유재산의 보호는 어떤가? 역사적으로 강자만 사유재산을 가졌기 때문에 극소수 강자만 이 혜택을 독점했다. 그렇다면, 국가는 이런 혜택을 더 많이 누리는 갑의 자유를 더 적극적으로 제한해야 한다. 자연스러운 논리다. 약자의 재산보다 슈퍼 갑의 재산이 비교할 수 없을 정도로 많기 때문에, 국가는 보호해주는 사유재산의 크기에 비례해 갑의 자유를 그만큼 더 제한해야 한다. 반면에, 국가는 재산이 거의 없는 을과 병의 경제적 자유를 더 강하게 보장해야 한다. 소수가 자본과 권력을 독점하는 시대에서, 시민은 사회 계약을 새롭게 읽어야 한다. 루소도 국가가 갑이 독점한 부를 규제해야 한다고 주장했다. 이것이 국가가 존재해야 하는 이유다. 국가는 강자의 횡포에서 약자를 보호할 때만 국가 존재의 정당성을 확보할 수 있다.10

21세기 사회 계약론

개인이 가진 모든 부는 지구에서 나온다. 지구는 어느 한 사람의 소유물이 아닌, 지구에 사는 모든 생명체의 것이다. 따라서 지구에서 비롯된 모든 자원과 부는 마땅히 세계시민 모두의 것이어야 한다. 그런데 문명을 이룬 후부터 소수 강자가 나머지 다수가 가진 자연권을 박탈했다. 국가가 사유재산을 지킨다는 핑계로 원하는 곳 어디서든 사냥하고, 물고기를 잡고, 사과와 보리를 채집할 개인의 자유를 박탈했다. 그래서 국가는 모든 사람에게 평범한 수준의 집과 하루 세 끼 정도를 제공해야 한다. 소수 강자가 지구의 자원인 토지와 그 산물을 독점하는 것을 국가가 용인했기 때문이다. 그래서 모든 시민은 자연이 준 선물을 평등하게 누릴 수 없게 되었다. 부단한 노력으로 얻은 사유재산마저 부정하자는 것은 아니다. 피에르-조제프 프루동은 약자의 사유재산은 강자의 지배에서 약자를 보호해 줄 자유의 수단이라고 말했다. 반면에, 프루동은 국가가 슈퍼 갑의 사유재산을 통제해야 한다고 주장했다. 강자도 자신의 재산을 다 가지고 지구를 떠나지 않는 한, 그들도 국가의 일원이기에 일정 부분 자신의 자유를 포기해야 한다. 이들 또한 사회 계약의 계약자로서 의무를 분명히 갖기 때문이다. 초고액 자산가가 가진 부의 대부분은 전쟁을 통한 약탈, 노동력 착취, 국민 세금을 활용한 국가의 지원, 국민 다수의 희생과 헌신에서 비롯했기 때문이다. 지금도 국민연금이 대기업의 경영권을 방어해준다. 슈퍼 갑인 자본가의 부는 분명 공적 성격을 띠고 있다.[11] 자본가의 자유를 제한해 시민의 경제적 자유를 보장하는 방향으로 사회 계약을 새롭게 읽을 수 있을 때야, 다수 시민은 진정한 자유인 경제적 자유를 누릴 수 있게 될 것이다.

거짓자유에서 진정한 자유로!

시민은 자신의 삶과 밀접히 관련한 사회·경제·정치적인 문제에 관해 결정할 때, 직접 참여할 자유를 가져야 한다. 자신의 생활과 미래의 운명과 관련한 문제에 대해 결정권을 가질 때에야, 시민은 진정 자유로울 수 있다.[12] 우리가 원했던 자유는 어떤 것이었나? 태어난 아이가 살면서 경제적인 걱정 없이 마음껏 미래에 대해 꿈꿀 자유, 경제적으로 독립하려 애쓰는 청년이 등록금 걱정 없이 교육을 통해 자신의 삶을 설계하고 개척해 나갈 자유, 젊은 청춘이 집에 대한 걱정 없이 결혼할 자유, 여성이 경력 단절을 걱정할 필요 없이 출산할 자유, 산업의 구조적인 변화 때문에 실직한 노동자가 생계 문제 때문에 근무 조건이 열악한 직장을 선택하지 않게 도와주는 고용보험을 누릴 자유, 돈 걱정 없이 의료 서비스를 누릴 자유, 아파트 경비로 생계를 이어가는 우리의 아버지가 입주자의 모욕을 받지 않을 자유, 국가 경제에 평생 기여한 후 편안한 여생을 누릴 노인의 자유다. 이런 자유가 우리가 그토록 원하던 것들이 아닌가? 우린 이런 곳에서만 진정으로 자유로울 수 있다. 이와 같은 자유를 누릴 수 없는 세상에서 헌법이 보장한 자유는 신기루와 같은 허상에 불과하다.

　이름뿐인 자유는 도리어 우리를 구속하기만 한다. 가짜 자유는 시민의 정신을 마취해 자유를 누리며 살고 있다고 느끼게 하는 강력한 환각제일 뿐이다. 이런 잘못된 판단으로 인해, 우리는 그동안 강자의 자유를 대신 외쳐주었다. 헌법이 보장한 자유가 거짓임을 깨닫는 순간, 강자의 자유를 우리의 자유로 착각해 그동안 그들을 위해 대신 외쳐 온 사실을 자각하는 순간에야, 우리는 지배에서 벗어나 진정 자유롭게 될 것이다. 우리는 복지 정책과 같이 삶과 밀접한 문제에 대해 직접 결정할 수 있어야 한다. 사회적 토론을 통해, 우리는 복지 정책의 종류와 그 혜택의 범위를 스스로 결정할 수 있어야 한다. 왜 우리는 그동안 우리의 권리를 소수에게 위임하기만 했을까? 우리의 권리를 제대로 인식하고 요구할 때에야 진정한 자유는 우리 것이 된다. 자유는 앞서 언급한 것처럼 주인을 잘못 만나면 대단히 잔인하고 폭력적으로 변한다. 강자의 자유를 신중하고 정의롭게 규제할 때에야 자유는 우리의 것이 될 수 있다. 강자의 제한 없는 자유의 활용은 사실상 우리를 지배했기 때문이다. 반면에, '정의와 평등이란 가치에 바탕을 둔 자유'는 지배에서 우리를 해방할 수 있다. 그렇다면 우리가 어떻게 이런 자유를 얻을 수 있을까? 다음 장에서 두 유대인에게 그 자유를 얻을 방법에 관해 물어보겠다.

3부
지배체제를 해체할 제안과 개헌

대한민국 헌법은 12조에서 22조까지 여러 자유를 보장한다.
하지만, 우리는 그 자유를 누릴 수 없다.
경제적 자유가 없으면 학문, 거주, 예술 등의 자유를 절대 누릴 수 없다.
우리가 누릴 자유의 폭은 우리가 가진 돈의 크기에 비례하기 때문이다.
따라서 시민 모두에게 최소한의 자유를 보장하기 위해,
국가는 모든 시민에게 최저 생계를 보장해야 한다.

헌법은 공동체의 규칙을 정하는 기준이다.
이 기준에 맞춰 공동체의 법률을 만든다.
소수 국회의원이 아니라, 우리가 바로 헌법과 법률의 주인이다.
그러므로 헌법과 법률의 제정권은 우리 모두의 것이어야 한다.

세금도 우리 돈이다!
여기서 '우리 것'이란 말은 우리가 세금의 사용처에 대해
결정권을 가진다는 뜻이다. 세금의 사용처에 대해 발언권을
가질 때에야, 우리는 공동체의 진정한 주인이 될 수 있다.

법의 해석 권한도 판사만 가져서는 안 된다.
공동체의 규칙을 위반했는지를 판단하는 일은 소수가 아니라,
전체 구성원 모두의 의무이자 권리다.

공동체의 주인은 구성원 모두다. 공동체 구성원 누구나
입법권, 예산 편성 권한, 법의 해석 권한을 가질 수 있어야 한다.
이렇게 근본적이고 중요한 권력을 소수에게 몰아주는 것은
전혀 민주적이지 않다. 독점한 권력과 돈을 공정하고
정의롭게 나눌 방법이 과연 없을까?

11장

예수와 맑스가 전하는 시민의 저항 방식

두 유대인 예수와 칼 맑스는 진정한 자유를 열망하는 우리에게 어떤 말을 할까?

대형 교회를 비판하는 〈쿼바디스〉라는 다큐멘터리 영화와 이 영화가 제작되고 상영되는 과정에서 발생한 갈등을 보고 예수는 어떤 말을 할까? 또 한편으로, 칼 맑스는 기업가와 노동자 사이의 힘의 균형이 완전히 무너져 기업이 던져 놓은 몇 안 되는 일자리를 얻기 위해 온갖 스펙으로 무장한 대졸 예정자가 벌 떼같이 몰려드는 현실에 어떤 말을 하고 싶을까? 언뜻 보면, 경제학자이며 철학자인 칼 맑스와 예수는 아무 관련이 없거나 심지어 대립적으로 보인다. 예수는 수많은 기독교인에게 하느님의 아들, 죽어서 천국에서나 볼 수 있는 그런 존재, 혹은 세상의 불의나 개인적인 불행으로 상처받은 영혼을 위로해 줄 존재로 보인다. 기독교인에게 예수는 원죄를 용서해주기 위해 자신의 피로 인류를 구한 하느님일 것이다. 하지만 예수는 칼 맑스와 마찬가지로 살과 피를 가진 인간이었고, 기독교인을 포함해 다수 시민이 생각하는 영적인 구원자와는 거리가 멀었다. 예수는 현대적인 관점에서 보면 시민 운동가였다. 예수는 하느님의 나라를 자신이 살던 그 땅에 실현하길 원했다. 하느님이 모세에게 준 경제적인 법(대략 기원전 13세기 ; 시대 불명확)을 기원후 1세기 지중해의 팔레스타인 지역에서 다시 회복하려 했다. 칼 맑스를 레닌과 함께 연상해 공산주의 혁명가로 여기기도 한다. 하지만, 그의 대표 저서인 『자본』은 공산주의와 관련한 내용이라기보다 자본주의에 관한 분석과 비판이 핵심 내용이다. 흥미로운 점은 예수와 칼 맑스 둘 다 유대인이었고, 이 두 역사적 인물의 지향점이 자신들의 사회에 대한 개혁과 변화였다는 사실이다. 예수는 로마 제국주의의 정치·경제 제도하에서 상처받고 경제적으로 착취당한 민중을 위한 시민 운동가였다. 마찬가지로 칼 맑스는 정의롭지 못한 암울한 현실에 분노하고, 그 사회를 개혁하길 원했던 철학자이자 경제학자였다. 맑스는 여덟 살도 안 되는 아이들이 공장이나 탄광에서 하루에 열두 시간씩 노동하는 유럽의 현실과 19세기 영국 리버풀의 노동자 평균 수명이 28세였을 정도로 혹독한 노동환경에 분노했다. 이 장에서는 역사적인 예수가 추구했던 하느님의 나라의 특성이 무엇인지, 그리고 예수 운동이 19세기 산업화를 겪었던 유럽에 등장한 사회주의와 어떤 연결점이 있는지를 살펴보겠다. 나아가, 예수와 칼 맑스가 현재 한국의 노동 현실과 한국 개신교회에 어떤 진단과 처방을 내놓을지를 살펴보겠다. 예수와 맑스 둘 다 힘없는 노동자와 소외된 사람의 삶에 대해 아파하고 그 현실에 대안을 내놓은 사람들이었기 때문이다.

예수와 로마 제국

예수가 귀신을 축출한 사건은 1세기 팔레스타인 지역에서 일어 났던 예수 운동의 성격을 이해하는 데 매우 중요하다.[1] 상당수 기 독교인은 어려서부터 예수는 하느님의 아들이기 때문에 영적 존재 인 귀신과 사탄을 물리치는 힘을 가졌고, 이를 대표적으로 보여주 는 사건이 귀신 축출 사건이라고 배웠을 것이다. 마가복음 5:1~20 절에 나오는 이 사건을 이렇게 해석하는 것은 성서를 문자 그대로 해석하는 기독교 근본주의fundamentalism의 한 특성이다. 이러한 문 자적인 해석은 지금까지 예수 운동이 가졌던 정치적인 함의를 희 석했다.[2]

귀신 들린 남자 속에 있는 귀신은 군대legion다. 이 귀신은 예수 를 보자 근처에 있던 돼지 떼로 들어가게 해달라고 예수에게 요청 한다. 예수가 이 요청을 허락하자마자 무리 귀신은 돼지 떼로 들어 가고, 이어 돼지 떼는 강으로 빠져 익사한다. 군대legion 귀신이 돼지 에게 들어가게 해달라고 요청한 부분에서, 예수의 청중과 후대의 유대인들은 이 요청이 갖는 함의를 바로 인식했다. 돼지는 유대인 이 혐오하는 동물이자, 시리아 지역에 주둔했던 로마 군대를 가리 키는 비유적인 표현이었다.[3] 당시 유대인은 로마 군대가 세포리스 와 막달라 지역에서 수천 명의 유대인을 학살한 것을 생생하게 기억하고 있었다. 동시에, 마가복음 5장의 귀신 축출 사건을 듣던 마가 공동체의 청중은 과거에 모세가 유대인을 이집트의 노예 생활에서 해방했던 역사도 선명하게 기억하고 있었다. 그래서 예수의 청중과 마가 공동체의 구성원들은 모세와 예수를 동일시했다.[4] 모세가 자신들의 조상을 이집트에서 해방한 것처럼, 예수도 기원후 1세기 로마 제국의 지배에서 유대민족을 해방할 거라 믿게 된다. 역사적으로 모세는 유대인의 민족적인 영웅이자 해방자다. 대략 기원전 13세기에 모세와 유대인들은 이집트에서 탈출한다. 그리고 이들을 뒤쫓던 이집트의 군사가 홍해에서 빠져 죽는 사건이 있었다. 예수가 축출한 그 군대 귀신(로마 제국군을 상징)이 강에 빠져 죽는 사건과 홍해에서 이집트 군대가 빠져 죽는 것이 너무 닮았다. 단순한 우연의 일치일까?

마가복음 5장의 귀신 들림을 문자 그대로 해석하면 안 된다. 유일신을 섬기는 유대 민족은 로마제국의 황제를 신으로 섬길 수 없었다. 그래서 유대인은 죽기 살기로 독립하려 했다. 당시 유대인은 조국의 독립보다 더 중요한 가치를 위해 독립운동을 했다. 자기들의 민족 신인 여호와에 대한 독점적인 충성이라는 의무를 다하기 위해 독립운동을 한다. 독립운동에 대한 잔인한 보복으로, 로마군은 유대인을 대량으로 학살한다. 귀신 들림은 남편과 아버지, 그리고 형제가 눈앞에서 십자가에 처형당하는 것을 목격한 사건이 가한 유대인의 심리적 상처와 고통을 표현하는 방법이었다.[5] 예수의 이런 귀신 축출 행동은 로마 제국에서 상처받은 유대인의 집단적

상처를 치유하는 상징적인 사건이었다. 이 귀신 축출 사건은 로마 제국의 지배로 인해 정신적인 상처나 충격을 받은 유대인을 향한 예수의 위로이자 해방의 소식이었다. 이제부터 로마 황제의 지배가 아니라, 유대 민족의 유일신인 하느님의 다스림이 다시 시작한 것을 알리는, 즉 하느님 나라의 시작을 알리는 상징적인 사건이었다.[6]

유대 민족에게 미친 제국주의의 영향은 고스란히 유대의 종교 엘리트가 아닌 민중에게만 향했다. 종교 지도자에게 십일조의 형태로 바치던 세금에 더해 로마 제국에까지 세금을 내게 되면서, 민중의 삶은 더 피폐해졌다. 설상가상으로, 로마 제국의 경제 제도가 평등주의에 기초한 유대 민족의 경제 제도를 대신해 버렸다. 예수의 청중은 로마 제국의 경제 제도 때문에 집과 농사지을 땅을 잃고 떠도는 노숙자 신세였다. 안식년 제도가 로마 제국의 지배 이전에 유대의 경제 제도를 특징지었다. 안식년 제도로 인해 채무자는 칠 년마다 빚을 탕감받았고, 노예도 칠 년마다 자유의 몸이 될 수 있었다. 거기다, 땅도 칠 년에 한 번씩은 농사를 짓지 않고 쉬게 해 주는 것이 안식년(희년) 제도였다.[7] 하지만, 로마 제국의 지배로 인해 안식년 제도는 설 자리를 잃게 되었다. 이제는 이중적인 세금 때문에 간신히 가족의 생계만 꾸릴 수 있을 정도로 가난해졌다. 이런 이유로 이웃과 부랑자를 돌볼 경제적 여유도 없어졌다. 안식년 제도의 붕괴로 평등한 농경 사회였던 유대 공동체는 무너졌다. 가난으로 인해 유대인들은 자신의 땅을 도시의 지주에게 담보로 맡기면서 삶의 터전이자, 경제적인 자유를 보장해 주었던 토지를 영원히 잃게 되었다. 안식년이 돌아와도 농민은 **빼앗긴** 농지를 되찾을 수 없었다. 그래서 땅을 잃은 사람들은 자신의 고향을 떠나 떠도는 신세가 된다.[8] 이들이 바로 예수의 청중이었다. 반면에, 채권자인 지주들은 안식년 제도를 대체한 로마 제국의 제도로 인해 막대한 부를 형성하게 된다. 예수를 찾아온 부자 청년(마가 10:17)도 로마 제국이 가져온 경제 제도의 수혜자 중의 한 명이다. 하지만, 다수 농민은 이러한 제국주의의 경제 제도로 인해 땅과 집을 잃고 노숙자로 떠돌게 되었다.

당연히 십일조를 종교 지도자에게 바치는 일은 불가능해졌다. 십일조를 내지 못한 것 때문에, 당시 유대교 지도자들은 위로받아야 할 다수의 농민을 '죄인'으로 낙인찍는다. 단순한 낙인이 아니었다. 다가올 하느님 나라에 들어갈 수 없게 되었다는 공식적인 선고였다. 십일조를 당시 기득권층인 제사장이나 바리새인에게 내지 않았다는 이유에서였다. 예수는 현세뿐만 아니라 내세에 대한 희망마저 박탈당한 민중에게 이렇게 선언한다. "가난한 사람은 복이 있다. 왜냐하면, 천국이 너의 것이기 때문이다."(누가복음 6:20). 이러한 선언은 예수 운동의 성격을 잘 드러내 준다. 마태복음 6:9~13절에서 우리가 우리에게 빚진 자의 빚을 용서(탕감)해준 것처럼 우리의 채무를 탕감해달라는 매우 구체적인 경제적 요청도 예수 운동의 특성을 잘 드러내 준다. 위의 두 가지 예수의 선언과 요구는 로마 제국의 경제 제도로 인해 잊힌 안식년 제도의 복원을 요구하는 것이었다. 동시에 로마 제국의 피해자인 유대인에게 너희는 죄인으로 더는 비난당해서는 안 된다는 선언이었다. 예수 운동은 모세의 법에 바탕을 둔 평등한 농경 공동체의 복원을 요구하는 매우 정치적이고 경제적인 시민운동이었다.9 예수는 자신이 발 딛고 서 있는 바로 그 땅에 모세를 통해 받은 하느님의 법을 다시 실현하려고 노력했다. 하느님의 법은 평등한 경제 공동체의 실현을 위한 구체적인 지침이었다.10

실제로 모세의 법인 십계명은 유대 공동체의 헌법과 같은 기능을 했다.11 십계명은 정치적인 문제와 사회경제적인 관계를 규정하는 부분으로 나뉜다. 십계명의 전반부는 자신들의 신인 여호와와의 독점적 충성과 관계있는 약속이며, 후반부의 마지막 여섯 가지 명령은 유대인 사이의 경제적인 관계에 관한 조항이다. 이 여섯 가지 조항은 사람들이 권력으로 상대를 지배하는 것을 막기 위한 것이며, 동시에 공동체 내에서 각 가정을 경제적으로 독립할 수 있도록 하기 위한 것이었다. 로마 제국의 지배 이전까지 실제로 모세의 법이 유대 공동체의 헌법과 같은 기능을 했다. 모세의 법이 공동체 내에서 가족의 사회·경제적인 권리를 보장했었다. 이것은 예언자 미가의 비판에서 확인된다. 미가는 정치적인 강자와 성전의 전체 제도에 대해 비판한다. 대제사장이 경제적으로 유대인을 착취하고 있었기 때문이다. 모세의 법은 예수 당시에도 갈릴리에서 깊게 뿌리내려 있었고, 여전히 유지되고 있었다. 이에 대한 근거로 힐렐의 조항을 드는데, 이것은 땅에 칠 년마다 휴식을 주는 희년에 대한 조항이다. 사해 문서에도 이 조항이 있다.12 또한, 마태 공동체는

"하느님의 뜻이 땅에서도 이루어지길"이란 표현으로 탄원한다. 이 표현은 예수나 예수의 제자가 살던 바로 그곳에 평등한 경제 공동체가 나타나길 희망하고 있음을 보여준다. 갈릴리와 같은 농촌 지역에서 성공했던 예수 운동은 성전 중심으로 이해관계를 구축한 예루살렘에서는 결국 실패한다. 예수 운동 자체가 친로마적인 유대교 지도자에게는 매우 위협적인 운동이었기 때문이다. 이로 인해 예수는 처형당한다. 예수 운동은 여기서 실패한다. 하지만, 예수가 처형된 지 약 1800년이 지난 후에 또 한 명의 유대인이 유럽에서 태어난다. 칼 맑스다. 맑스는 자본가가 이윤을 위해 노동자들과 그들의 어린 자녀들의 노동까지 착취하는 19세기 유럽에 사회주의를 가지고 등장한다.

사회주의의 등장[13]

맑스의 자본주의 비평을 살펴보기 전에, 근대 사회주의가 어떤 정치·경제·사회적인 변화 과정에서 등장하게 되었는지를 간략하게 살펴보자. 사회주의는 19세기 초기에 유럽에서 등장했다. 급격한 경제적인, 그리고 사회적인 변화가 사회주의의 등장에 매우 중요한 역할을 했다. 이러한 변화는 도시화·산업화와 관련이 있었다. 당시 유럽의 변화는 농촌 경제와 전통적 질서인 사회의 규범과 가치를 무너뜨렸다. 당시 진보주의자는 이러한 변화를 진보와 자유의 실현으로 여겨 환영했다. 자연스럽게 진보주의자는 자본주의 경제 모델과 새롭게 등장한 개인주의를 받아들이게 된다. 반면에, 사회주의자는 진보주의자의 견해에 두 가지 측면에서 동의하지 않았다. 첫째로, 사회주의자는 개인주의보다는 공동체, 협력, 그리고 연대를 강조하는 경향이 있었다. 사회주의자는 공동체와 연대의 가치가 도시화·산업화와 관계한 사회의 변화 때문에 훼손당했다고 생각했다. 둘째로, 산업화에서 비롯한 진보를 환영하기보다 사회주의자는 산업화가 초래한 불평등에 더 많은 염려를 하고 있었다. 산업화 이전에 농부와 장인이었던 많은 사람이 인구 과밀의 도시로 이동하게 되면서, 비참할 정도로 낮은 임금을 받으며 일하도록 강요당했다. 이러한 시대적인 상황에서 사회주의자란 용어가 『런던 연대』라는 잡지(1827년)에 처음 등장했다.

칼 맑스의 자본주의 비평[14] ― 99%vs. 1%

맑스의 자본주의 비평은 역사적 유물론에 바탕을 둔다. 역사적 유물론은 인간 사회가 현재까지 어떤 형태를 취하든지 항상 지배 계층과 지배를 받는 계층이 존재하는데, 이 두 계층을 가르는 핵심적인 요인이 있다고 분석한다. 누가 생산수단을 가지고 있고, 이 생산수단의 활용으로 발생한 이윤의 통제권을 누가 가졌는지가 지배 계층을 결정한다고 한다. 동시에 각 시대의 지배자는 자기들의 권력과 이익 추구를 정당화해 줄 제도와 법을 만들어 자신들의 지배를 정당화한다. 이러한 과정에서 적대적인 두 계층이 형성되고,

결국 이 둘은 서로를 인식하게 된다. 19세기 유럽에서 적대적인 두 계급은 자본가와 노동자였다. 두 계층 간의 끊임없는 갈등이 자본주의가 갖는 본질적이고 구조적인 문제다. 맑스는 자본주의는 피할 수 없는 계급 간의 갈등으로 인해 스스로 붕괴할 것이라고 예견했다.

맑스의 노동 가치이론과 잉여가치에 대해 이해하면, 맑스의 자본주의 붕괴론을 더 쉽게 이해할 수 있다. 상품의 가치는 그 상품을 생산하는 데에 필요한 노동의 양과 관련 있다. 하지만 노동의 교환 가치는 노동이 만들어 낸 상품의 가치보다 크지 않았다. 노동자는 자신이 일한 만큼 월급으로 충분한 보상을 받지 못했다. 그렇다면 노동자의 노동으로 생산한 전체 가치에서 월급을 주고 난 후의 나머지 가치는 어디로 갔을까? 이 나머지 가치가 맑스가 말하는 잉여가치surplus value다. 노동자가 생산한 상품의 가치가 이 상품을 만든 노동 가치보다 훨씬 크다. 그래서 사장은 상품을 팔아 얻은 이익으로 노동자에게 월급과 여러 생산을 위한 지출을 하고 난 다음에도 이익이 남는다. 이 남은 이익이 잉여가치다. 예를 들면, 노동자가 오전 4시간을 근무해 오만 원의 가치를 만들고, 이 오만 원이 가족의 하루 생계에 필요한 돈이라고 가정해보자. 그리고 오후 네 시간 동안에 또 다른 오만 원의 가치를 자신의 노동으로 만들어 낸다면, 바로 이 오만 원이 잉여가치다. 산업화 시대의 적대적인 두 계층은 바로 이 잉여가치를 서로 더 많이 차지하기 위해 경쟁한다. 이 계층이 자본가와 노동자이고, 바로 이 구조적인 싸움이 자본주의를 지속 불가능하게 하는 근본적인 원인이다.

공장과 기계 같은 생산수단을 가진 사장은 잉여가치를 더 많이 차지하기 위해 노동자의 월급을 최소한으로 유지하려 한다. 반면에, 노동자는 더 높은 월급을 요구해 사장이 가질 잉여가치를 줄이려 한다. 그래도 자본가는 생산 설비의 근대화로 이윤을 극대화할 수 있다. 인건비를 줄일 수 있기 때문이다. 설비의 근대화는 노동자에게 돌아갈 잉여가치가 줄어드는 것을 의미한다. 실제로 생산 설비의 근대화는 노동자의 임금을 떨어뜨리고, 이것은 다시 노동자의 구매력을 떨어트린다. 생산 시스템의 근대화는 상품의 공급과잉도 일으킬 수 있다. 이러한 공급과잉이 노동자의 구매력 감소와 동시에 일어나면, 여러 공장은 판매량 감소로 결국 문을 닫을 수밖에 없다. 이에 따른 실업은 노동자 전체의 구매력을 한층 더 떨어뜨린다. 이것은 다시 전체 기업의 이윤을 더 줄어들게 한다. 맑스는 이러한 악순환이 계속되고 시장에 가해지는 충격이 점점 더 강해져, 자본주의는 스스로 붕괴할 것으로 예측했다. 자본주의의 붕괴 과정에서 노동자의 삶은 더욱 비참해진다.

하지만 맑스는 모든 것이 시장의 구조적 요인 때문에 일어나는 것은 아니라고 주장했다. 맑스는 노동자의 정치적인 활동이 필수적이라고 생각했다. 노동자는 자본주의의 되풀이하는 위기 과정을 경험하면서, 자신의 비참한 현실의 원인에 대해 점점 깨닫게 된다. 노동자 자신의 경쟁자가 누구인지를 깨닫게 되고, 결국 자본가에 대해 적대적인 감정을 갖게 된다. 이 과정에서, 노동자는 약자를 보호하는 사회주의적인 의식을 서서히 갖게 된다. 자연스러운 결과로, 노동자는 이러한 깨달음으로 인해 국가 권력의 장악에 집중한다. 맑스가 예측한 대로 자본주의의 발달과 이에 대응하는 노동자의 의식적인 **연대**가 유럽과 특히 북유럽 국가인 스웨덴, 노르웨이, 핀란드와 같은 국가에서 이루어졌다. 이러한 연대로 다양한 복지 제도가 정착했고 불평등의 정도가 많이 완화했다. 건강한 사회의 기준으로 여기는 사회적 이동성social mobility(계층 간 이동성)도 다른 유럽 국가에 비교했을 때 상당히 더 유연해졌다. 북유럽의 여러 국가에서는 부모의 사회·경제적인 지위가 자녀에게 그대로 이어지지 않는다. 시기의 차이가 있지만, 20세기를 전후해 유럽의 여러 나라에 사회민주주의 정당이 속속 등장했다. 이 정치 세력이 자국의 정치·경제적인 상황을 약자를 배려하고 보호(사회주의 정신)하는 문화로 바꾸었다.

다시 예수와 맑스

두 유대인인 예수와 맑스가 지향한 사회 변혁 운동은 모두 민중 중심의 운동, 자본주의 비판, 그리고 약자의 **연대**라는 공통의 특성을 가진다. 마가복음 10:17~26절에 부자 청년이 예수에게 와서 "어떻게 하면 영생할 수 있냐?"고 질문한다. 예수는 "네가 가진 모든 것을 팔아 가난한 자에게 나눠주고 나를 따르라."고 말한다. 하지만 부자 청년은 고개를 내린 채 슬퍼하며 돌아간다. 이를 보고 예수는 제자들에게 부자가 하늘나라에 들어가는 것은 낙타가 작은 바늘구멍을 통과하기보다 어렵다고 말한다. 예수의 이 말은 분명 자본주의에 대한 비판이다.[15] 안식년(희년)에 빚을 탕감하지 않고 쌓은 재산은 하느님의 법(모세의 법)을 어긴 것이다. 이 법의 위반은 하느님의 나라에 들어갈 수 없음을 의미한다. 예수는 여기서 자본주의가 마치 성경처럼 중시하는 '내 것은 내 것이다'라는 명제를 정면으로 반박한다. 예수는 "정의롭지 못한 경제 제도로 얻은 너의 것은 더는 너의 것이 아니다."라고 선언한다. 경제적 평등을 방해하는 경제 제도는 하느님의 법과 배치한다는 예수의 생각은 맑스와 같다. 맑스는 자본주의에서 자본가가 잉여가치를 독점하는 것은 분명 정의롭지 못하고, 그래서 시민의 경제적인 평등과 자유를 보장하기 위해 잉여가치를 재분배해야 한다고 주장하기 때문이다. 경제적으로 정의로운 사회를 세우기 위해 예수는 힘없고 소외된 농민과 세리, 성매매 여성과 연대했다. 예수처럼 맑스도 1848년 『공산당 선언』에서 전 세계의 노동자들이 연대하기를 요구했다. 예수와 맑스는 민족적 혈통보다 신념으로 더 이어져 있었다. 그러고 보면, 예수는 원조 사회주의자였다!

예수와 맑스는 2019년 한국 기독교인과 청년에게 어떤 말을 하고 싶을까?

천이백만 명의 신도를 자랑하는 한국 기독교는 지금까지 누구와 연대했는지를 스스로 물어야 한다. 일부 초대형 교회의 부도덕한 목사들이 보수 권력과 야합하고, 교회를 기업화한 문제를 다룬 〈퀴바디스〉라는 다큐멘터리를 언급하지 않아도 이제는 상식이 되어버린 진실이 있다. 개신교가 돈과 보수 권력 집단과 연대했다는 점이다. 이런 연대는 한국 교회가 예수와 전혀 상관없는 기득권 세력이 되었다는 것을 의미한다. 예수의 적이 되어버린 교회에서, 매년 어김없이 성탄 축하 예배가 열린다. 강자와 연대한 교회가 강자가 살해한 예수를 기념하는 황당한 일이 매년 일어난다. 기업이 된 교회의 상업성과 보수 개신교의 권력과의 야합이 내뿜는 불쾌한 냄새가 성탄절의 분위기를 망친다. 교회가 누구와 연대해야 할지를 고민할 시간이 되었다. 부활한 예수를 체험하고 싶은 기독교인과 교회의 열망은 간단하게 이루어질 수 있다. 가난한 자, 여성, 비정규직 노동자, 해고 노동자, 우리 사회의 다양한 소수자와 연대하면 된다. 이런 연대가 이루어지면, 21세기 한국 기독교인은 서로의 모습에서 부활한 예수를 보게 될 것이다.

이렇게 부활한 예수는 헬 조선의 청년에게 이렇게 말할 것이다. "스펙 쌓는 거 잠깐 멈추고 누구와 힘을 합쳐야 할지 생각해 봐. 입이 벌어질 정도의 스펙으로 기업이 던져준 눈곱만 한 양의 일자리를 차지하기 위해 서로 경쟁하는 것을 멈춰! 기업과 정부에게 일자리를 당당하게 요구해! 그러면 너희 몫이 즉, 너희가 얻을 잉여가치가 확대될 거야. 일자리 수가 많아진다는 말이야." 예수와 맑스는 왜 수많은 청년이 연대하지 않고 서로 경쟁하고 있는지 의아해할 것이다. 청년이 **연대**해 기업과 정부에게 더 적극적인 노동정책을 펴라고 함께 요구하는 행동이 훨씬 더 쉬운 해결책이기 때문이다. 대학생이 같은 편인 동료 대학생과 경쟁하는 것은 경쟁을 통한 효율성 극대화라는 자본이 만든 이념에 조종당하는 것을 의미하기 때문이다. 잉여가치에 대한 정당한 분배를 위한 경쟁은 노동자와 자본가 사이에서 일어나야 한다. 경쟁이 노동자끼리, 혹은 대학생 사이에서 일어나는 것은 경쟁 대상을 잘못 설정했다는 것을 의미한다. 예수와 맑스가 절대 이해할 수 없는 일이 21세기 한국에서 일어나고 있다. 노동자와 대학생이 경쟁해야 할 대상은 자본가와 그들의 해결사 역할을 해주는 정부란 사실을 잊지 말아야 한다. 이것이 두 유대인 예수와 맑스가 21세기 한국 사회를 힘겹게 살아가는 다수의 약자와 한국 교회에 쩌렁쩌렁하게 외치는 소리다. 이렇게 **연대**할 때, 사회의 약자가 진정한 자유를 누릴 수 있게 될 것이다. 그런데 약자 사이에서 연대가 잘 일어나지 않는다. 폭력과 불의 앞에서 저항을 포기하는 경우가 많다. 왜 이렇게 연대가 힘들까? 학교에서 불의와 폭력에 저항을 포기하고, 뒤에서 욕하는 것쯤으로 저항하도록 교육받았기 때문은 아닐까? 그래서 연대하라는 예수와 맑스의 외침을 듣고도 '연대가 되겠어?'라고 생각하게 된다. 다음 장에서 '불의 앞에 **연대**하고 **저항**하게 할 교육은 어떠해야 할까?'란 주제에 대해 다루어 보겠다. 진정한 자유가 무엇인지를 인식하고, 이 자유를 성취하게 해주는 대안적 교육철학이 다음 장의 주제다.

12장

존 듀이가 전하는 시민의 교육철학

제도와 전통에 대해 비판적으로 판단케 하는 새로운 문화와 교육철학?

20세기는 놀라운 변화의 시기였다. 정치와 지식 세계의 지형 변화가 특히 두드러졌다. 혁명, 전쟁, 경제공황과 호황 등이 20세기를 묘사하는 키워드였다. 20세기에 접어들면서 과학계는 매년 새로운 이론과 지식을 쏟아냈다. 과학의 연이은 발견으로 서양 세계의 대표적인 권력 집단인 기독교의 권위는 빠르게 무너지고 있었다. 자연스러운 결과로, 기존의 가치 체계와 제도에 대한 도전을 허용하고 장려하는 지적인 문화가 등장하게 된다. 변화된 문화에서 전통적인 생각과 여러 제도에 대한 비평이 하나의 트렌드가 된다. 이런 문화에서 학교도 비판적인 시선을 피할 수 없었다. 시민은 '학교는 원래 왜 생겼을까?'와 같은 공격적인 물음을 묻기 시작했다. 유럽에는 교육에 관한 여러 선구자가 있었다. 존 로크, 장 자크 루소, 프리드리히 프뢰벨과 같은 학자다. 유럽에서 소수만 전통적인 교육에 도전했다. 반면에, 미국에서는 앞서 언급한 지난 세기의 여러 변화로 인해 한 대학자가 활동할 수 있는 문화적 환경이 생겨났다. 존 듀이 John Dewey, 1859-1952가 바로 그 인물이다. 듀이는 미시간 대학의 철학 교수를 시작으로 말년에는 콜롬비아 대학에서 일했다. 듀이는 전통적인 교육 방식을 날카롭게 비판했으며, 동시에 교육과 민주주의의 상관관계에도 집중했다. 교육이 바로 서지 못하면 민주주의도 제대로 이루어질 수 없다고 파악한 것이다. 듀이는 학문하며 한 전공에만 자신의 관심을 고정하지는 않았다. 학문의 경계를 초월해 활동하는 지식인이었다. 듀이는 철학, 심리학, 정치학, 그리고 교육학의 이론을 섭렵한다. 여기서 멈추지 않고, 듀이는 능숙하게 각 학문 분야의 주요 개념을 융합해 탁월한 교육학자로 우뚝 선다.[1]

존 듀이와 칼 포퍼의 교육철학

제대로 된 교육철학을 세우기 위해, 듀이의 견해를 들어볼 필요가 있어 보인다. 듀이는 아이를 직관 능력을 갖춘 작은 과학자로 생각했다. 듀이는 『우리가 생각하는 방식』이라는 자신의 책 서문에서 아이를 이렇게 평가했다. "태어날 때부터 순수한 유년기의 아이는 열정적인 호기심과 풍부한 상상력을 갖추고 있으며, 실험적인 연구를 좋아한다. 이러한 특성은 과학자의 사고방식과 크게 다르지 않다." 듀이는 문제 해결에 필요한 과학적인 사고방식은 특정한 유형의 수단과 방식이 아니라, 시행착오를 통해 얻게 된 사고의 정교함으로 길러질 수 있다는 점을 강조한다. 20세기의 과학 철학자 칼 포퍼Karl Popper, 1902-1994도 문제 해결력을 기르는 방법을 제시한다. "일단 여러 이론을 세우고 최선을 다해 그 이론을 반박하려고 노력해라. 제일 처음에 생각했던 이론이나 설명을 단순히 받아들여서는 안 된다. 스스로 자기 생각을 무너뜨리려고 노력해라. 이런 의심의 공격에도 이론이 살아남는다면, 이 이론은 과학적인 이론으로 잠정적인 인정의 가치가 있다. 아이들은 이러한 지적 훈련을 통해 판단력을 향상할 수 있게 될 것이다." 하지만 판단력을 길러주는 일은 아이가 여러 지식을 의심 없이 받아들이게 가르치는 일보다 훨씬 더 어렵다. 아이에게 단순한 사실을 가르치는 일이 쉬운 것은 사실이지만, 단순한 지식의 주입은 교육을 파괴하는 행동이다. 듀이와 포퍼의 교육철학은 우리의 교육철학과 이에 바탕을 둔 교과과정을 날카롭게 비판한다.

듀이와 포퍼의 한국 교육제도 비평

완전한 모방과 각 단계에 적합한 구체적인 지시와 기계적인 연습은 학습 성취도를 높이는 데 효율적이다. 하지만 이렇게 교육하면, 학습자의 비판적인 사고력이나 깊이 사고하는 능력에는 치명적이다. 교육은 호기심에 바탕을 두면서, 아이에게 탐험과 검증의 습관 등을 기르는 것을 목표해야 한다. 듀이는 신념과 비판적인 사고의 차이를 『우리가 생각하는 방식』에서 이렇게 설명한다. "신념은 그 신념을 뒷받침하는 토대에 대한 비판적인 수용의 과정이 거의 없이 만들어진 생각이다. 반면에, 비판적인 사고는 신념을 뒷받침하는 토대와 그 토대의 타당성을 적극적으로 검토한다. 이러한 과정이 바로 비판적인 사색이며, 진정한 교육이 지향해야만 하는 가치다."

비판적 사고critical thinking란?

비판적 사고란 말은 고대 그리스어 '크리티코스κριτικός'란 어원을 가진 영단어 '크리티컬'critical에서 유래했다. '크리티컬'은 생과 사를 결정하는 위기의 순간이나 그 지점을 의미한다. 비판적 사고란 위기의 순간에 정확하게 판단해야 하는 것처럼, 한 문제를 여러 기준에 따라 예리하게 판단하는 능력을 의미한다. 비판적인 사고를 설명하기 위해 내 개인의 경험을 소개해 보겠다. 나는 독실한 기독교인이었다. 그것도 모태 신앙이었다. 기독교 신앙 즉, 예수는 하느님의 아들이라고 철석같이 믿고 신학대학에 들어갔다. 문제는 입학한 신학교가 인문·사회과학적으로 연구하는 신학대학이었다는 점이다. 그래서 20여 년 넘게 교회에서 형성한 내 신앙에 금이 가기 시작했다. 하지만, 정확히 표현하면 기독교에 관한 잘못된 지식 체계가 허물어지기 시작한 것이었다. 한국 교회는 교단과 관계없이 보수적이고 또 그렇게 가르친다. 나는 신학과에 입학한 후 소위 '시험'에 들었다. 신학을 본격적으로 시작하면서, 20여 년 넘게 믿었던 예수가 신이 아닐 수 있다는 의심이 들기 시작했다. 결국, 예수가 신이라는 내 신념을 떠받치는 토대까지 파보기로 했다. 듀이가 말한 비판적 사고로 예수와 기독교에 대한 내 신앙의 토대를 점검해 보기로 했다. 이런 시도는 기독교인에게는 금기다. 그래서 신념의 토대를 파헤치는 과정 또한 고통 그 자체였다. 이 글을 읽을 독실한 기독교인은 내 심정을 이해할 수 있을 듯하다. 예수가 신이라는 사실을 의심하려는 시도는 두려울 뿐만 아니라 고통스럽다. 예수는 나에게 태어나서 20대 초반까지, 그리고 기독교 대한 잘못된 신념이 허물어지기 시작한 지 한참이 지나서도 내 모든 가치관을 떠받치는 토대 그 자체였다. 하지만 이런 의심의 과정을 지나면서, 예수는 내 하느님God에서 유대교에 속한 한 종파의 개혁 운동가로 바뀌었다. 역사적 예수와 예수 운동의 성격에 대한 설명은 앞 장에서 다루었다. 어쨌든 예수를 하느님에서 하느님의 사람으로 격하하는 데에 10년이 넘게 걸렸다. 이 기간에 나는 상상하기 힘들 정도로 고민했고, 혼란으로 인해 고통스러웠다. 그러는 중에도 예수 운동에 대한 비판적인 사색과 연구를 멈추지 않았다. 이런 과정을 거치면서 존 듀이와 칼 포퍼가 말한 비판적인 사고력이 발달하였다. 자신이 소중히 여기는 신념의 토대를 날카롭고 정직하게 관찰하고 판단하는 것은 비판적인 사고력을 향상하는 괜찮은 방법인 듯하다.

10여 년 동안 내 종교적 신념을 비판적 사색으로 점검해 본 것처럼 내가 가진 다른 신념도 비판적으로 바라보게 되었다. 나아가, 다양한 신념을 생산하고 퍼트리는 문화와 여러 제도까지 비판적으로 응시하기 시작했다. 이 책 『있지도 않은 자유를 있다고 느끼게 하는 거짓자유』가 바로 이런 지적 훈련의 결과물이다. 의심과 이를 통한 비판적인 사고력의 향상, 즉 날카로운 판단력을 길러주는 것이 참교육이라고 확신하게 되었다. 듀이에게도 비판적인 사색은 교육의 핵심적인 가치였다. 교육은 단지 여러 사실을 배우는 것이 아니다. 교육은 모든 것을 의심한 후 판단하는 능력을 학생들에게 가르치는 것이다. 17세기 존 로크처럼 듀이는 비판적인 사고력, 즉 판단력을 아이에게 길러 주어야 할 필요를 강조했다. 듀이는 판단력이 공정하고 유연한 생각을 가져야 하는 민주 시민에게 필수적이라고 생각했기 때문이다. 민주적인 시민은 공정하지 못한 의견이나 지도자를 의심하고, 독립적으로 사고할 수 있어야 한다.[2] 그래서 듀이는 시민에게 판단력은 필수라고 생각했다.

비판적인 사고력에 대한 다른 학자의 견해도 살펴보자. 닐 포스트먼Neil Postman이나 찰스 바인가르트너Charles Weingartner도 듀이의 교육철학을 계승한다. 포스트먼과 바인가르트너는 어니스트 헤밍웨이의 '헛소리 탐지기'라는 개념으로 비판적인 사고력을 설명한다. 교육은 날카로운 인식과 판단능력을 기르기 위해 이루어져야 한다. 바인가르트너와 포스트먼은 비판적인 인식과 판단을 이렇게 설명한다. "역사적으로 인간은 헛소리, 사기, 그리고 거짓crap을 존중하고 숭배하는 문화에 살았다. 인간의 지성사는 이런 문화에 대한 지식인의 계속된 싸움으로 정의할 수 있다. 각 시대의 지식인은 동시대인이 가장 좋아하는 신념 중의 일부가 오해, 잘못된 가정, 미신, 심지어는 완벽한 거짓말에 바탕을 두고 있다는 사실을 일깨우려 노력했다. 인간의 지성사는 지식인이 이 과정에서 느꼈던 고통과 분노에 대한 기술이다. 인간 지성의 진화과정에 서 있는 여러 이정표는 몇몇 지식인이 새로운 관점, 의미, 비유를 창조했던 시대를 표시한다."3 대중 교육은 대중이 가진 오해, 잘못된 가정, 미신, 그리고 완전한 사기에 바탕을 둔 가치관이나 이념을 발견해 동료에게 알려줄 인재를 길러내야 한다. 이게 제대로 된 교육이다.

왜 제도와 관습을 비판적으로 바라보아야 할까?

이제는 아이들을 바인가르트너와 포스트먼의 철학에 바탕을 두고 교육해야 한다. 아이들이 자신의 신념과 사회의 여러 제도에 대해 비판적인 판단을 할 수 있게 교육해야 한다. 사회, 문화, 여러 제도를 비판적인 시선으로 보아야 하는 이유는 이것 하나면 충분하다. 역사상 어떤 공동체도 평등을 이루지 못했다. 우리 인류는 평등한 사회에 살아본 경험이 거의 없다. 사회의 문화와 여러 제도가 이런 불평등을 말 그대로 제도적으로 뒷받침했기 때문이다. 시민은 여러 종류의 불평등을 보호하는 문화와 제도를 두 눈 부릅뜨고 노려보아야 한다. 모든 문제의 해결은 그 문제를 인식하는 데서 시작되기 때문이다. 거대하고 견고한 위계 제도는 노려보는 것만으로도 무너질 수 있다. 더 많은 사람이 노려볼수록, 불평등을 보호하는 제도는 더 빨리 무너질 수 있다. 사회가 완벽히 평등해질 수는 없다. 하지만 평등한 사회를 세우려는 노력은 계속되어야 한다. 지배라는 부도덕한 관행을 하나씩 하나씩 흔들어 무너뜨려야 한다. 너무 큰 이슈에 부딪힌 것 같다.

어떻게 갑질 없는 사회를 만들 수 있을까?

이렇게 거대한 이슈는 뜻밖에 아주 작은 방법으로 풀릴 수 있다. 거대한 피라미드와 같은 지배의 문화와 제도를 허무는 근본적인 방법이 있다. '갑질 대응 매뉴얼'을 학교의 필수 교과과정에 포함하는 거다. '힘센 놈 길들이기'로 과목의 이름을 붙여도 괜찮다. 이 과목을 초등학교부터 대학을 졸업할 때까지 16년 동안 가르쳐 보자. 이렇게 하면 아이들은 사회에 나가 직면할 모든 종류의 갑질에, 최소한 전형적인 유형의 갑질에 대응할 나름의 방식을 체득하게 될 것이다. 어려서부터 담임 선생님, 교장, 돈 많은 학부모나 힘센 일진에 대응하는 방식을 가르치고, 힘없는 아이끼리 연대해 강자에게 사과를 받아낼 수 있게 교육해 보면 어떨까? 학교는 강자의 횡포를 막아내는 아이에게 상을 주고, 이런 저항과 연대를 조직하는 능력이 탁월한 아이를 서울대학교에 보내 주면 어떨까? 어쩌면 갑질 없는 사회가 될 수도 있을 것이다. 물론, 서울대학교와 같은 특권층을 양산하는 대학의 존재는 바람직하지 않다. 하지만 강자의 횡포에 용기 있게 저항하는 학생을 대접해주자는 의미다. 담임 선생님이나 교장 선생님도 때론 잘못된 판단으로 학생의 권리를 침해할 수 있다. 이럴 때 아이들이 정식으로 항의하고, 힘을 합쳐 잘못된 결정을 무효로 할 수 있는 경험을 갖도록 교육하면 어떨까? 이렇게 성인이 된 아이들은 강자의 횡포를 용납하지 않는 사회를 만들 수도 있을 것이다. '갑질 대응 매뉴얼'을 학습한 아이들은 갑질을 웬만하면 당하지 않을 것이고, 갑질하는 자가 이 땅에 발을 못 붙이게 만들 수도 있을 것이다. 이렇게 정의로운 사회는 힘으로 갑질하던 자에게는 헬 조선이 될 것이다. 시대에 걸맞은 '갑질 대응 매뉴얼'로 아이들을 교육한다면, 타락한 강자에게 이 땅은 영원히 헬 조선이 될 것이다. 민방위 훈련에서도 이 매뉴얼로 교육하면, 갑질하는 자들에게 가까운 미래에 헬 조선을 선물할 수 있게 될 것이다.

이렇게 교육받은 아이들은 혁신적인 서비스나 상품을 만들어내는 데에서도 탁월함을 드러낼 것이다. 비판적인 판단력을 갖춘 아이는 다수가 보지 못하는 부분을 볼 능력을 갖출 가능성이 높다. 아무도 이의 제기하지 않는 사회의 관행과 상식, 그리고 제도적인 허점을 발견해 낼 수 있기 때문이다. 이런 능력은 상품이나 서비스의 개선 방식을 찾아내는 데에도 탁월한 능력을 보일 수 있다. 미국의 신흥 테크Tech 귀족은 듀이의 철학에 바탕을 둔 교육과정으로 교육받았다. 구글, 페이스북, 오토 데스크, 애플, 링크드인, 그리고 실리콘 밸리의 수많은 회사의 창업자 대부분은 듀이가 세운 교육철학의 수혜자다.

객관성이란?

개인적인 경험을 얘기하는 것은 주장의 객관성을 떨어뜨릴 수 있기 때문에 부적절할 수 있다. 하지만 객관성은 학자나 지식인이 만들어낸 환상일 수 있다. 코페르니쿠스 이전엔 '지구가 우주의 중심이다.'란 사실이 객관적인 견해였기 때문이다. 이처럼 객관과 사실이 같지 않은 경우가 종종 있다. 아름다움을 평가하는 객관적 기준도 있을 수 없다. 객관성의 문제에 대해 생각할 때, 어떻게 객관적인 판단을 할 수 있을지에 대해 고민하고 토론하는 것이 우리가 할 수 있는 최선이다. 객관은 시민의 말은 무식한 주관적 주장이고, 학자나 지식인 자신들이 한 말은 객관적이라고 하면서 자신들의 주장에 힘을 실어주려는 술책이다. 객관이란 구조적으로 있을 수 없다. 팩트는 객관적일까? 모든 팩트도 누군가 해석한 것이다. 날것의, 가공하지 않은 사실도 여러 다른 관점에서 보면 얼마든지 다르게 보일 수 있다. 그래서 그런지, 지식인이 자신의 관점과 해석이 객관적인 사실이라고 말하는 것을 보면, 도무지 그들의 객관이란 것을 신뢰할 수 없게 된다.

우리는 언제까지 지식인과 언론이 해석한 사실을 객관적이라고 믿어야 할까?

지식인이나 연구원이 언론에 출연해 자신의 주장을 객관적이라고 말하면, 우린 그냥 믿어야 할까? 먼저, 전문가나 연구원을 둔 연구소는 누구의 돈으로 운영하고 있는지 확인할 필요가 있다. 학술 논문이 베스트셀러가 될 정도로 우리 사회가 학문적이진 않다. 누가 이 연구소를 후원할까? 최근 『뉴욕타임스』가 폭로 기사[4]를 썼다. 세계 최고의 싱크 탱크들이 기업의 기부금으로 연구원의 월급을 주고 연구소가 건물을 화려하게 짓는다는 내용이었다. 문제는 기업의 후원금을 대가로, 브루킹스 같은 연구소는 후원한 기업을 위해 연구보고서를 조작했다는 데 있다. 이렇게 되면, 정부 관료나 의회 의원은 연구소가 '해석'한 통계와 기업을 위한 논리로 가득 찬 보고서를 읽게 되고, 이에 바탕을 둔 정책이나 법을 만들 수 있게 된다. 심지어, 연구소 소장이나 연구원이 정부 관료와 후원 기업 이사가 직접 만나 대화할 수 있게 파티까지 열어 준다고 뉴욕타임스가 폭로했다. 이것이 미국만의 관행일까? 텔레비전을 켜서 정치, 경제, 시사 프로그램을 유심히 보면 어렵지 않게 어떤 전문가가 돈을 받았는지 보인다. 헬 조선도 이런 관행에서는 절대 뒤처지지 않는다. 양심적인 지식인과 전문가 집단을 구별해 낼 안목을 아이들에게 길러주기 위해서라도 비판적으로 사고하도록 교육해야 한다. 이것이 학교 교육의 핵심목표 중의 하나가 되어야 한다.

사족 : 박근혜 국정농단 사건으로 한창 시끄러울 때, 여러 대기업 사주가 국회에 모여 반성문 쓰던 기억이 생생하다. 국민 앞에 사죄하러 나온 자들이 전경련을 해체하고 싱크 탱크를 만들겠다고 뻔뻔하게 전 국민에게 사기 치던 모습을 보고 분노했었다. 전경련을 창구로 정치인에게 뇌물을 건네던 후진적인 방식에서 싱크 탱크를 이용한 보고서 로비라는 '혁신적' 방식으로 국민에게 계

속 사기 치겠다고 공언했다. 용서를 비는 자리에 나와 전 국민을 또 한 번 기만하는 재벌을 보고 분노했다. 그래서 수십 쪽이 넘는 『뉴욕 타임스』 기사를 직접 번역해 그날 여러 언론사에 제보했다. 대부분 진보적인 언론사였다. 내 제보에 답한 언론사는 한 군데도 없었다. 40쪽이 넘는 긴 기사여서 읽기가 귀찮았을 것으로 이해하고 그냥 넘어갔다. 젠장!

의심을 품고 질문하며, 불의에 맞서는 인재를 길러야 한다!

질문과 저항이 없는 사회는 독재자를 위한 사회다. 모든 학문적인 발견은 의심과 질문에서 나온다. 빛, 공간, 시간의 본성에 대한 호기심은 아인슈타인의 상대성 이론으로, 몸의 존재까지 의심한 데카르트의 회의doubt는 근대 철학의 시작으로, 멸종한 화석에 대한 관심과 새의 각기 다른 부리에 대한 호기심이 다윈의 진화론으로, 군용 컴퓨터의 연결 가능성에 대한 호기심이 인터넷 혁명으로 이어졌다. 또 한편으로, 왕과 귀족 권력에 대한 도전과 저항이 프랑스 혁명과 영국의 시민권 투쟁으로, 남성의 권위에 대한 여성의 저항은 양성평등에 대한 인식 확산으로, 소수가 독점한 부에 대한 시민의 연대와 저항은 유럽의 복지 제도로, 이성애가 지배적인 문화에 대한 성 소수자의 외침은 유럽과 북미 여러 나라의 동성결혼 합법화 등으로 이어졌다. 그러나 의심과 질문의 기회가 말살당한 헬 조선의 학교는 학생의 호기심과 잠재력을 파괴했고, 학생 대다수가 부도덕한 권위와 다양한 갑질에 순응하게 했다. 자연스러운 결과로, 학교는 강자의 갑질과 불의에 저항을 포기한 시민 집단의 모태가 되었다. 따라서 아이의 호기심과 질문의 가능성을 말살하는 시험과 입시 제도를 가장 먼저 재검토해야 한다. 갑의 횡포에 대한 연대와 저항을 장려하는 교육을 시작해야 한다. 그렇지 않으면, 시민은 권력자가 일삼는 모든 종류의 횡포와 불의에 계속해서 체념하거나 순응하게 될 것이다. 시민이 할 수 있는 저항은 뒷말 정도가 고작일 것이다. 우리가 원했던 사회가 저항 정신을 거세당한 내시로 가득한 곳이었나?

사회적인 불평등과 차별을 유지하는 여러 제도나 관행을 비판적인 시선으로 인식하고 바꿔나갈 인재를 길러내야 한다. 사회의 병든 부분을 진단하고, 이를 고칠 훌륭한 인재를 길러내야 한다. 이렇게 길러진 우리 아이는 불평등과 불의에 연대해 저항하는 시민으로 성장하게 될 것이다. 아이들은 당당하게 정부가 강자의 자유(사유재산권 포함)를 규제하라고 연대하여 요구할 것이다. 강자의 자유를 공정하게 제한할 수 있을 때에야, 우리는 사회적 권리인 복지 혜택을 더 폭넓게 누릴 수 있게 될 것이다. 다음 장에서 유럽 여러 나라의 복지 제도를 자세히 살펴보려 한다. 나아가, 복지 제도의 도입을 방해하는 수구 세력의 이념 활용 방식에 대해서도 자세히 살펴보겠다.

13장

불안을 잠재우는 유럽의 다양한 복지 제도

불안 공화국

인생에 대해 지나칠 정도로 낙관적인 사람을 제외하고, 오늘의 대한민국을 살아가는 대부분 사람은 나름의 불안 요소를 안고 사는 것처럼 보인다. 헬 조선을 휘감고 있는 불안을 열거해 보자. 사, 오십 대 가장은 교육비 지출 때문에 자기 소유의 집에서 노년을 보낼 수 있을지에 대해 불안해할 것이다. 부족한 연금도 이런 불안을 더 깊게 만든다. 대학 입학을 앞둔 자녀를 둔 부모의 불안은 어떤가? 비싼 등록금과 생활비를 동시에 감당할 수 있을지에 대해 불안해할 것이다. 직장인은 노동 시장의 유연화가 대세인 상황에서 언제 해고당할지 모른다는 불안을 안고 살아갈 것이다. 일부 시민은 암 발병 때문에 의료 빈곤층으로 전락할지 모른다는 불안이 있을 것이다. 맞벌이 신혼부부는 어떤가? 아이를 출산하면 신혼부부의 아파트 장만은 더 어려워진다. 출산 후에 경력 단절로 재취업도 불가능한 상황에서 어떻게 불안하지 않을 수 있겠는가? 비정규직은 어떤가? 정규직과 같은 업무를 하면서도 정규직 임금의 대략 60% 이하 정도로 임금을 받는다. 그런데 도시의 생필품 가격은 세계 최고 수준이다. 비정규직 임금으로 수도권의 높은 월세와 생필품 가격을 지급하고 살아남을 수 있을까? 헬 조선에 사는 청년은 많은 것을 포기해야 한다. 아파트 구매는 이미 오래전에 포기했다. 이에 더해 연애, 결혼, 출산은 물론, 인간관계까지 포기하고 있다는 말이 나돌 정도다. 청년은 살인적인 경쟁으로 인해 이미 녹초가 된 지 오래다. 여기에 오디션 프로그램은 경쟁의 가치를 더 부추겨 어떻게든 '노력하면' 성공할 수 있다고 사기 친다. 취업도 불투명한 상태에서 4년간의 학자금 융자 때문에 청년의 인생은 시작부터 빚의 무게로 허리가 휜다. 불안이 대한민국의 공기를 휘감고 있다. 여기서 끝나지 않는다. 비싼 사립 중학교를 들어가려고 유치원생에서 초등생까지 사교육 시장을 전전한다. 어느 연령대의 사람도 불안에서 벗어나지 못한다. 이런 불안으로 인해 언제부턴가 대한민국은 헬 조선이 되었다. 전 세계 200여 국가 중에 우리나라는 국민총생산GDP 기준으로 11위다. 경제적으로 풍요로운 나라다. 그런데 그 많은 돈은 다 어디로 가서 국민 대다수는 항상 경제적으로 불안할까? '소비자인' 국민 대다수가 갖고 있는 이러한 불안은 미래 경제 전망에도 부정적인 영향을 미친다. 불안은 현재에서 미래까지 강도가 조금 덜한 채로 펼쳐진 또 다른 형태의 공포라 한다. 우리 사회에 만연한 불안을 행복으로 바꿀 방법은 없을까?

왜 유럽에서는 헬 조선에 있는 온갖 종류의 불안을 찾아보기 힘들까?

완벽하진 않지만, 모든 연령의 시민을 괴롭히는 각종 불안을 없앨 상당히 효과적인 방법이 있다. 교육 방송EBS이 불안으로 가득 찬 오늘의 대한민국 공기를 정화할 방법을 소개했다. 하지만 별다른 주목을 받지 못했다. 2013년 1월 교육 방송은 〈행복의 조건 복지국가를 가다〉란 제목으로 노동, 의료, 주거, 보육, 교육, 그리고 노후에 관련한 유럽의 복지 정책을 상세히 소개했다. 이 장에서는 이 다큐멘터리의 내용에 바탕을 두고 유럽의 여러 복지 정책과 그 정책을 뒷받침하는 철학을 소개해보겠다. 한국은 2014년 기준으로 국내총생산GDP 대비 사회복지지출이 10.1%다. 경제협력개발기구OECD 회원국의 사회복지 지출 평균은 국내총생산 대비 22%다.[1] 한국의 복지 지출은 경제협력개발기구 35개국 중에 34위다. 개발도상국인 칠레, 터키 같은 나라보다 복지 지출을 덜 한다. 이런 현실에서 복지 선진국인 유럽의 복지 정책과 그 철학을 살펴보는 일은 한국이 지향해야 할 복지 정책의 방향성을 설정하는 데 의미 있는 시도가 될 것이다.

해고당해도 눈앞이 깜깜하지 않다!

유럽의 노동 관련 복지 정책의 특징은 노동자가 직장을 잃었을 때 직면하는 경제적 위기에서 이들을 보호하는 거다. 실업수당이나 보조금으로 실업자를 경제적 위기에서 보호해줄 뿐만 아니라, 정부가 제공하는 직업훈련 및 취업 알선과 같은 적극적인 개입으로 실업자가 다시 일할 수 있게 돕는다. 언뜻 보면 정부가 지나치게 노동자를 보호하고 재교육까지 무상으로 제공하는 것 같지만, 실업자에 대한 정부의 보호는 공짜가 아니다. 대부분의 유럽 국가는 소득세율이 높아 노동 정책으로 다시 일하게 된 노동자가 많을수록 정부의 세금 수입은 더 늘어난다. 재취업에 성공한 노동자는 세금으로 사회에 기여할 수 있게 된다. 유럽에선 소득의 평균 40~50%를 세금으로 내기 때문에, 복지 제도는 안정적으로 작동한다. 그래서 복지 제도가 실업으로 인해 경제적인 위기에 빠진 시민을 안전하게 보호해 줄 수 있다.

아플 때 돈 걱정 없이 병원에 갈 수 있다!

의료 복지에 관련해서는 영국의 국민 건강 보험NHS, National Health System을 모범적인 사례로 들고 싶다. 영국인이 가장 신뢰하는 복지 제도 중의 하나다. 영국의 국민 건강 보험은 나하고도 개인적인 인연이 있다. 2007~8년 사이에 런던에 3개월 정도 체류했었다. 당시 나는 여행자 신분이어서, 영국의 국민 건강보험에 대해 전혀 알지 못했다. 런던에 머물 때 심한 감기로 고생하고 있었지만, 어떤 병원을 어떤 절차로 가야 할지 몰라 머뭇거리고 있었다. 거기에

병원비에 대한 막연한 두려움 때문에 치료를 미루면서 폐렴이 생겼다. 어쩔 수 없이 병원 응급실을 찾았다. 만성적인 폐 질환이 있다는 내 상태를 파악하기 위해 혈액 검사부터 엑스선X-ray 촬영, 폐 기능 검사 등 다양한 검사를 했고, 결국 20여 일 분량의 항생제를 받았다. 당시 여행자 보험도 들지 않고 무작정 영국으로 향했던 나는 처방전 없이는 구할 수 없는 항생제를 손에 쥐고 안도의 한숨을 내쉬었다. 하지만 상당수의 검사와 처방 약에 대한 병원비 때문에 떨리는 마음으로 병원 직원에게 "얼마예요?"라고 물었다. 대답이 놀라웠다. 그녀의 대답은 "그냥 가세요."였다. 예상치 못한 대답에 놀란 내 표정을 본 직원은 잠시 머뭇거리다 '약값(7~8파운드 ; 2007~8년 기준 14,000~16,000원)만 내던가?'라고 말했다. 개인적인 경험이긴 하지만, 영국 의료 복지의 장점과 관대함을 엿볼 기회였다. 영국에서는 선천적인 장애뿐만 아니라 후천적인 장애, 그리고 희소 질병까지 재난 수준에 가까운 병원비 부담 없이 치료받을 수 있다. 한국에선 천문학적인 치료비 때문에 치료를 포기하는 사람들도 있다. 영국에선 이런 처지에 있는 사람도 돈 걱정 없이 치료받고, 완치 후 자신의 능력과 꿈을 펼칠 기회를 다시 가질 수 있다. '국민의 건강을 지켜주는 나라'라는 가치가 영국을 포함한 유럽의 의료 복지 제도를 지탱하고 있다. 유럽 국가는 노령화로 인해 늘어나는 의료비용으로 재정 부담을 겪고 있지만, 이 다큐멘터리는 이러한 부담을 줄이기 위한 국가적인 노력과 정책도 함께 제시한다.

주거권이 시민의 권리였어?

주거 복지 제도는 '집은 누구나 누려야 하는 권리다.'란 생각에 바탕을 둔다. 다큐멘터리 3부는 네덜란드에 사는 20대 초반의 신혼부부가 국가에서 임대료의 50%를 지원받는 것을 소개한다. 네덜란드는 경제력이 없는 시민에게 부모의 소득 수준과 관계없이 임대료를 국가 보조금의 형태로 지원한다. 덴마크의 학생 지원금은 눈을 의심할 정도다. 덴마크는 18세 이상의 모든 대학생에게 우리 돈으로 매월 92만 원 정도의 학생 보조금을 지급한다. 대학생은 이 보조금으로 매달 주택 임대비용을 지급하고, 남은 돈은 생활비로 쓴다. 네덜란드의 주거 복지 제도는 모든 국민이 소득과 관계없이 주거권을 누려야 한다는 생각에 바탕을 두고 있다. 놀랍게도, 임대료를 많이 낼 수 있다고 해서 임대 주택의 평수가 넓어지지 않는다. 임대료를 많이 낼 수 없는 형편이어도 식구 수가 많으면 큰 임대 아파트를 얻을 수 있다. 모자란 임대료를 국가가 지원하는 주거 복지 제도는 이러한 철학에 바탕을 두었기 때문은 아닐까? 돈이나 능력보다 필요란 가치에 더 집중하는 철학 말이다.

아이를 낳고 싶은 나라

프랑스에서는 3~5세 사이의 아동을 가르치는 보육교사는 의무적으로 석사학위(대학과정 포함해서 5년 이상 교육)가 있어야 한다.

여기에 육아 수당, 출산 수당, 심지어 개학할 때 학용품비를 지원하는 개학 수당까지 제공한다. 이러한 보육 복지 정책의 효과로, 프랑스는 경제협력개발기구OECD 국가 중에 가임 여성 한 명당 2명이라는 높은 출산율을 이루었다. 복지의 나라 스웨덴은 출산 휴가를 1년 이상 산모뿐만 아니라 아빠에게도 주며, 출산 휴가 시에 1년간 이전 급여의 80%를 보장해준다.

하고 싶은 공부를 하게 해 주는 나라!

네덜란드의 교육 복지는 무상교육에 더해, 개인이 하고 싶은 공부의 기회를 제공하는 데까지 나아간다. 한 예로 의대가 신입생을 선발할 때, 성적만으로 학생을 뽑지 않는다. 추첨으로 신입생을 선발한다. 물론, 고등학교 졸업 시험 성적이 높은 학생이 합격(추첨) 확률이 더 높긴 하다. 하지만 네덜란드에서는 성적이 의대 입학의 유일한 기준이 아니다. 교육 복지는 독일도 빼놓을 수 없다. 나는 2010~11년에 독일에서 대학원을 다녔다. 나도 독일 교육 복지의 수혜자였다. 당시 학비는 학기 기준으로 700유로(당시 우리 돈으로 약 백만 원)로 큰 부담이 되지 않았다. 학비 중에 삼십만 원은 쾰른과 본이 속한 노르트라인베스트팔렌주의 대중교통을 무료로 이용하게 해주는 학생 교통권을 위한 비용이었다. 이렇게 저렴했던 학비도 2012년 사회민주당이 집권하면서, 본이 속한 주는 수업료가 없어졌다. 유럽에서 대학생을 경제적으로 보호해주는 이유는 국가와 사회가 학생은 소득이 없거나, 설령 있어도 매우 제한적이라는 사실을 배려하기 때문이다. 노동, 주거, 보육, 의료와 같은 여러 복지도 기본적으로 노동자에 대한 국가의 투자다. 무엇보다 교육 복지는 국가가 '무상'으로 국민에게 선물하는 제도가 아니라, 연구개발R&D 분야에 대한 국가의 직접 투자라고 보는 것이 더 합리적이다. 교육 복지는 미래에 스티브 잡스가 될 잠재력을 가진 학생이 경제적인 벽 때문에 좌절하지 않도록 하는 데 필수적이다. 잠재력을 가진 학생이 단지 돈이 없어 꿈을 펼치지 못하는 일은 그 개인뿐만 아니라 국가적으로도 불행한 일이다. 그렇다고 모든 대학생이 스티브 잡스 같은 인물이 될 필요도 없다. 노동자로 열심히 일해 세금을 내는 것 자체가 사회에 기여하는 것이기 때문이다. 교육 복지는 경제적으로 안정된 삶을 살기 원하는 개인과 그 개인을 보호하는 국가 모두를 위해 꼭 필요한 제도다.

평생토록 국가에 세금을 낸 노인은 일하지 않고 쉴 권리가 있다!

마지막으로 노후 복지다. 독일에 사는 노부부에 관한 이야기다. 남편은 전자 제품 판매원으로, 부인은 백화점 직원으로 일하다 은퇴했다. 매달 2000유로, 우리 돈으로 대략 이백오십만 원을 연금으로 받는다. 독일은 생필품 가격이 한국보다 훨씬 저렴해 이 정도 연금으로 충분히 여유 있게 살 수 있다. 나는 2010~11년까지 독일에서 유학을 위해 체류한 적이 있다. 20유로 정도(당시 원화 기준으로 3만 5천 원)면 두 사람이 주말을 충분히 보낼 수 있을 정도였다. 생필품 물가가 이렇게 싼 덕분이어서 그런지 이 노부부는 요트를 타고 발트해를 7주 동안 여행하기도 했다. 독일은 연금 가입자 비율이 90%이고 평균 납부 기간이 36년, 그리고 월급의 평균 20% 정도를 매월 연금보험으로 낸다. 이런 연금 제도로 노후를 안정적이고 여유 있게 즐길 수 있다. 스웨덴은 어떤가? 월급의 18.5%를 45년 동안 매월 낸 부부의 사례다. 매달 우리 돈으로 오백육십만 원을 연금으로 받는다. 이 중에 대략 160만 원이 세금이고, 생활비는 240만 원 정도 들기 때문에 세금과 생활비를 제외하고도 돈이 남는다. 남의 나라고, 거기다 먼 나라 이야기이다. 이 두 나라 모두 노후에 지출의 많은 부분을 차지하는 의료비는 무료에 가깝다.

복지는 공동체 구성원 모두가 마땅히 누려야 하는 사회적 권리다!

정부는 우리를 대신해 보육, 교육, 의료, 주거, 고용, 노후연금 등의 공적 서비스를 세금으로 공동 구매하는 대리집단일 뿐이다. 따라서 '무상'이란 표현으로 복지 제도의 도입을 방해하거나 꺼리는 정치인은 우리 돈(세금)을 사기 치는 자임을 스스로 인증하는 거다. 앞서 소개한 여러 복지 제도는 사치가 아니라, 시민의 '사회적 권리'이다. 사회적 권리란 공동체(사회) 구성원이 마땅히 누려야 할 최소한의 것이다. 주거, 보육, 교육, 의료, 연금, 그리고 실업 수당 등의 복지 제도는 공동체가 시민에게 최소한도로 보장해줘야 하는 사회적 권리다. 공동체(사회)를 중시하는 서유럽과 북유럽에서는 국가를 시민 모두가 살아가는 큰 집으로 이해한다. 그래서 한 개인이 실업, 질병, 재난과 같은 어려움에 부닥쳤을 때, 모든 시민의 집인 국가가 세금으로 경제적인 위기에 처한 이들을 내 식구처럼 보호해 준다. 우리는 이웃집 가장이 실직하거나, 병원비가 천문학적으로 드는 질병에 걸렸을 때, 도와주지 못해 미안하고 불편한 마음을 갖게 된다. 유럽 국가에서는 이런 감정을 느낄 필요가 없다. 국가가 시민 모두에게 꿈과 재능을 펼쳐 사회에 기여할 기회를 평등하게 보장하려고 교육, 보육, 직업교육, 의료와 같은 복지 제도를 세금으로 저렴하게 제공하기 때문이다. 즉, 정부가 세금으로 여러 공적 서비스(주거, 의료, 교육, 연금 등)를 시민을 대신해 저렴하게 공동 구매한다. 이런 복지 제도가 우리 사회에도 이른 시일 안에 시행되면, 이 장의 도입부에서 언급한 여러 불안이 사라질 수 있지 않을까? 그런데 '이런 복지 제도를 대한민국에서도 시행할 수 있을까?'라고 물으면 어떤 반응이 나올까?

복지 제도를 확대하자는 정치인은 대중 영합주의자인가?

정치인이 유럽 수준의 복지 제도를 도입하자고 하면, 수구 언론은 '대중 영합주의자'(포퓰리스트populist — 선거에서 표를 얻기 위해 실현 불가능한 공약을 남발하는 정치인)'라고 즉시 비난한다. 잠깐 생각해 보자. 여러분이 부가세를 포함해 세금으로 일 년에 천만 원을 낸다면, 여러분은 얼마만큼의 복지 혜택을 받아야 적당할까? 삼백만 원에 해당하는 복지 혜택, 아니면 육백만 원에 해당하는 복지 혜택? 천만 원 세금 내고 천만 원어치의 복지 혜택을 받는 것은 너무 과하지 않을까? 세금은 국방, 교육, 공무원 월급, 소외 계층을 위한 복지, 사회간접자본 투자 및 기업의 연구 개발 지원 등 여러 곳에 쓰인다. 이런 분야에 쓰고 남은 돈을, 혹은 조금씩 아껴 남긴 돈을 복지에 써야 하지 않을까? 내 생각엔, 정부는 세금으로 천만 원을 낸 시민에게는 천만 원의 가치에 해당하는 복지 혜택을 제공해야 하고, 또 그렇게 할 수 있다. 교복 공동 구매를 생각해 보자. 천여 명의 학생을 위해 학교가 교복을 공동 구매하면, 소비자 가격의 대략 40~50%를 아낄 수 있다. 대량으로 구매하면 거의 모든 상품과 서비스를 싼값에 살 수 있다. 초등학교, 중학교 교육과 현재의 의료보험과 같은 것을 세금으로 공동 구매했기 때문에, 우리가 이런 서비스를 저렴하게 이용할 수 있었던 거다. 그러면 고등학교와 대학 등록금, 암과 같은 중증 질환 치료비, 실업급여, 출산 지원(산후조리원 등), 아파트, 노후 연금도 훨씬 싸게 공동 구매해 달라고 정부에 요구해야 하지 않을까? 시민의 표를 얻어 구성한 정부는 시민의 요구를 자세히 검토해 성실히 응해야 하지 않을까? 이런 측면에서 보면, 선거는 시민에게 가장 싼값에 복지를 공동 구매할 정치인을 선택하는 행위일 것이다. 하지만, 수구 언론은 복지를 가장 싸게 제공하겠다는 정치인을 고르는 선거에서 이런 정치인을 '대중 영합주의자'라고 깎아내린다. 기업의 세금을 깎아 주기 위해,

증세를 막기 위해 애쓰는 수구 언론의 노력이 눈물겨울 정도다. 그동안 수구 언론의 이런 꼼수에 우리는 늘 속았다. '왜 우린 속기만 했을까?'란 질문에 대한 답을 다음 장의 결론에서 다루겠다. 지금은 잠깐 기술 분야의 발전에 대해 생각해 보자. 복지 제도 얘기하다가 왜 갑자기 기술technology 얘기인가? 다음 장에서 현대 과학 기술의 발전 정도를 가늠해 보겠다.

14장

4차 산업 혁명과 복지국가에 대한 모순된 전망

인터스텔라Interstellar 여행1

헬 조선에서 시민이 겪고 있는 불안의 해소법으로 유럽의 복지 제도를 소개하다가 갑자기 과학 이야기를 꺼냈다. 여기서 과학을 다루는 이유는 이 장의 결론에서 밝히겠다. 현재 지구촌에서 일어나고 있는 과학, 기술의 진보 수준을 간략하게 살펴보자. 2014년 말에 개봉했던 영화 〈인터스텔라〉는 별과 별 사이의 여행Interstellar travel에 관한 이야기다. 사실 태양에서 가장 가까운 별까지 여행하는 데 현재 로켓 기술로 약 8만 년이 걸린다고 한다.2 현실적으로 인터스텔라 여행은 아직 멀었다. 이 영화에서는 웜홀worm hole로 먼 우주와 차원 여행을 시도한다. 상대성이론에 따르면 웜홀도 이론적으로 존재한다. 하지만 블랙홀처럼 관측한 적은 아직 없다. 웜홀도 음성 질량negative mass을 만드는 데 성공하면, 웜홀을 활용한 여행이 가능하다고 한다. 미국 예일 대학의 한 연구소가 극소량의 음성 질량을 만드는 데 성공했다고 한다. 하지만 웜홀을 활용한 여행은 먼 미래의 이야기다.

화성은 여행(태양계 안의 행성 간의 여행)inter-planetary할 수 있을까?

웜홀을 통과해 다른 별을 여행하는 것은 현재로선 불가능하다. 하지만 가까운 미래에 태양계 내의 행성을 여행하는 것은 가능할 수 있다. 일단, 화성 여행이 우리 눈앞에 와 있다. 일론 머스크가 세운 스페이스 X가 인간을 처음으로 화성에 발을 딛게 할 가능성이 높다. 화성을 시작으로 태양계에 있는 다른 행성에도 인간이 거주하는 시대가 올 것이다. 머스크의 화성 도시 건설을 위한 예상 시나리오를 살펴보자. 2018년에 화성에 거대한 로켓 우주선을 보낸다. 한 번에 대략 천 톤의 화물을 실을 수 있는 대형 우주선이다. 2년마다 이 거대한 로켓에 화물을 실어 화성에 보낸다. 2025년경에 처음으로 인간이 화성에 착륙한다. 2025년경부터 화성 지하에 인간이 살 도시를 건설하기 위해 화성 최초의 거주자들은 중대한 임무를 수행하게 될 것이다. 학교, 병원, 온실이 세워질 것이다. 지하 도시에 물을 댈 관개시설과 에너지를 생산할 발전소도 짓게 될 것이다. 모든 작업은 우주복을 입은 채로 이루어지게 된다. 2년 후에는 더 많은 사람이 화성에 도착해 지하 도시를 완성하는 일이 더 일찍 마무리될 것이다. 2029년 무렵이면 지구인은 화성에 거주하는 사람들의 생활에 대해 점점 익숙해지고, 이때부터 26개월마다 지구와 화성을 오가는 쌍방향의 대이주가 일어날 것이다. 2030년경에 우리는 화성 특파원의 트위터를 팔로우할 수도 있고, 화성에서 방송하는 리얼리티 쇼Reality shows에 열광하게 될 수도 있다. 2050년경이면 대략 10만 명이 화성 도시에 거주하게 될 것이다. 이때 여러분의 자녀가 화성에서 파견 근무할 가능성도 있다. 지구의 회사들이 화성에 지점을 세울 수 있기 때문이다. 2065년경에는 대략 50만 명이 2년마다 화성을 여행하게 될 것이고, 화성까지의 여행 시간은 대략 한 달이며 여행비용은 1인당 현재 기준으로 6만 달러(우리 돈으로 대략 7천만 원) 정도가 될 것이다. 화성에 고임금 직종이 많아질 수 있어 여행비용은 그렇게 큰 부담이 되지 않을 수 있다. 일론 머스크는 2074년경에 백만 이상의 인구가 화성에 살게 될 것이라고 예상한다. 물론 스페이스 X가 계획을 차질 없이 진행하는 경우에 한해서다. 기술적인 혁신이나 예상치 않은 변수로 인해, 화성 도시는 더 빨리 혹은 한참 더 늦게 세워질 수 있다.

화성에 백만 명이 살 도시를 지은 후에는 화성 전체를 지구 환경과 같게 만드는 프로젝트를 시작한다. 이런 프로젝트를 테라포밍teraforming 3이라 부른다. 테라포밍 방식을 간략하게 설명하겠다. 일단, 화성의 극지방에 있는 엄청난 양의 얼음을 녹인다. 이 얼음은 화성 표면 전체를 10m 높이의 물로 덮을 수 있을 정도로 거대하다. 얼음을 녹이는 데만 성공하면 얼음 안에 갇힌 엄청난 양의 이산화탄소가 화성의 대기를 채울 수 있다. 대기 중의 이산화탄소가 화성의 대기에 더 많은 햇빛을 가두면서 기온은 상승한다. 이렇게 기온

이 상승하면서 물은 더 많은 수증기로 바뀐다. 대기의 높은 습도는 다시 화성의 대기에 더 많은 햇빛을 가두면서 기온을 더 끌어 올린다. 이렇게 상승한 기온으로 인해 더 많은 얼음이 녹고, 얼음에 갇힌 이산화탄소는 대기 중에 가득 차게 된다. 이런 과정이 계속 일어나는 것과 함께 메탄 같은 더 강력한 온실가스로 화성의 대기를 가득 채운다. 이런 방식으로 화성의 기온을 섭씨 4도 정도 올리는 데 성공하면, 이때부턴 화성의 대기를 온실가스로 채우는 속도가 한층 더 빨라진다. 다음으로, 온실가스 농도가 올라가면 화성의 표면에 이끼류나 소나무 씨앗을 대량으로 뿌린다. 이를 통해 산소를 뿜어내면서 추위를 견딜 수 있는 미생물을 대량으로 번식하게 한다. 이렇게 하면, 화성의 대기 중 산소 농도가 상승하게 될 것이다. 물론, 인간이 직접 숨 쉴 수 있을 정도로 대기에 산소를 가득 채우는 데에는 상당히 오랜 시간이 걸린다. 최소 3백 년에서 몇 천 년 정도까지 걸릴 수 있다. 초강력 인공지능Artificial Super Intelligence이나 분자 생물학(나노 공학) 분야에서 혁명적인 기술이 가까운 미래에 나온다면, 화성을 테라포밍하는 시간을 획기적으로 단축할 수도 있을 것이다. 이런 신기술이 나오기 전까지 화성 거주민이 도시의 외부를 걷기 위해서는 마스크를 써야 할 것이다. 하지만 화성 도시 안에서는 마스크를 쓰지 않아도 된다. 지하 도시와 지상에 돔 형태로 지은 도시 안에서는 그곳에서 생산한 산소가 있어 인간은 마스크 없이 생활할 수 있을 것이다.

눈앞에 다가온 화성Mars 여행과 새로운 인류의 시작

웜홀로 가까운 별을 여행하는 것은 현재로선 불가능에 가깝지만, 태양계에 있는 행성을 여행하는 것은 상대적으로 가까운 미래에 일어날 수 있다. 그뿐만 아니라, 인간이 화성을 이번 세기 혹은 다음 세기에 테라포밍하는 데 성공한다면 목성의 달도, 토성의 위성인 타이탄에도 도시를 건설할 수 있을 것이다. 인간이 여러 행성으로 이주해, 그곳에서 태어난 인류는 그 행성의 환경에 맞게 진화하면서 현재의 인류와 다른 신체적 특징을 갖게 될 수도 있다. 이렇게 되면, 역사는 일론 머스크를 새로운 신체적 특징을 가진 신인류의 조상으로 기록할 가능성도 있다. 지구에 최초의 생명체가 등장한 뒤 약 35억 년이 흘렀다. 우리는 이렇게 긴 생명의 역사에 획기적인 사건으로 남을 혁명적 사건을 목격하게 될 수도 있다. 물에서만 살던 생명체가 3억 년 전에 육지로 나와 네 발 달린 동물로 진화한 사건과 비교할 수 있을 정도의 엄청난 사건이 지금 막 일어나려하고 있다. 과학자들은 틱탈릭Tiktaalik 4이란 어류를 육지로 나온 최초의 바다 생물로 여기고 있다. 과학자들은 틱탈릭을 지상의 모든 네 발 달린 동물의 조상이자 인류의 조상일 수 있다고 생각한다. 틱탈릭의 대담한 모험정신으로 인해 현재 2백만 종이 넘는 생명체가 지구에 공존할 수 있게 되었다. 마치 틱탈릭이 바다에서 육지로 나온 것처럼 일론 머스크도 인류를 처음 지구 밖으로 나오게한 주역으로 기록될 가능성이 있다. 우주의 생명 역사에서 인류는 별을 여행하고, 결국은 은하계를 탐험하는 최초의 생명체로 거듭나게 될 수도 있다. 우리는 이러한 역사적 시기에 살고 있다. 새로운 세계와 그 세계의 주인이 될 완전히 새로운 인류Homo Intelligence or smart humans(내 표현)의 출현을 목격하게 될지도 모른다.

초강력 인공지능과 나노 공학이 만들 새로운 인류는 어떤 존재일까?

미래에 등장할 새로운 인류(스마트 휴먼)에 대한 영화적인 묘사가 있었다. 2014년에 개봉한 조니 뎁 주연의 〈트랜센덴스〉Transcendence다. 이 영화가 묘사한 스마트 휴먼은 나노 로봇Molecular machines or nano-robots에 기반을 둔다. 최소 수십억 마리의 나노 로봇이 인간의 몸에서 생물학적인 세포와 분자의 역할을 한다. 예를 들면, 피부 줄기세포 역할을 하는 엄청난 수의 나노봇(나노 크기의 로봇의 줄임말;분자 기계들)이 상처 난 부위의 피부 세포를 순식간에 재생해 상처를 회복하게 한다. 이 나노봇들은 인터넷으로 서로를 연결해 사람끼리 무선으로 통신할 수 있다. 스마트 휴먼의 신체적 능력 또한 놀랍다. 영화에서 스마트 휴먼은 자동차를 따라잡을 정도로 빠르게 달린다. 수백 킬로그램이 넘는 건설 장비도 거뜬히 들어 올린다. 레이 커츠와일Ray Kurzweil(구글의 인공지능 수석 연구원)은 현재의 인간과는 전적으로 다른 새로운 인류의 특징에 관해 이렇게 설명한다.[5] 커츠와일은 미래학자, 발명가, 컴퓨터 과학자이자 작가다. 구글 창업자인 래리 페이지가 2012년에 직접 그를 고용한 후부터 기계 학습과 언어 처리에 관한 새로운 프로젝트를 맡고 있다.『포브스』나『월 스트리트 저널』, 그리고 PBS(미국의 공영 방송)는 커츠와일을 "잠들지 않는 천재, 궁극의 생각 기계, 그리고 지난 2세기 동안 미국을 혁명적으로 바꾼 16인 중의 한 명"으로 평가한다.

커츠와일은 무선으로 연결된 수많은 나노봇이 혈관을 타고 이동하며 인간의 건강을 위해 여러 임무를 수행하는 일들에 관해 설명했다. 이 나노봇들은 우리 몸의 구석구석에 있는 닳아진 세포를 고치거나 교체한다. 커츠와일은 인간의 몸이 여러 인공적인 물질과 점점 더 통합할 것으로 생각한다. 완벽하게 진화한 다양한 기계가 인간의 장기를 대체할 수 있다. 인간의 장기를 대신하는 기계들은 영원히 작동하며 절대 멈추지 않을 것이다. 한 예로, 나노봇이 적혈구 세포를 대신할 것이라고 한다. 이런 나노봇은 몸의 세포나 조직에 산소를 공급하고, 자신의 움직임에 스스로 동력을 줘 심장 자체를 불필요하게 만들 수 있다. 또 다른 나노봇은 몸의 세포에 영양소를 전달하고, 몸에 해로운 어떤 것이든 몸에 영향을 주지 않은 채로 빠져나가게 할 수도 있다. 나노공학 이론가인 로버트 프레이타스Robert A. Freitas는 이미 혈액세포를 대체할 기술을 설계했다. 언젠가 이 기술을 우리 몸에 적용하는 데 성공하면, 인간은 15분 동안 숨 한 번 안 쉬고 달릴 수 있게 될지도 모른다. 커츠와일은 인간의 뇌에 관해서도 언급했다. 뇌는 현재보다 수십억 배 빠르게 생각할 수 있다고 그는 믿는다. 이렇게 진화한 뇌는 클라우드 기능을 활용해 인터넷의 모든 정보를 활용할 수 있게 된다. 몸속에 있는 나노봇들이 감각기관을 통해 얻은 정보를 제어하고, 그 정보를 새로운 신호로 바꾼다. 이러한 신호로 인해 인간은 전적으로 새로운 환경을 경험하게 된다. 커츠와일은 인공지능 혁명이 인간과 초강력 인공지능ASI이 완전히 결합하는 순간에 완성될 것이라고 예상한다. 커츠와일만 새로운 인류Homo Intelligence or Smart Human의 출현을 주장하는 것은 아니다. 일론 머스크도 두바이에서 2017년 2월에 열린 세계 정부 정상 회의The World Governments Summit에서 이렇게 말했다. "인간은 일종의 사이보그cyborg로 진화하게 될 것이다. 이렇게 진화하지 않는다면 인간은 인공지능 시대에 쓸모없는 존재가 될 것이다." 인간의 뇌는 인공지능과 결합할 것이고, 이로 인해 인류는 새로운 종Smart Humans;Cyborgs으로 거듭나게 될 것이다. 나는 오늘의 인류가 35억 년 생명의 역사에서 혁명적인 전환을 이룰 주체가 될 거라고 예상한다. 이쯤 되면 여러분은 미래의 인류에 대해 오해하거나 두려움을 갖게 될지도 모른다. 스마트 휴먼은 그동안 공상과학영화가 묘사한 것과는 다른 모습일 가능성이 높다. 수많은 나노봇은 금속이나 플라스틱으로 만들어지지 않을 것이기 때문이다. 이 나노봇은 우리 몸속에 있는 여러 종류의 단백질로 만들어진다. 이제 나노의 크기와 나노봇에 대해 집중해보자. 현재 나노 공학은 어디까지 와있을까?

나노 공학과 분자 기계

1나노ⁿᵐ는 1밀리미터ᵐᵐ의 백만분의 일이다. 나노 크기에 대해 이렇게 생각해보자. 1초 동안 자라나는 손톱의 크기라면 상상이 되는가? 나노$^{1nm-100nm}$와 나노를 다루는 인간 둘 다를 25만 배 확대해보자. 이러면 인간의 머리는 지구 표면에서 431km 위에 떠 있는 국제 우주 정거장에 닿게 된다. 나노$^{1nm-100nm}$ 크기의 분자를 똑같이 25만 배 확대하면 0.25mm에서 2.5cm 정도가 된다. 나노 공학은 우주 정거장에 닿을 만한 거인이 0.25mm에서 2.5cm만 한 물질을 다루는 정밀한 작업이다. 바이러스 길이가 100nm, DNA의 폭이 10nm, 크기가 큰 분자인 헤모글로빈이 5nm, 그리고 중간 크기의 글루코스 같은 분자가 1nm이다. 나노 공학은 0.1nm의 개별 원자까지 조작할 수 있는 정도를 목표하고 있다. '인간이 이렇게 작은 분자를 조작할 수 있는 날이 올까?'라고 생각할 수 있다. 놀랍게도, 2016년 10월 노벨 화학상을 받은 과학자 3명의 수상 이유는 나노 로봇(분자 기계)의 초기 버전 개발에 성공했기 때문이었다.[6]

세계에서 가장 작은 기계를 만든 과학자들

장-피에 소바주Jean-Pierre Sauvage(프랑스), 프레이저 스토다트Sir J. Fraser Stoddart(미국), 버나드 페린가Bernard L. Feringa(네덜란드)가 나노 로봇(분자 기계)을 만든 주인공들이다. 이 과학자들은 1980

년대 초부터 현재까지 나노 로봇(분자 기계)의 발전에 엄청난 이바지를 했다. 현재의 분자 기계는 분자 엘리베이터(0.7nm를 상승시킴), 분자 로봇(아미노산을 들어서 연결하는 로봇), 그리고 2013년에 프랑스에서 화제를 모았던 분자 자동차(세계 여러 나라의 6개 연구소가 분자 자동차 경주 대회에 참가) 등이다. 노벨상 위원회는 이 세 명의 화학자를 비행기를 발명한 라이트 형제와 비교할 만한 대단한 업적을 이뤄냈다고 평가했다. 라이트 형제는 대서양을 건너는 데 3개월 정도가 걸리던 것을 지구의 어디든 하루면 갈 수 있게 만들었다. 결국, 비행기 발명을 시작으로 화성 탐사를 추진할 정도로 비행 기술이 발전했다. 슈바즈, 스토다트, 그리고 페린가의 분자 기계가 만들어 낼 새로운 인류와 그 인류가 살아갈 세계를 상상하는 일은 쉽지 않아 보인다. 앞서 언급했던 영화 〈트랜센던스〉(초월)는 인공지능이 인간의 지능을 넘는 순간을 '초월'이란 단어로 표현했지만, 최근까지만 해도 이 순간을 '싱귤래러티'singularity라 불렀다. 영화가 묘사한 세계가 우리 눈앞에 펼쳐질 날이 머지않은 것 같다. 트랜센던스가 묘사하는 기적 같은 일을 만들어 내는 데 필요한 또 다른 기술이 양자 컴퓨터quantum computer다. 향후 몇 년 안에 구글이나 아이비엠과 같은 회사가 전통적인 슈퍼컴퓨터를 구식으로 만들 양자 컴퓨터를 선보일 거라는 보도가 나왔다.[7] 구글과 아이비엠과 같은 회사뿐만 아니라 상당수 창업 회사도 전통적인 슈퍼컴퓨터를 거북이 수준의 연산 속도로 느껴지게 할 양자 컴퓨터 개발에 박차를 가하고 있다.

인공지능, 양자 컴퓨터, 그리고 나노 공학의 발견이 한곳에서 만나 인공지능 혁명이 일어나면, 인류는 이제 영생에 관해 토론하기 시작할 것이다. 화성 도시 건설 계획, 초강력 인공지능, 분자 기계인 나노봇, 그리고 양자 컴퓨터까지 현대 과학의 핵심적인 분야의 진화 과정을 살펴보았다. 공상과학영화가 묘사한 새로운 인류(사이보그)의 출현으로 인해 인류가 처음으로 지구라는 외딴 섬을 벗어나 태양계를 여행하게 될 수도 있다. 이런 일이 일어난다면, 은하계를 탐험하는 최초의 생명체가 인간이 될 가능성도 있다. 물론 영국의 물리학자 스티븐 호킹, 빌 게이츠, 그리고 일론 머스크 등이 걱정하는 것처럼 인공지능 혁명으로 인한 인류의 멸종을 우리가 피한다는 전제하에서다.

복지 논쟁과 과학기술 둘 다 변화와 관련한 문제다!

13장과 이 장에서 유럽의 복지 제도와 현대 과학기술 분야의 연구 성과를 살펴보았다. 복지 제도와 현대 과학기술을 왜 동시에 얘기할까? 복지 제도와 과학기술은 상관이 없어 보이지만, 이 두 주제 모두 '변화'에 관한 이야기다. 하지만 복지 제도의 도입 가능성과 과학기술의 실현 가능성에 대한 대중의 전망과 태도는 상당히 다른 것 같다. '유럽과 같은 복지 제도를 한국 사회가 성공적으로 시행할 수 있을까?'란 질문에 관해 상당수 시민은 회의적인 것 같다. 이런 전망과는 대조적으로 다수 시민은 과학기술 분야의 잠재성에 대해서는 상당히 낙관적으로 보는 것 같다. 많은 시민이 과학자나 연구원이 예측하는 변화가 실제로 이루어질 수 있다고 생각하는 것처럼 보인다. '왜 같은 사람들이 복지 제도와 과학기술 이 두 문제에 대해 이런 상반된 전망을 하게 되었을까?' 이 질문에 답하려고 유럽의 복지 제도와 현재 과학기술의 발전 정도를 소개했다. 물론, 우리와 우리 자녀들이 살아갈 세계에 대해 예측해 보는 것은 미래 사회에 맞는 여러 제도 마련과 다양한 측면의 대비에 필수적이기도 해서 좀 길게 과학기술에 대한 전망을 적었다. 정말 긴 여정이었지만 다시 한번 묻고 싶다. 왜 정치, 경제, 사회적인 변화를 의미하는 복지 제도의 도입 가능성에 대해서는 의심하면서, 과학기술이 불러올 변화는 실제로 이루어질 거라고 낙관할까? 우리는 아이폰을 매년 새로운 제품으로 업그레이드하는 것을 당연하게 여긴다. 그런데 헬 조선의 정치, 경제 제도는 어째서 변하지 않을 거로 생각할까?

슬라보예 지젝이 언론과 전문가 집단의 민낯을 폭로하다!

슬라보예 지젝이 두 주제에 대한 대중의 상반된 전망에 대해 답했다. 2011년 10월 9일 뉴욕에서 스타 철학자인 슬라보예 지젝은 "월가를 점령하라" 시위에서 연설했다.[8] 지젝은 그 연설 끝에 이렇게 말했다. "우리는 어디까지 상상할 수 있는가? 우리의 상상은 언론이 정해준 프레임 안에서만 일어난다. 언론과 그곳에 출연하는 전문가들은 우리에게 과학기술 관련 분야에선 모든 것이 가능하다고 말한다. 예를 들면, 방송에 출연하는 많은 전문가는 인류는 달도 여행할 수 있고, 생명공학의 진보로 인해 영생할 수도 있다고 주장한다. 하지만 사회, 경제적인 부분과 관련해선 이들의 어조와 내용이 전혀 다르다. 똑같은 전문가들이 초고액 자산가나 기업의 세금을 약간만 올리는 것도 안 된다고 주장한다. 기업의 경쟁력이 약화할 수 있기 때문이란다. 의료보험 제도의 개선을 위해 약간의 증세가 필요하다고 하면, 이것 역시 안 된다고 답한다. 이런 의료보험 제도는 사회주의 국가에서나 가능하다고 한다." 지젝은 같은 연설 전반부에서도 이렇게 말했다. "역사적으로, 지배자는 우리가 미래에 관해 꿈꿀 자유마저 억압했다. 지배자는 전문가들이 시민을 세뇌하게 해 대중의 자유를 늘 억압했다."

기업의 광고료로 돈 버는 언론이 기업을 어느 선까지 감시할 수 있을까? 설상가상으로, 언론 또한 헬 조선의 권력 집단이 되었다. 지젝은 언론 권력이 자신과 기득권 세력의 지위와 이익을 보호하기 위해 시민이 꿈꿀 자유마저 억압했다고 폭로했다. 소수의 정의로운 학자와 정치인이 의로운 사회를 만들기 위해 정책 도입과 입법의 필요성을 외치면, 우리 스스로 '그런 사회는 불가능해.'라며 체념한다. 지젝은 언론과 그 전문가들이 우리가 이렇게 생각하도록 세뇌했다고 외쳤다. 평등한 복지국가를 세우자고 주장하면, 언론의 전문가들은 이런 주장을 마치 유토피아처럼 실현 불가능한 것이라고 한목소리로 외친다. 언론이 복지 국가에 대한 이런 주장을 사회주의자의 망상이나 세상 물정 모르는 이상주의자의 외침 정도로 치부하도록 대중의 의식을 세뇌했다고 지적은 폭로했다.

'정치, 경제, 사회 분야의 개혁과 진보는 다 안 된다.'라는 사회에서 이상하게 인공지능, 아이폰, 나노 생명공학, 로봇공학과 우주 탐사는 전 세계적으로 실험해 계속해서 진화했다. 2004년 기준으로 화성에 인간을 한 명 보내는 데 1조 원 정도 든다고 한다. 일론 머스크는 2060년경이면 1인당 화성 여행비용을 1억 원 아래로 낮출 수 있다고 예측한다. 현재 비용의 만 분의 1 정도로 낮추겠다고 한다. 머스크의 이런 약속이 허풍으로만 보이지 않는 것이 과학기술 발전 속도가 전례 없이 빠르기 때문이다. 현재 아이폰의 컴퓨팅 능력이 1990년대 이전의 슈퍼컴퓨터의 능력보다 더 강력하다. 과학기술의 엄청난 변화 속도와는 다르게 유독 세금에 기반을 둔 시민의 사회적 권리(복지)의 진보는 불가능하고, 기본 소득 도입은 더 안 된다고 한다. 복지 제도는 공적 서비스(연금, 교육, 주거, 의료 서비스 등)를 국민이 낸 세금으로 정부가 공동 구매하는 것이다. 정부의 의지만 있으면, 여러 공적 서비스를 훨씬 더 싼값에 모든 시민에게 제공할 수 있다. 우리는 30년 전의 슈퍼컴퓨터보다 더 강력한 아이폰을 전 국민이 한 대씩 들고 다니고, 현재 1조 원이 넘는 화성 여행비용을 1억 원까지 낮출 수 있는 혁신의 시대를 살아갈 것이다. 이런 혁신의 시대에 왜 아파트값, 병원비, 대학 등록금의 가격은 내려가기는커녕 올라가기만 할까? 보편적 복지 제도를 도입하자는 제안은 이렇게 치솟고만 있는 공적 서비스를 누구나 저렴하게 누릴 수 있도록 공동 구매하자는 것이다. 이제 '무상'이니 '회장 손자에게 급식을 무료로 준다고?'라는 이런 얘기가 우리를 속이는 전형적인 전문가의 꼼수임을 인식해야 한다. 이 논리로 그동안 참 잘도 사기 쳤다.

정치, 경제, 사회적인 제도 또한 계속해서 개선하고, 개선의 과정에 시민의 참여를 보장할 제도적인 변화가 있어야 하지 않을까? '이러한 개혁과 진보가 우리나라에서 가능할까?'라고 스스로 또 물었다면 아직도 언론과 그들의 세뇌에서 벗어나지 못한 것 아닐까? 언론에 출연하는 전문가 중에 특히 경계해야 할 이들이 홍보PR, public relation 전문가다. 이 전문가들은 언론인 출신이 많다. 정부나 각 정당의 홍보 수석, 대변인, 그리고 대기업의 홍보 이사가 이 전문가 그룹에 속한다. 이들의 특기는 대중의 '동의를 끌어내는engineering consent 능력'이다. 이들은 자신의 고객인 정치, 경제 권력자들의 이익을 극대화하고 피해를 최소화하기 위해 온갖 노력을 다한다. 거짓말과 반쪽만 진실인 주장들을 정치·경제 권력 집단을 위해 미디어에 나와 무차별적으로 퍼뜨린다.9 이들이 퍼트리는 지식, 정보, 이념으로 우리의 큐브(이념의 구조물 ; 뇌)는 더러워진다. 결국 그들의 생각이 우리의 의견, 태도, 우리의 행동까지 지배한다.

국민연금의 소득 대체율, 의료보험, 학교급식, 혹은 기본 소득제에 관한 토론을 보면 이 전문가들이 권력 집단의 하수인임을 쉽게 알 수 있다. '이건희 손자까지 밥을 공짜로 주어야 하나? 그 돈으로 가난한 집 아이를 더 지원하는 게 효율적이지 않을까? 이건희 회장에게 국민연금도 모자라 기본소득까지 주자고? 상류층 사람의 암 치료비까지 국가가 보장해야 한다고?' 이런 주장들은 일견 합리적으로 들린다. 그래서 상당수 시민은 이건희 회장까지 챙기는 보편적 복지보다는 소외 계층에 혜택을 집중하는 선별적 복지를 지지하게 된다. 하지만 다 교묘한 속임수다. 국민연금의 소득 대체율 인상, 암 치료비의 완전 보장, 학교급식, 거기다 기본 소득제를 도입하기 위해선 엄청난 재원이 필요하다. 그 돈이 어디서 나와야 할지를 가장 빠르게 알아채는 사람들이 헬 조선의 초고액 자산가(1조 원 이상의 자산가)들이다. 월급 생활자는 월급의 각각 10%와 6%를 국민연금과 의료보험료로 낸다. 여기서 국민연금과 의료보험 납부금의 절반을 고용주인 회사가 부담한다. 그래서 국민연금의 소득 대체율을 올리거나 의료보험의 보장성을 강화하면 기업의 부담이 상당히 커진다. 기본 소득이나 다른 복지도 마찬가지다. 복지를 확대하기 위해서는 세금을 더 많이 걷어야 한다. 조세의 원칙은 많이 번 사람이 많이 내는 거다. 그러니 복지를 확대하면 기업의 세금 부담은 더 커지게끔 되어있다. 이런 이유로 기업가는 보수 정치인과 홍보 수석 같은 전문가한테 "우리 그런 복지 안 해줘도 돼! 제발 세금만 올리지 않게 해!"라고 말한다. 그러면 홍보 전문가는 자신의 고객을 위해 언론에 나와 이렇게 주장한다. "우리 회장님은 세금 더 내기 싫대."라고 절대 말하지 않는다. "소외 계층에 복지 혜택을 집중하는 것이 부족한 국가 재정 상황을 고려할 때 더 합리적이다!" 혹은 "이건희 회장에게 기초연금도 아까운데 기본 소득까지 주자고?"라고 주장하며 우리 편인 척한다. 홍보전문가는 보편적 복지보다 선별적 복지가 더 효율적이고 합리적인 제도라고 떠든다. 설득력 있게 들린다.

하지만, 세금을 훨씬 더 많이 내는 고소득 개인이나 기업가가 다수 시민이 받는 복지 혜택을 못 받는다면 어떤 일이 벌어질까? 고소득 개인과 기업가는 어떻게 해서든 세금을 내지 않거나 적게 내려고 온갖 수단을 다 찾게 될 것이다. 유럽의 사회 민주주의 국가들은 선별적 복지의 이런 문제를 오래전에 인식했다. 그래서 유럽 국가들은 선별적 복지보다는 납세의 동기를 그나마 장려할 수 있는 보편적 복지를 시행했다.[10] 수구 언론에 출연하는 홍보 전문가들은 그동안 선별적 복지가 가장 합리적이며, 보편적 복지는 포퓰리즘의 전형이라고 우리를 상대로 사기 쳤다. 기업은 직원의 국민연금과 의료보험의 반을 부담하고 있기 때문에 복지의 확대를 혐오한다. 이를 너무나 잘 아는 일부 홍보 전문가와 수구적인 정치인은 이렇게까지 지껄인다. "복지를 너무 해주면 국민이 게을러진다. '무상' 복지는 포퓰리즘일 뿐이다." 이렇게 떠드는 자들이 미디어에 보이는 순간 기업가의 돈을 아껴주기 위해 우리를 사기 치는 전문가와 정치인임을 이제는 알아야 한다. 우린 그동안 컴퓨터의 하드처럼 이런 전문가의 논리를 우리 큐브에 복사했다가 그냥 불러오기를 했다.

이런 전문가들의 작태로 인해 대중은 그동안 과학기술의 잠재성과 복지 제도 도입 전망에 관해 상반된 태도를 보였다. 과학기술과 복지 제도 둘 다 변화에 관한 문제다. 과학기술은 인간을 영생하게 할 수준까지 발전할 것이라고 한다. 그런데, 암과 중증질환과 같은 질병을 정복해 실제로 영생을 가능하게 해 줄 의료보험의 보장성을 확대하자고 하면 같은 전문가들이 반대한다. 우린 그동안 전문가들의 이런 모순적인 주장에도 속았다. 이런 말도 안 되는 논리를 그동안 아무 생각 없이 받아들였다고 내가 주장하면 여러분이 좀 불편할 수 있을 것 같다. 그래도 이게 사실이다. 이 책 2부에서 다룬 것처럼 우리의 머릿속에는 거의 모든 분야에 대한 정보, 지식, 견해, 가치, 그리고 이에 바탕을 둔 여러 신념이 있다. 이런 추상적인 것들과 이것들을 다 담고 있는 구조물 모두 이념이라고 정의했다. 나는 이러한 이념의 집합체를 큐브라 불렀다. 큐브에 있는 모든 추상적인 것은 몇몇 주요한 생각 공장이 대량으로 생산해서 유포한 것들이다. 대표적인 생각 공장은 학교, 언론과 전문가 집단, 그리고 문화다. 큐브엔 우리 스스로 만든 생각이나 정보, 지식, 견해, 그리고 신념은 거의 없다. 우리가 이런 생각 공장(학교, 언론, 문화)의 영향을 받지 않은 채 독립적으로 사고하고, 특정한 이슈에 대한 견해를 스스로 형성할 수 있다고 생각하는 것은 환상이다.

　나는 이 책 3부에서 지배체제를 해체하기 위해 약자끼리의 연대, 의심과 저항을 장려하는 철학에 바탕을 둔 공교육, 경제적 자유를 보장하는 보편적 복지를 제안했다. 또한, 우리를 은밀하게 지배해온 이념의 작동 방식도 폭로했다. 시민에게 진정한 자유를 줄 방법으로 보편적 복지 제도의 확대를 제안했다. 이를 방해하기 위해 이념을 활용하는 수구 언론과 그곳에 출연하는 전문가의 민낯도 공개했다. 하지만, 경제적 자유를 보장할 방법이 이 정도로는 충분치 않다. 4차 산업 혁명이 소리 없이 매우 빠르게 우리를 향해 오고 있다. 일부 산업 현장에서 이미 대량 실업 사태가 일어나고 있다. 다음 장에서는 4차 산업혁명의 어두운 면인 대량실업에서 우리를 안전하게 보호해 줄 혁명적인 방식을 다루겠다. 대량 실업 쓰나미를 가져올 이 반갑지 않은 혁명을 어떻게 준비하고 이에 대응해야 할까?

15장

기본 소득과 경제적 자유

기본 소득을 주장한 500년의 역사[1]

하느님이 만든 모든 것 즉, 하느님이 지구라는 큰 집에 만들어 놓은 모든 것은 하느님의 모든 자녀에게 주신 공동의 것이다. 하느님은 지구의 자원을 벽과 문으로 구분해 놓지 않았기 때문이다. 그러므로 만약 한 사람이 어려움에 부닥친 사람을 돕지 않는다면, 자연이 준 선물 일부(땅과 그 자원)를 도용하고도 돕지 않는다면, 누구든지 자연법을 거스르는 도둑으로 비난받게 될 것이다. 이런 사람은 자연이 인간 모두에게 준 것을 자기만을 위해 차지했기 때문이다. ─ 요하네스 비베스Johannes Ludovicus Vives, 1492-1540

자연 그대로 있는, 경작하지 않은 지구의 땅은 과거에도, 그리고 미래에도 인간의 공동의 소유란 사실을 반박할 수 없다. 땅을 경작했을 때, 개인의 소유물이 될 수 있는 것은 지구 자체 즉, 땅이 아니라 땅을 개간한 노력의 가치(농산물)만 그 경작자 개인의 사적 재산이 된다. 그러므로 땅을 경작한 자들은 그 땅에 대한 임대료(토지세)를 전체 공동체(사회)에 빚지고 있다. 그러므로 땅의 경작자가 낸 토지세는 다수 시민의 기본적인 생존을 뒷받침하는 연금이 되어야 한다. — 마르키 드 콩도르세Marquis de Condorcet, 1743-1794

토지세로 얻은 돈으로 모든 사람에게 기본 생존연금을 줘야 한다. 21세 이상의 모든 영국인에게 15파운드씩 제공해야 한다. 이 돈은 개인이 자연에서 마땅히 상속받아야 할 땅에 대한 접근권을 빼앗긴 것에 대한 보상이다. 기본 생존연금은 부의 정도와 관계없이 모든 사람에게 제공해야 한다. 인류 공동의 소유인 자연에 대한 우리 모두의 상속권이 한 인간의 사유재산권과 이 재산의 상속권보다 더 중요하다. — 토머스 페인Thomas Paine, 1737-1809

인간의 권리, 예를 들면 사냥하고 낚시할 권리, 과일을 따 먹고 자신의 소를 들판에서 키울 권리가 침해당한 사실은 '문명'이 자연권을 박탈당한 모든 개인에게 최저 생활 보장을 빚지고 있다는 것을 의미한다. 문명사회는 개인이 거주할 평범한 정도의 거처와 하루 세 끼 정도는 모든 사람에게 빚지고 있다. — 샤를 푸리에Charles Fourier, 1772-1837

최저 생활비 지급을 '토지 배당금'이라고 다시 이름 붙인다. 이 토지 배당금은 노동에 대한 자본의 지배를 없앨 것이다. — 요세프

샤를리에Joseph Charlier, 1816-1896

푸리에주의는 사유재산의 폐지를 생각하지 않았고, 상속도 반대하지 않았다. 반대로, 푸리에주의는 노동뿐만 아니라 자본, 그리고 생산물에 대한 분배에 관련한 여러 요소를 분명히 고려한다…. 이런 자원의 분배에 있어, 특정한 정도의 최소 분배량을 사회의 모든 구성원에게 가장 먼저 할당해야 한다. 최저 생활 보장권의 제공은 노동의 여부와는 상관없다. 그리고 남은 자원과 생산량은 특정한 기준에 따라 분배한다. 남은 자원을 '노동, 자본, 그리고 재능'이라는 세 기준에 따라 시민에게 분배한다. ― 존 스튜어트 밀John Stuart Mill, 1806-1873

헬 조선을 해피 조선으로 만들 혁명적인 방식이 이젠 필요하지 않을까?

2015년 기준으로 대한민국의 국내총생산GDP이 천육백조 원 정도다. 이 돈을 5천만 시민에게 똑같이 나누면 연간 1인당 삼천 이백만 원이고, 4인 가족 기준으로 일억 이천팔백만 원이다. 이렇게 분배하는 것은 너무 혁명적인가? 그러면 존 스튜어트 밀의 주장대로 국내총생산의 반을 이를 만드는 데 기여한 자본가, 재능을 투자한 혁신가, 그리고 노동자에게 나누어준다. 그리고 나머지 반은 연령, 성별과 관계없이 모든 국민에게 나누면 1인당 연간 제공할 수 있는 기본 소득이 천육백만 원, 4인 가족 기준으로 육천사백만 원이다. 사실, 밀은 국내총생산에서 모든 국민의 최저 생계를 먼저 보장하고 남는 돈을 3가지 원칙 즉 자본, 재능, 노동에 따라 나누는 것을 제안했다.[2] 밀의 원칙은 유럽의 복지 제도를 정착하게 하는 데 중요한 정치 철학적 원리가 된다. 이 제안도 혁명적인가? 그러면 내 제안은 어떤가? 국내총생산의 반인 800조는 자본가, 혁신가, 노동자에게 기여도에 따라 나눈다. 그리고 나머지 800조에서 400조는 국가 예산으로, 나머지 400조를 모든 국민에게 성별, 연령에 관계없이 기본 소득으로 나누어주자. 그러면 1인당 연간 팔백만 원이고, 4인 가족 기준으로 삼천이백만 원을 기본 소득으로 제공할 수 있다. 내 제안은 덜 혁명적인가? 하지만 이렇게라도 부의 재분배가 이루어진다면 지금 즉시 헬 조선이 해피 조선으로 바뀌지 않을까? 내가 우리 사회에 던지는 최초의 제안이다.

사실, 내 제안은 프랑스에선 혁명이라고 부르기엔 창피할 정도다. 프랑스는 현재에도 국내총생산의 30%를 복지비용으로 지출하고 있다. 2017년 프랑스 대선에서 사회당의 아몽이 모든 국민에게 매월 80~90만 원 정도의 기본 소득을 공약했다. 18~25세의 청년과 실업자에게 우선 기본 소득으로 80만 원 정도를 매월 제공하고, 이것을 단계적으로 프랑스의 전 국민에게 확대 시행하겠다고 대선에서 약속했다.[3] 아몽의 기본 소득 공약은 혁명적이다. 기존의 복지 제도를 유지하면서 이와 같은 기본 소득제를 시행하겠다고 공약했기 때문이다. 이미 국내총생산의 30%를 복지비용으로 지출하는 나라에서 이 정도의 기본 소득을 단계적으로 모든 국민에게 제공하겠다는 것이기 때문이다. 프랑스의 상황과 비교하면, 우리 국내 총생산의 25%를 기본 소득으로 제공하자는 내 제안은 그렇게 혁명적으로 보이지 않는다. 그런데도 내 제안이 이상적인가? 헬 조선이 해피 조선으로 거듭나기 위한 필수적인 조건은 자유다. 자유 중에서도 가장 근본이 되는 것은 앞 장에서 언급한 '경제적 자유'다. 시민에게 기본 소득으로 경제적 자유를 보장할 때에야 비로소 헌법이 보장한 다른 자유도 의미를 가질 수 있다. 돈이 없으면 연간 5천만 원이 넘는 학교에 유학할 수도(학문의 자유 ; 헌법 22조), 대치동에 거주할 수도(거주의 자유 ; 헌법 14조), 창작 활동에 전념(예술의 자유 ; 헌법 22조)할 수도 없다. 한 사람이 가진 부가 그 사람이 누릴 자유의 크기를 결정한다. 기본 소득제는 인공지능과 로봇이 필연적으로 일으킬 대량 실업과 이로 인한 경제의 붕괴를 막을 뿐만 아니라, 자유로운 삶을 가능케 하는 가장 효과적인 대안 중 하나다. 인간을 자유롭게 하려고 기본 소득을 제공해야 한다는 주장은 지난 500년간 계속되었다. 이들뿐만 아니라 미래를 내다보며 걱정하는 다수 저명한 인사와 경제학자도 기본 소득이 유력한 해법이라고 주장하고 있다.[4]

국가는 왜 기본 소득을 모든 시민에게 제공해야만 할까?

국내 총생산을 기본 소득의 형태로 공정하게 재분배하자는 제안은 대략 오백 년 전부터 시작된 세계 지성들의 고민과 철학에 바탕을 둔다. 토머스 모어, 비베스, 콩도르세, 페인, 푸리에, 존 스튜어트 밀, 심지어는 신자유주의자인 밀턴 프리드먼까지 이름은 다르지만, 국가가 제공하는 기본 소득제를 제안했다. '역소득세', '토지 배당금', '사회 배당금'과 같은 것은 기본 소득제의 다른 여러 이름이다. 이 사상가들은 '국가가 기본 소득을 모든 시민에게 빚지고 있다.'는 동일한 생각을 하고 있었다.

국가가 등장하면서 (힘센) 개인의 사유재산을 인정해 준다. 하지만 사유재산의 인정은 국가 설립 이전에 다수의 사람이 누려왔던 자연권을 박탈하는 결과를 가져왔다. 자연권이란 사람이 원하는 곳 어디서든 사냥하고, 열매를 줍고, 물고기를 잡고, 자신이 키우는 염소를 풀 뜯게 하는 것을 의미한다. 국가가 사유재산을 인정하게 되면서 다수의 사람에게서 이 자연권을 박탈해버렸다. 국가는 자연권을 **빼앗은** 것에 대한 보상으로 힘이 없어 땅에다 자기 맘대로 선을 그을 수 없는, 그래서 자기 것이라고 우길 땅이 전혀 없는 사람들에게 최저 생계(세끼의 식사와 추위와 더위를 피할 수 있는 집)를 보장해야 한다. 이것이 기본 소득의 도입을 주장하는 사상가들의 논거다. 이 사상가들은 한 원칙에 다 같이 동의하기 때문이다. '자연 즉, 지구는 그 누구의 것도 될 수 없다.' 그러므로 기본 소득 주창자들은 자연에서 난 농산물, 광물 등의 각종 자원을 지구의 거주민에게 공정하고 정의롭게 분배해야 한다고 주장한다. 푸리에와 밀과 같은 기본 소득 주창자는 이런 정의로운 생각을 5백

년 넘게 지키고 확산해왔다.

자원을 모든 시민에게 평등하게 나누는 곳이 있다고?

푸리에와 밀의 제안이 너무 이상적인가? 놀랍게도 '지구는 공공재다.'란 철학이 현실에서 펼쳐지는 곳이 있다. 1980년 초부터 미국 알래스카주는 지하자원인 석유를 판 돈을 투자해 시민 배당을 시행해 오고 있다. 시민 배당금은 처음에는 연간 1인당 몇십만 원 정도였다. 하지만, 2008년 기준으로 연간 1인당 대략 이백사십만 원, 4인 가족 기준으로 거의 천만 원 가까운 돈을 주 정부가 알래스카에 거주하는 모든 시민에게 배당했다. 투자 수익에 따라 연간 배당액은 달라진다. 최근 십 년간 시민 배당금은 천 달러에서 이천 달러 사이에서 변동했다.[5] 알래스카주의 시민 배당은 '지구와 지구의 자원은 인류 공동의 것이다.'라는 합리적이고 정의로운 생각을 제도로 현실에서 실천하는 모범적인 사례다. 땅과 땅의 산물만 공적 자산의 성격을 띠는 것은 아니다. 대한민국에서 기업 집단이 축적한 부의 상당 부분도 세금에서 나온 정부 보조금에서, 국민연금을 이용한 경영권 방어에서 기인했다. 따라서 기업의 부도 분명 공적 성격을 띠고 있다. 기업의 사유재산은 분명 정부의 조세제도와 여러 정책으로 규제하거나 제한해야 한다.

이건희 회장의 유고에 대비해 특별법을 만들어 국가가 삼성의 경영권을 지키되, 삼성이 경영을 잘못하면 국유화한다. 국민 연기금이 삼성의 최대 주주이기에 국민 기업이고 정부가 제어할 수 있다.[6] ─ 장하준(케임브리지 대학 경제학 교수)

인공지능과 로봇이 대세가 될 2025년에 일자리의 미래는 어떻게 될까?

워싱턴에 있는 퓨 리서치 센터Pew Research Center(미국 내 1800여 개의 싱크 탱크 중에 매년 10위권에 드는 정책연구소)가 2014년 8월 "인공지능, 로봇, 그리고 2025년의 직업의 미래"[7]란 보고서를 작성했다. 이 보고서는 1,800여 명의 관련 전문가에게 공통의 질문을 하고, 그 답변의 내용을 주제별로 분류했다. 질문의 내용은 이렇다. "인공지능과 로봇으로 인한 자동화가 2025년 직업의 미래에 긍정적인 영향을 줄까? 아니면 부정적인 영향으로 대량 실업에 따른 대혼란을 경제에 가져올까?" 보고서는 인류가 4차 혁명에 잘 적응할 수 있다가 과반이 약간 넘고 응답자의 대략 48%는 비관적으로 바라보고 있다고 발표했다. 문제는 긍정적이라고 답한 전문가들의 논거가 반대로 답한 전문가들의 주장에 쉽게 무너진다는 데 있다. 직업의 미래에 대해 비관적인 주장을 폈던 전문가들의 핵심적인 주장은 이렇다. 무엇보다 현재의 교육제도가 미래가 요구하는 인재를 배출할 준비가 되어 있지 않다. 정치, 경제 관련 제도도 인공지능과 로봇이 만들 새로운 환경에 준비되어 있지 않기는 마찬가지다. 인공지능 혁명은 분명 그 혁명이 만들어 낼 일자리의 수보다 훨씬 더 많은 일자리를 필요 없게 할 것이다. 설상가상으로 새로 생길 몇 안 되는 일자리도 사람의 노동이 필요치 않을 가능성이 높다. 설령, 사람의 노동을 요구한다 해도 고학력의, 고도로 숙련한 소수의 엔지니어 정도만 필요할 거라고 이 보고서는 예측한다. 보고서에 비관적인 답변을 한 전문가들의 주장을 짧게 요약하면 이렇다. 단순 노동직뿐만 아니라 변호사, 의사, 기자 등의 전문 직종을 포함해 거의 모든 직업이 인공지능과 로봇으로 인한 자동화 때문에 현재에도 사라지고 있고, 머지않아 사라지게 될 것이다. 그래서 인간은 일이 사라진 시대에서 무엇을 하며 살아야 할지를 고민해야만 하는 시대를 맞게 될 것이다.

4차 혁명이 일으킬 대량 실업에 대비한 가장 유력한 대안은?

4차 혁명이 일으킬 대량 실업으로 인한 경제적인 충격을 완화할 유일한 대안으로 기본 소득제를 현재 전 세계적으로 논의하고 있다. 미국, 캐나다, 영국, 네덜란드, 핀란드, 스페인, 심지어는 아프리카의 나미비아와 인도 등도 정부와 민간 주도로 기본 소득제 도입 관련 토론을 진행하고 있다. 앞서 언급한 상당수 국가는 기본 소득제 실험 프로그램도 시행하고 있다. 기본 소득제 도입 토론과 시범 프로그램 시행과 관련한 자료는 기본 소득 지구연대BIEN, Basic Income Earth Network의 웹 사이트에서 얻을 수 있다. 2016년 8월

백악관에서도 백악관의 고위 관리, 기술 기업의 CEO, 그리고 미래학자가 기본 소득을 주제로 토론을 했고, 이 토론을 페이스북 라이브로 생중계했었다. 여기서도 자동화로 인한 대량 실업은 50년 후에 일어날 일이 아니라, 향후 5~10년 사이에 일어날 일이라면서, 다음 정부는 분명히 이 문제를 다루어야 할 거라고 토론자 중 한 명이 주장했다고 보도했다. 주목할 만한 기본 소득제 실험이 있다. 미국 실리콘 밸리의 와이 콤비네이터Y-combinator의 기본 소득제 실험 시행이다.[8] 창업 회사에 투자하는 회사인 와이 콤비네이터는 자체적으로 기본 소득제를 실험하고 있다. 이유는 간단하다. 이 회사가 실리콘 밸리에서 가장 빠르게 미래 기술을 접하고 있고, 그 기술의 영향으로 일자리의 상당수가 사라지는 것을 지구상에서 가장 빠르게 목격하고 있기 때문이다. 그래서 기술이 혁명적으로 바꿔놓을 미래 세계에서는 기본 소득제가 필수적이라고 생각한다. 이런 인식으로 인해 미국 정부가 시키지도 않았는데 민간기업이 알아서 기본 소득제를 실험하고 있는 거다.

구글의 인공지능 연구원인 레이 커즈와일은 인공지능과 로봇, 생명공학, 나노 공학 등이 융합하면, 인류는 현재로서는 상상할 수 없을 정도의 놀라운 세계를 보게 될 것이라고 주장한다. 커즈와일이 예측하는 미래의 새로운 인류와 미래 세계에 대해 앞 장에서 다루었다. 커즈와일은 20세기가 이룬 기술적인 진보의 천 배 정도를 21세기는 이루어 낼 거라고 주장한다.[9] 생계수단으로서의 일은 더는 존재하지 않는 세계가 우리 눈앞에 와있다고 한다. 그러므로 현

정부는 4차 혁명과 이에 따른 대량 실업 문제를 가장 신속하면서도 신중하게 대비해야 할 것이다. 기본 소득제의 도입은 피할 수 없는 시대의 요구가 될 것이다.

국내총생산GDP의 25%인 400조를 기본 소득으로 국민에게 지급하는 혁명적인 대한민국은 가능할까?

내 제안대로 기본 소득제를 시행하기 위해선 매우 창의적이고 혁신적인 해법이 필요하다. 대통령 한 사람이 이런 해법을 생각할 수도 있다. 하지만 정치 철학자, 조세 전문가, 경제 전문가, 기술 전문가 등의 다양한 전문가 집단이 머리를 맞대고 씨름할 때 더 좋은 해법이 나올 수 있다. 과학기술의 혁신 속도는 인문, 사회과학의 발전 속도와는 비교가 되지 않을 정도다. 변화의 속도가 목을 꺾어버릴 기세다. '기술의 진보가 인간을 영생하게 할 것이냐? 아니면 인류의 멸종을 불러올 것이냐?'란 질문에 대해 고민해야 할 정도로 미래기술의 잠재성과 가능성이 무한하다고 한다. 하지만 앞 장에서 다룬 것처럼 정치, 경제, 문화의 진보가 이루어질 것이냐의 전망에 대해선 기술의 영역과는 전혀 다르다. 언론과 그 언론에 출연하는 전문가 집단이 이념으로 지배계급의 이익과 지위를 지키고 있다는 지적의 폭로를 다루었다. 지적은 정치, 경제, 사회, 문화 영역의 개혁은 안 된다는 일종의 패배주의가 미디어를 통해 이념으로 확산하고 있다고 지적한다. 정치, 경제, 사회, 문화 영역에서도 얼마든지 이론대로, 합리성과 이성을 가지고 연구하면 다양한 형태의 개혁이 이루어질 수 있다. 지젝은 이러한 인식이 시민에게 퍼질 필요가 있다고 주장한다. 다수 시민은 정의롭고 공정한 사회를 만들자는 진보적인 주장 예를 들면, '지구는 우리 모두의 것이다!'와 같은 주장을 너무 이상적이라고 여겨 외면한다. 왜 그럴까? 상식이란 이름으로 위장한 지배이념이 이런 정의로운 주장을 시민 다수가 이상적이라고 판단하게 하기 때문이다. '정의로운 주장은 위험하거나 비현실적이야!'라고 판단케 하는 상식이 정의로운 사회로 진화하는 것을 막는 가장 큰 장애물이다.

상식이 지배 이념으로 작동한다는 설명은 이 책 8장에서 이미 다루었다. 지젝은 미디어가 반동적인 상식을 대중의 의식에 퍼트리고 있다고 외친다. 우리는 이상적으로만 보이는 이론도 이론으로만 끝나는 것이 아니라, 반드시 실현할 수 있다는 사실을 시민들에게 알려야 한다. 이론도 정책 주관자의 의지만 있으면 이론대로 실행한 사례가 너무 많기 때문이다. 신자유주의는 프리드리히 하이에크와 밀턴 프리드먼의 경제 이론이다. 영국의 대처 총리와 미국 레이건 대통령의 확고한 의지로 경제 이론 하나가 지구촌을 지난 40여 년간 쑥대밭으로 만들지 않았나? 우리 경제 구조의 모든 층위에서 갑질을 일상적으로 만들었고, 경쟁이란 이념을 지배이념으로 만들어 노동자끼리, 친구끼리 피 튀기는 경쟁을 하게 만들지 않았나? 여기서 그치지 않았다. 경쟁에 낙오한 사람을 패자 취급하고, 미디어는 이런 경쟁을 오디션 문화로 부추겼다. 그래서 이 땅은 말 그대로 헬 조선이 되었다. 경제 이론 하나 때문에! 지배자들은 전 세계에서 자기들의 지위와 부를 더욱 확고히 지키기 위해 신자유주의 이론을 완벽히 실현했다. 신자유주의의 엄격하고 완전한 실행이 가능했듯이, 케인스주의와 같은 부의 재분배 이론도 권력자의 의지만 있으면 충분히 실행할 수 있다. 대공황을 해결한 루스벨트 대통령의 해법도 케인스의 경제 이론 아니었던가? 국내 총생산의 25%인 400조를 기본 소득으로 제공해 모든 시민의 최저 생활을 보장할 방법이 그동안 없었던 것이 아니다. 이런 혁명적인 변화에 대한 비전과 확고한 의지를 가진 대통령이 존재하지 않았던 거다. 바로 이게 이 땅을 헬 조선으로 만든 원인이 아닐까?

아이폰과 기본 소득제

아이폰에 관한 스티브 잡스의 일화 하나를 소개하겠다. 잡스는 아이폰 출시 전에 애플의 기술전문가들과 회의를 한다. 이 회의에서 아이폰 출시 전에 아이폰을 수개월간 시험 사용한 잡스가 아이폰의 기능과 디자인 등의 거의 모든 면에 만족한다고 말한다. 하지만, 딱 한 가지 불만족스러운 점을 말하고 회의장을 떠난다. 아이폰 화면의 유리가 쉽게 긁힌다는 지적이었다. 잡스의 이 말 한마디로 인해 우리는 현재 긁히지 않는 아이폰을 사용할 수 있게 되었다.[10] 잡스가 한마디 하고 나간 것처럼 대통령이 조세, 복지, 재정, 정치철학, 경제 등의 전문가 집단을 모아 놓고 국내총생산의 25%

를 국민 모두에게 돌려줄 방법을 찾으라고 말한 후 회의장을 나간 다면(물론 대통령도 그 자리에 있어야 하겠지만) 어떨까? 이 전문 가들은 해결책을 정말 찾을 수 없을까? 물론, 정치는 여러 집단의 이해와 관련이 있기에 기술적인 문제를 푸는 일보다 더 어려울 수 있다. 하지만, 정치 지도자의 확고한 의지만 있다면 예산 배정의 우 선순위, 토지세, 부유세, 로봇세, 자본세, 법인세, 심지어 부가세 인 상까지 포함한 증세로 재원을 마련할 수 있지 않을까? 자본과 노 동의 대타협도 이 문제의 해법을 찾아내는 데 일조할 수 있을 것 같다. 하지만, 가장 중요한 것은 바로 '정치인의 의지'다.

창조경제 정책으로 수십조의 국민 세금이 소수 권력자와 그 친 구들의 주머니 속으로 자동주행auto pilot해 들어갔다는 설이 널리 퍼졌다. 이뿐만이 아니다. 자원 외교 때문에 앞으로도 수십조의 돈 이 더 들어갈 수 있다고 한다. 그 돈은 물론 우리 통장에서 빠져나 갈 예정이다. 그 돈은 검은 머리 '외국인'에게 흘러가고 있다고 한다. 이미 우리 돈 30조 이상이 자원 외교라는 블랙홀로 빨려 들어갔다. 녹색 성장을 외친 전직 대통령이 화석 연료와 관련한 사업에 눈먼 돈 수십조를 쏟아부었다. 화석 연료를 좋아하는 그분이 녹색을 좋 아한단 사실은 참 역설적이다. 그분이 녹색을 좋아한다는 사실은 이제 전 국민적인 상식이 되었다. 22조 원이 넘는 돈을 들여 4대강 을 '푸르게'(녹조) 만들었다. 지난 보수 정권 십 년간 복지로 쓰여야 할 돈, 거의 1백조가 슈퍼 부자들의 주머니로, 반면에 그들 주머니 에서 나와야 할 돈(법인세)은 그들의 통장 잔액(사내 유보금)으로 그대로 쌓였다. 이게 다 잘난 우리 '정치 지도자들의 확고한 의지' 탓이었다.

혁명적인 재분배를 이룰 이 시대의 정치인은 누구인가?

아이폰, 창조 경제, 자원 외교, 4대강 사업을 앞서 언급한 이유는 기본 소득을 포함한 복지 정책의 실현에 가장 중요한 문제는 '돈'이 아니라 '정치인의 철학과 의지'라는 점을 강조하고 싶어서였다. 매년 4백조가 넘는 돈을 어디에 얼마만큼 쓸지를 결정할 막강한 권한을 가진 대통령의 의지가 가장 중요하다. '국내총생산의 25%인 400조를 기본 소득 재원으로 사용할 수 있느냐?'의 문제도 '그 돈을 어떻게 마련할 수 있느냐?'가 문제가 아니라, 반드시 그렇게 하겠다고 말하는 '정치인의 의지'가 가장 중요하다는 말이다. 그러면 우리 정치인 중에 누가 이런 확고한 신념과 의지를 갖췄는가? '자연의 선물인 자원을 정의롭고 공정하게 나누어야 한다.'는 철학을 가진 자 어디 없는가? 이게 시대의 부름이다.

3부에서부터 근본적인 자유인 '경제적 자유'에 관해 다루었다. 나는 복지 제도와 기본 소득제로 시민에게 학문, 예술, 주거 등의 자유를 실질적으로 보장해 줄 수 있다고 주장했다. 그러면 정치적인 지배에서도 자유로워질 방법은 있는가? 이 질문에 대한 답이 이 책의 마지막 장인 다음 장의 주제다. 2017년 대선 주자 모두 2018년 6월 지방선거에서 개헌을 국민투표로 묻겠다고 공약했다. 최근

들어 개헌에 대한 언론과 전문가들의 주장이 난무했다. 개헌에 관한 거의 모든 논의와 주장은 생각 공장인 언론과 전문가들의 입에서 나온 것들이다. 나는 이런 주장과는 다른 개헌안을 제시하겠다. 시민이 진정으로 대한민국 사회의 주인이 될 수 있게 하는 개헌 방식에 대해 집중적으로 다루어보겠다. 다음 장에서 다룰 개헌에 대한 세부적인 것은 전문가 집단이 아닌 여러분과 같은 한 시민의 머리에서 나온 것이기에, 권력의 영향에서 벗어난 생각이다. 개헌에 대한 내 제안은 역사적으로 약자 편에 섰던 인류 지성들의 깨달음에 바탕을 두었다. 내가 제안할 개헌안은 그동안 대중의 인식 밖에 있었지만 정의롭고 민주적인 제안이다. 시민을 민주국가의 진정한 주인으로 만들 개헌안은 무엇일까? 이 질문에 대한 답이 이 책 마지막 장의 주제다.

16장

개헌과 정치적인 자유

국회가 개헌으로 진짜 탐내는 것은?

보통 게임의 형세가 불리해지면 게임의 규칙을 바꾸자고 한다. 헌법이 대한민국의 가장 근본적인 게임의 규칙이다. 2016년 11월 이후 당시 여당이 도저히 2017년 대선에서 정권을 재창출할 수 없다는 사실을 대한민국 국민도 여당의 의원들도 다 알고 있었다. 이럴 때는 게임의 규칙을 바꾸는 것이 상책이다. 그 게임의 규칙이 헌법이다. 대통령 단임제를 의원내각제나 이원집정부제로 바꾸자는 거다. 물론, 대통령 중임제도 포함되지만, 국회의원들이 원하는 개헌 방향은 전자다. 이들이 내세우는 개헌의 논거는 86년 체제가 30여 년이 지난 현시점에서 부적절하다는 것, 그리고 '제왕적 대통령제'의 폐해다. '신념, 가치, 제도에도 유통기한이 있다!'는 게 내 생각이다. 그러니 국회의원들의 개헌 요구는 일면 타당하다. 규칙에도 분명 유통기한이 있기에 개헌을 하긴 해야 한다. 권력을 소수가 독점하게 하는 개헌이 아니라 집중한 권력을 시민에게 공정하게 나누는 방향으로 개헌해야 한다. 이들의 두 번째 논거인 '제왕적 대통령'의 폐해도 상당하다. 하지만 개헌을 외치는 국회의원 상당수는 박근혜 정권 초기에 제왕적 대통령 밑에서 온갖 특혜와 권력을 누렸다. 박근혜 대통령이 힘 빠지니까 평소 찍소리도 못하다가 '제왕적'이란 매우 부정적인 단어를 대통령이란 직함에 갖다 붙여 버렸다. 집권 초기에는 '우리' 대통령이었다가 집권 후기에 힘 빠지니까 '제왕'인가? 대통령에게 집중한 권력을 당연히 분산해야 한다. 국회의원들의 속내는 대통령이 가진 권력을 자기들끼리 나눠 먹겠다는 거다. 하이에나처럼. 대통령이 사고 쳐 힘 빠지니까 그 권력을 자기들이 차지하겠다고 하는 것이 개헌 요구의 주된 이유다.

대통령이 독점한 권력을 나누는데 그 권력을 중앙정부에서 지방정부로 분산해야 한다.[1] 또 한편으로는 국회가 가진 권력을 시민과 나누고, 적어도 국회의 입법권 남용을 시민이 견제할 수 있게 하는 제도적 장치를 개헌안에 담아야 한다. 마찬가지로, 사법부가 독점한 법의 해석 권한도 시민과 나누거나, 시민이 사법부의 판단을 견제할 제도를 헌법 개정안에 포함해야 한다. 국회가 그동안 아무 저항 없이 입법권을 독점해 놓고 이젠 행정부가 가진 권력마저 자기들이 가지겠다고 한다. 이제 게임의 규칙(헌법과 법률)을 정하는 데서 시민이 낸 세금까지 자기들이 다 해 먹겠다는 거다. 행정부 수반인 대통령이 사고 치기를 기다렸다는 듯 행정부의 권력을 자기들이 갖겠다고 한다. 국회의원들이 원하는 대로 개헌이 되면, 그나마 삼권의 독점에서 이권(입법부와 사법부)의 독점으로 민주주의는 퇴행하게 된다. 학교에서 삼권분립으로 견제와 균형을 유지하는 제도가 아니라, 이제 이권의 견제와 균형으로 우리 아이들에게 사기 치겠다는 말이다. 그러면서 그 이권interests을 자기들끼리 맘껏 탐하겠다고 한다. 여기서 끝이 아니다. 국회의원 상당수는 여야 구분 없이 개헌을 찬성한다. 앞서 언급한 것처럼 현재 의원들이 누리는 특권과 권한이 대폭으로 강해지기 때문이다.

대통령 중임제는 국회의원들이 원하지 않는다. 자기와 똑같다고 생각하는, 그나마 좀 정치인다운 소수 국회의원이 대통령을 두 번씩이나 하는 걸 차마 눈 뜨고 볼 수 없기 때문이다. 도덕성, 자질, 능력 등 그 어느 것 하나 대통령 기준에 미치지 못해 최고 권력자가 될 가능성이 눈곱만큼도 없는 인간들이 국회에는 차고 넘친다. 이들에게 의원 내각제나 이원 집정부제 같은 개헌은 정말이지 환상적인 제도다. 이런 식으로 개헌이 되면 시민은 그나마 최고 권력자인 대통령을 뽑을 권한마저 국회에 빼앗긴다. 이런 식의 개헌을 선호하는 국회의원은 개헌으로 대통령을 뽑을 권한마저 시민의 손에서 빼앗겠다는 거다. 국민이 아니라 국회의원 자신들만 대한민국의 최고 권력자를 뽑겠다는 거다.

의원내각제가 국민에게 통하지 않을 것을 알고 그다음에 생각한 방식이 이원 집정부제다. 이원집정부제는 대통령이 국방이나 외교를 맡고, 국회가 정한 수상이 내치를 맡게 하는 제도다. 내각제가 최고 권력자도 국민이 뽑을 수 없는 제도라 비판받을 것에 대비해, 무늬만 최고 권력자인 대통령을 국민이 선출할 수 있게 하는 거다. 대신에 국회의원 자신들이 실권자인 수상을 '현명'하게 알아서 뽑겠다는 거다. 우리가 '실질적인 최고 권력자인 수상을 왜 국회의원만 뽑을 수 있는 거야?'라고 비판하면, 의원들은 '우리가 국민의 의사를 대변하는 대표잖아. 그러니 우리가 수상을 뽑는 것은 결국 국민이 선출하는 것과 다르지 않다.'고 주장할 거다. 거기다 자신들이 수상을 뽑으면 국민 전체보다 더 현명하게 지도자를 선택할 가능성이 높다고 그럴듯하게 둘러댈 게 분명하다. '이것이 대의 민주주의고 대의 민주제의 장점이야.'라며 우리에게 '공부 좀 더 하셔야겠어요.'라며 기를 죽이려 할 것이다. 하지만 이건 사기다. 국회는 국민의 이익은 안중에도 없다. 한 예로, 박근혜 정부가 기업의 민원을 받아 밀어붙인 외국인투자 촉진법 같은 입법에만 혈안이 된 모습을 자주 목격했기 때문이다.[2] 시민이 국회에 접근권이 거의 없는 상황에서 국회의원이 시민의 이익을 대변한다는 말은 정말이지 똥 같은 소리다.

개헌은 어떤 원칙에 바탕을 두고 하는 것이 좋을까?

분권이다. 권력 기관 내에서의 분권과 그 나뉜 권력도 시민이 견제할 수 있게 하는 법적·제도적 장치를 마련하는 것이다. 헬 조선의 지배자들은 삼권의 독점이 아니고 삼권이 분립해 서로 견제와 균형이 가능하다고 우리를 초, 중, 고등학교에서, 심지어는 멍청한 정치학자들이 가르치는 대학에서까지 세뇌했다. 그래서 나는 삼권 즉 행정, 입법, 사법부가 독점한 권력을 시민에게 공정하고 정의롭게 나누는 방식을 소개해보겠다. 민주주의는 집중한 권력이 공정하고 정의롭게 나뉠 때 비로소 완성된다.[3] 이렇게 되어야 시민은 자신의 운명을 스스로 결정할 권한을 얻게 된다. 민주주의는 교육, 의료, 주거, 고용, 노후연금 등의 복지 혜택을 얼마만큼 받아야 하며, 이런 혜택을 입기 위해 세금을 얼마만큼 내야 하는지 시민 스스로 결정할 수 있게 해주는 제도다. 시민이 스스로 공적인 문제를 결정하게 될 때, 시민은 자발적으로 그 결정사항들을 따르게 될 것이다. 이게 제대로 된 민주주의다.

'위임'은 시민을 영원히 무력한 노예로 만든다. 이게 대의 민주주의의 민낯이다!

헬 조선의 모든 문제는 시민이 공동체의 규칙을 스스로 정할 수 없다는 데서 시작한다. 문제는 이 규칙이 내가 세금을 어떤 종류로 얼마를 내야 하고 그 세금으로 복지 혜택을 받을 건지, 아니면 기업에 대한 정부 보조금으로 쓰일 것인지, 혹은 4대강 같은 토목사업이나 창조 경제에 쓰일지를 결정한다는 점이다. 담뱃값을 올려도, 누리과정을 위한 국고 지원을 중단해도, 국정 역사 교과서 발행을 여론을 무시한 채 강행해도, 쉬운 해고를 노동개혁이란 이름으로 밀어붙여도, 국민연금 삼천억 원을 잃어가며 삼성의 삼대 세습을 보장해줘도, 대통령이 공약한 복지 제도 도입은 제쳐두고 말로만 창조적인 '창조 경제' 사업에 수십조가 쓰여도 주인이라고 하는 우리는 할 수 있는 게 별로 없다. 정치 지도자의 독선과 오만을 견제할 아무런 방법이 없다. 선거가 있다고? 4년은 정치인의 오만과 독선을 잇기에 충분한 시간이다. 따라서 헬 조선에서 일어나는 거의 모든 문제의 원인은 대의 민주제의 핵심 원리인 '위임'에 있다. 자신의 운명을 대표자인 국회의원을 뽑아 결정하는 것처럼 어리석은 일은 없다. 대의 민주주의는 진지한 대화는커녕 얼굴 한번 직접 본 적 없는, 손도 한번 안 잡아본 국회의원 후보에게 우리의 운명을 맡기는 바보 같은 선택을 시민에게 강요한다. 친구도, 친척도, 심지어는 형제, 자매도 돈 때문에 갈라선다. 그런데 우리는 선거 기간에 잠깐 얼굴 보이는 그 인간들(대통령이나 국회의원 후보)에게 일 년에 최소 수백만 원, 4대 보험과 부가세까지 합치면 천만 원이 넘을 수 있는 우리 돈(세금)을 맡기고 관심을 꺼버린다. 사익에 눈먼 대통령 혹은 국회의원들(쪽지로 자기 지역구에 예산 따가는 자들)에게 세금을 맡기고 관심 두지 않는 것처럼 어리석은 일이 세상에 또 어디 있는가? '노동시장의 유연성'이나 '노동 개혁'이란 이름으로 사장이 직원을 '저성과자'로 낙인찍어 언제든 해고하게 하는 법을 통과시켜도 시민 다수가 이것을 막을 수 없다. 이유는 간단하다. 우리가 투표로 우리 운명을 결정할 권한을 300명의 대표자인 국회의원에 위임했기 때문이다. 따라서 시민의 운명과 삶을 결정할 권한을 선거를 통해 남에게 위임하라는 대의 민주제는 말 그대로 강요이자 합법적인 사기다. 초, 중등학교, 심지어 대학에서도 대의 민주제를 가장 현실적이며 대안이 없을 정도로 좋은 제도라고 가르친다. 거기다, 우리는 이런 가르침을 비판적 사고 과정이나 토론을 거치지 않은 채 무작정 외웠다. 우리 아이들도 마찬가지다. 그래서 헬 조선이 되었다.

시민에게 입법권과 법의 개정, 폐지의 권한을 줄 방법은 없을까?

국회의원만 법을 만들 수 있다는 사실을 너무 당연하게 여기는 현실이 일단 문제다. 어린이집, 유치원, 초등학교를 비롯해 우리와 우리 자녀들은 자신이 속한 공동체의 규칙을 스스로 정해 본 적이 거의 없다. 항상 규칙은 다른 사람이나 자신보다 우월한 존재(선생님과 교장, 원장)가 결정하는 것이라고 배웠다. 자연스럽게, 자신을 규칙을 정하는 사람이기보다는 규칙을 그저 따르는 사람으로 인식하게 되었다. 중등, 고등 교육을 거쳐도 이런 어리석은 인식은 고쳐지지 않는다. 성인이 돼서도 직장의 규칙은 사주가, 국가의 규칙은 소수 국회의원이 정하는 게 당연하다고 생각한다. 다수 시민은 '왜 극소수 사람들(국회의원)만 공동체의 규칙을 정할 권한을 가질까? 왜 나는 그럴 자격이 없는가?'에 대한 질문을 하지 않는 것 같다. 그리고 투표만 한다. 장 자크 루소는 이렇게 말했다. "투표하는 순간만 시민은 자유로우며, 새로 선출한 대표는 말만 대표일 뿐이지 시민의 주인masters 혹은 지배자일 뿐이다."4 '선거는 대의 민주주의의 꽃'이란 말이 있다. 선거는 사실상 소수 엄친아의 경쟁이며, 그들만의 축제일 뿐이다. 루소의 말을 빌리면, 선거는 그저 새로운 지배자를 뽑는 공적인 행사다. 그런데도 지배 엘리트들은 선거제도에 바탕을 둔 대의 민주주의가 민주주의라고 교육제도와 언론으로 우리와 우리 아이들을 세뇌했다. 이런 기만적인 교육제도와 언론 환경에서 우리는 그동안 아무 생각 없이 살았다. 이 땅에 태어나는 순간부터 이런 식으로 우리를 세뇌했기 때문이다. 세뇌의 효과는 정말이지 놀랍다. 우리가 가장 기본적이고 반박 불가한 진실조차 보지 못하게 하기 때문이다. 우리는 '자신이 속한 공동체의 규칙은 스스로 정한다.'란 너무나 명백한 진실마저 보지 못했다.

입법권을 가져야 자기 삶의 주인이 될 수 있다!

시민은 공동체의 규칙 제정에 참여할 때에만 진정한 주인이 될 수 있다. 입법부가 독점한 권한 남용을 막기 위해 대의 민주제의 단점을 보완할 여러 제도를 도입하는 방향으로 개헌해야 한다. 시민이 원하는 법을 동료 시민의 서명을 받아 국회에 제출해 심의하고 국민투표로 그 법안의 통과 여부를 결정하는 시민입법제도(국민발안)가 있다. 스위스가 시민입법제도를 시행하는 대표적인 나라다. 유럽의 국가나 주, 미국의 여러 주도 이 제도를 두고 있다. 시민입법제도를 반대하는 일부 정치학자는 시민입법제도가 실패한 사례로 캘리포니아를 들고, 스위스의 진보한 민주주의는 바람직하지 않다고 한다. 시민이 공동체의 규칙을 스스로 정하게 하는 제도가 바람직하지 않다고 주장하는 정치학자가 있을 정도로 우리의 현실은 참담하다. 어쨌든, 시민입법제도를 자세히 설명하면 이렇다.5 전체 유권자 수의 1~2%의 서명을 정해진 기간에 받아 시민이 원하는 법을 의회에 제출하고, 의회가 이 서명의 진위를 확인한다. 이후에 법안을 발의한 시민(단체)과 입법 전문가들이 위헌 여부 등을 꼼꼼히 따져 법안을 확정한다. 마지막 단계로 정기적으로 열리는 국민투표로 이 법안의 통과 여부를 결정한다. 스위스는 국민투표가 일년에 3~4회 정도 정기적으로 있다. 국민 투표 비용을 걱정할 수 있지만 국민 투표할 때에는 법안 하나만 국민 투표지에 기재하는 것이 아니다. 가장 최근에 있었던 국민투표 이후에 발의한 모든 법을 기재하기 때문에 비용도 그리 많이 들지 않는다.

'정부'가 아니라 '시민'이 제안하는 국민 투표6

입법부의 권력 독점과 남용을 견제할 또 다른 좋은 제도가 있다. '시민주도'의 국민투표다. '시민이 시작'하는 국민투표는 두 가지 종류가 있다. 입법 폐지와, 법률의 개정과 폐지를 위한 국민 투표다. 첫 번째 국민 투표는 국회가 시민의 의사와 이해관계를 고려하지 않고 소수 집단이나 특권층의 이익만을 도모하는 법률을 제정할 경우에 필요하다. 국회가 시민이 원하지 않는 법을 통과시켰을 때, 시민은 국민 투표를 제안해 이 법의 최종 통과 여부를 국민 모두에게 물을 수 있다. 이런 국민 투표도 시민의 서명을 받아 시행할 수 있다. 특권층을 위해 통과된 법이 발효하기 전 즉, 입법 예고 기간 (나라마다 입법 예고 기간의 길이가 다름) 내에 국민 투표로 이 법의 통과 여부를 최종적으로 결정한다. 투표자의 과반이 법의 통과에 찬성해야만 그 법을 예정대로 시행할 수 있다. 개헌안에 입법 폐지를 위한 '시민 주도'의 국민투표제를 포함하면, 국회의 입법권 남용을 상당한 정도까지 견제할 수 있다.

두 번째 국민 투표는 법률의 개정과 폐지를 시민 스스로 결정할 수 있게 한다. 이 국민 투표의 장점은 소수자의 이익을 침해하는 여러 법률을 국회의 도움 없이 시민 스스로 개정하거나 폐지할 수 있게 한다는 데 있다. 예를 들면, 정의로운 시민이나 단체가 이 국민 투표로 국회의원들이 꺼리는 성 소수자 차별 폐지나 양심적 병역 거부자를 구제하기 위해 특정 법률을 개정하거나 폐지할 수 있다. 시민의 서명을 모아 소수자 집단의 권리를 침해하거나 위헌 소지가 있는 법률을 개정하거나 폐지하는 것을 묻는 국민 투표다. 국회가 소수자를 보호할 수 있는 법을 만들어 주길 기대하는 건 헛된 희망이다. 국회의원직을 걸어야 하는 행동일 수 있기 때문이다. 예를 들어, 성 소수자에 대한 차별을 폐지하는 법률을 발의했을 때, 그 의원은 다음 선거에서 상당한 표를 잃을 것을 감수해야 한다. 성 소수자에 대해 부정적인 견해나 편견을 가진 특정 종교 신도가 '성 소수자 차별 금지법'을 발의한 의원에게 투표하지 않을 가능성이 상당하기 때문이다. 입법권을 소수가 독점한 현실에서는 우리 사회의 여러 유형의 소수자는 계속해서 차별당하게 될 것이다.

따라서 법의 폐지나 개정을 위한 시민 주도의 국민 투표는 대의 민주제의 단점을 보완하고 소수자의 인권을 보호할 수 있는 매우 효과적인 제도다.

우리는 다양한 소수자가 차별 없이 평등한 권리를 누릴 수 있는 사회를 건강한 공동체로 여긴다. 성 소수자가 겪는 차별은 이들의 안전과 재산권에 심각한 피해를 일으킨다. 성 소수자의 배우자가 죽으면 혼인신고를 할 수 없기에, 평생 같이 산 배우자는 상속권을 법적으로 인정받지 못한다. 배우자가 응급실에 실려 가도 보호자로 인정받지 못한다. 위급한 상황에서 이런 법적 차별 때문에 배우자를 잃을 위험까지 감수해야 한다. 성 소수자도 시민의 한 사람으로 세금, 병역 등의 의무를 다 감당한다. 하지만, 모든 시민이 당연하게 누리는 권리를 누리지 못한다. 부당하다. 다양한 소수자에 대한 대중의 편견 그 자체가 비정상적인데도 말이다. 세바스티안 렐리오 감독의 영화 〈판타스틱 우먼〉Fantastic Woman은 성 소수자가 겪는 이러한 사회적 편견과 사람들의 멸시를 잘 묘사해 준다. 거의 모든 인권 선언은 인종, 성별, 종교, 성적 지향 등에 따라 개인을 차별하지 아니한다고 명시한다. 하지만, 대한민국에선 인권 선언이 무시당한다. 사회의 다양한 소수자가 법률의 보호는커녕 법의 후진성과 특정 집단이 가진 편견으로 인해 여전히 차별당하고 있다. 모든 시민뿐만 아니라 이들을 보호하기 위해 법률 개정과 폐지를 위한 시민 주도의 국민 투표 도입이 절실하다.

시민이 예산안을 편성하고 심사할 수 있게 하는 제도는 없을까?

행정부는 많은 권력을 독점하고 있지만, 무엇보다 예산 편성과 집행에 관한 결정권이 핵심적이다. 연간 400조가 넘는 돈을 대통령(행정부) 맘대로 어디에 어떻게 쓸지를 결정한다. 중앙 정부가 예산 관련 권한을 독점하는 데서 여러 문제가 발생한다. 따라서 국가 예산을 세수의 기여도와 지역 균형발전이라는 주요 원칙에 따라 지방정부에 공정하게 배분해야 한다. 지방정부에 할당한 예산을 같은 원칙에 따라 시, 군, 구에 공정하게 분배해야 한다. 최종적으로, 시장이 예산을 편성하는 과정과 시의회가 예산을 심의하는 과정에 지역 시민이 참여할 수 있게 해야 한다. 물론, 예산안 통과 과정에도 시민의 참여를 보장해야 한다. 시정과 시의회에 참여할 시민 선발 원칙은 무작위의 방식이어야 한다.7 4주~8주간 지방행정과 의회정치에 관련한 '정치 기본 소양 교육'을 이수한 시민 중에서 추첨해 지역 정치에 참여할 시민을 뽑아야 한다. 이렇게 하면, 누가 시민 의원으로 뽑힐지 모르기 때문에 지역의 이익단체가 로비할 수 없다. 정치에 참여하길 원하는 모든 시민이 정치 기본 소양 교육을 들을 수 있게 교육은 평일과정과 주말과정 모두 있어야 한다. 교육 과정 이수 후 추첨으로 뽑힌 시민 의원의 수는 지방선거로 당선한 시의회 의원 수의 최소 3분의 1 이상을 차지해야 한다. 시민 의회 의원의 결정이 합리적으로 이루어질 수 있도록 '결정권이 없는' 자문위원회를 두도록 해야 한다. 분야별 자문위원회를 두어야 시민 의원이 관련 지식과 정보에 바탕을 두고 판단할 수 있다. 이를 통해 현명하고 합리적인 결정을 보장할 수 있다. 시정에 협력하는 자문 위원회는 시민의 정치 지능을 향상하는 데 도움이 된다. 시민 의회 의원의 임기를 3~6개월 정도로 짧게 정하면, 더 많은 시민 참여를 보장할 수 있다. 지방 정부나 시 정부에 시민의 참여를 보장하도록 헌법을 개정해야 한다.

시민의 정치 참여 과정에 약간의 시행착오와 문제가 발생할 수 있다. 하지만, 구더기 무서워 장 못 담그는가? 시행착오를 최소화하기 위해 작은 지방자치 단체에서 먼저 시범 시행을 해보는 것도 바람직하다. 여러 차례의 시범 시행으로 이 제도를 더 혁신적이고 민주적으로 진화시킬 수 있다. 민주주의는 공동체의 문제에 대한 최종 결정권을 그 구성원인 시민에게 돌려주는 쪽으로 진화해야 한다.[8] 시의 예산 편성, 심의, 의결 과정에 시민이 참여토록 해야 한다. 이러한 참여로 시민은 정치에 더 많은 관심을 두게 되고, 이 과정에서 시민의 정치 지능도 높아질 수 있다. 시민이 시장과 시의회가 독점해 온 권력도 견제할 수 있게 된다. 시민의 정치 참여를 장려하는 것이 민주적인 지방정부가 최우선으로 추구해야 하는 임무다. 실제로 호주의 캐나다 베이, 제랄드톤, 멜버른과 같은 도시는 시민 심사 위원단 제도Citizens Juries로 시의 전체 예산안을 성공적으로 편성했다.

시민 심사 위원단 제도[9]

부산, 경남지역에 수명이 다한 원자력 발전소 가동 연장 여부를 '시민 심사 위원단 제도'(미국 제퍼슨 센터가 만든 숙의 민주주의 방식)로 결정하는 방식을 설명해 보겠다. 먼저, 대한민국 인구를 대표할 표본 집단을 무작위로 뽑는다. 표본 집단의 크기는 통계적으로 의미 있는 정도면 적당하다. 표본 집단을 선정할 때 연령, 성별, 거주지, 교육 수준, 소득 수준, 정치적인 성향 등을 골고루 고려한다. 이 표본 집단이 대한민국 시민을 대표할 수 있는 초소형 집단이 되도록 하기 위해서다. 이렇게 뽑힌 시민 심사 위원단이 원자력 발전소 가동 연장 문제에 대해 그들만의 능력으로 토론하고 권고안을 작성할 수 있을까? 당연히 불가능하다. 뽑힌 시민 대부분이 원자력 발전소에 대해서는 비전문가이기 때문이다. 그래서 전문가 집단의 자문이 필요하다. 전문가 집단도 세 종류의 전문가가 참여해야 한다. 첫 번째 전문가 집단은 원자력 발전소에 관한 일반적인 지식을 제공할 중립적인 인사들이어야 한다. 두 번째 집단은 원자력 발전소 가동 연장을 찬성, 반대하는 각각의 전문가다. 두 번째 전문가 집단의 이념적 성향은 뚜렷할 수 있다. 세 번째 전문가 집단은 시민 심사 위원단이 첫 번째 전문가들의 설명과 두 번째 전문가 집단의 찬반 토론을 듣고 나서 토론을 시작할 때 필요하다. 이들은 토론의 중립성이나 객관성을 평가하고, 토론 참가자인 시민이 가진 잘못된 관련 지식이나 편견을 검토하는 역할을 한다. 시민 심사 위원단은 3~5일간 원자력 발전소 사용 연장 문제에 대해 학습하고 토론한다. 마지막 날에 최종 권고안을 작성한다. 시민 심사 위원단이 작성한 권고안을 정책 결정자와 시민 모두에게 동시에 전달한다. 정부의 결정권자는 충분한 학습과 토론으로 만들어진 권고안의 수용 여부를 결정해야 한다. 정책 결정권자는 권고안을 검토한 후 최종 결정을 내릴 때 여론을 고려할 수밖에 없다. 정부 책임자는 시민 심사 위원단의 '권고안'이기에 그대로 따를 의무는 없다. 그렇다고 정책 결정권자가 합리적이고 과학적인 정보에 바탕을 두고 형성한 여론(시민 심사 위원단의 권고와 시민 반응 모두)을 무시하고 독단적으로 처리하기도 쉽지 않다.

시민 심사 위원단 제도의 장점[10]

시민 심사 위원단 제도를 도입해야만 하는 이유는 대의 민주제의 대표성에 상당한 한계와 왜곡이 있기 때문이다. 시민과 시민의 대표자인 대통령(과 국회의원)이 서로 다른 견해를 가질 수 있다. 이런 의견 차이를 좁히려는 노력을 충분히 하지 않고 소수 정치 엘리트(대통령, 국회의원, 도지사, 시장)가 맘대로 법과 정책을 결정하고 집행하는 사례가 자주 발생한다. 시민 심사 위원단 제도를 도입하면, 시민의 의사를 무시한 채로 법안이나 정책을 결정하고 집행하는 일은 현저하게 줄어들 것이다. 이 제도는 무엇보다 특정 사안에 대한 다수 시민의 입장을 정확하게 파악할 수 있다는 장점이 있다. 보통 주류 언론이 특정 이슈에 대해 여론을 형성한다. 언론의 실제 역할은 시민에게서 동의를 끌어내는 거다. 이러다 보니, 특정

사안에 대한 시민의 의견은 언론사의 입장과 크게 다르지 않다. 그동안 정치, 경제, 사회적인 문제에 대해 언론사가 가졌던 입장을 시민에게 뉴스로 주입했던 거다. 시민 심사 위원단 제도는 여론 형성 과정에 대한 주류 언론사의 영향력을 최소화할 수 있다. 권력 기관이 되어버린 언론이 보도하는 뉴스는 반만 진실이거나, 편향적인 언론사가 자기 이익에 맞게 해석한 사실이었다. 시민 심사 위원단 제도는 지식과 정보에 바탕을 둔 독립적인 여론을 형성한다. 이것이 시민 심사 위원단 제도가 갖는 가장 큰 장점이다.

무작위로 선발하기 때문에 시민 심사 위원단은 로비나 외부 영향에서 벗어날 수 있다. 말 그대로, 깨끗한 정치를 실현할 수 있다. 보너스로 이 제도에 참여하는 시민은 비판적인 사고력(판단력)이 발달하게 되고, 소수 권력자와 전문가 집단의 속임수를 파악할 안목이 생긴다. 경제적인 인센티브도 있다. 시민 심사 위원단에 참가한 모든 시민은 회기 동안 급여를 받게 된다. 생계 때문에 정치 참여를 못 하는 시민이 없도록 하기 위해서다. 시민은 이 제도로 자신을 노예로 만들었던 '위임의 덫'에서 풀려날 수 있다. 시민 심사 위원단 제도는 정책 결정이나 입법 과정에 시민의 의사를 제대로 반영하지 못하는 대의 민주제의 단점을 보완할 매우 효과적인 숙의 민주주의 제도다.

적폐 판사를 시민이 탄핵할 방법이 없을까?

사법부는 특정한 정치, 경제, 사회적인 재판에서 권력의 눈치를 보거나, 판사 개인의 이념적 성향에 따라 판결하는 모습을 상당히 자주 보여준다. 최근 대법원의 재판 거래 관련 뉴스를 보면, 삼권 분립을 소중히 '여기는' 사법부가 얼마나 행정부의 눈치를 세심하게 살폈는지를 쉽게 가늠할 수 있다. 대한민국 대법원에 서 있는 정의의 여신은 안대를 쓰지 않는다. 대놓고 피고와 원고 뒤에 누가 서 있는지를 보겠다는 거다. 힘센 쪽에 유리한 판결을 내리겠다고 공공연하게 과시한다. 문제는 사법부가 이렇게 안하무인이어도 우리에겐 징계할 수단이 없다는 데 있다. 헬 조선에 판사가 대략 삼천 명이 있다. 판사가 되는 순간 자신이 어떤 사회적, 정치적 계층에 속하는지를 자연스럽게 몸으로 느낀다. 전체 인구 중에 삼천 명이면 헬 조선 상위 0.006%에 속한다. 법정에서 판사의 권위는 막강하다. 판사는 인신에 대한 구속 여부를 결정할 수 있는 공무원이기 때문이다. 그래서 그런지 이들은 헬 조선의 사회적·정치적 위계 구조의 최상부에 자신들이 있다는 사실을 누구보다 더 잘 안다. 그래서 판사의 판결이 자기편 쪽으로 휘기 쉽다. 사법부의 휜 저울을 고칠 방법을 설명하기에 앞서 법철학 이론 중의 하나를 살펴보겠다.

법에 담긴 인종적 편견에 대한 비판적 이론[11]

이 이론의 이름을 직역하면 '비판적인 인종 이론'Critical Race Theory이다. 실제로는 법 속에 감춰진 인종 차별적 요소에 대한 비판적 이론이라고 번역하는 게 좋을 듯하다. 이 이론은 1989년 위스콘신의 매디슨에서 유래했다. 비판적 법 연구Critical Legal Theory의 한 갈래다. 비판적인 인종 이론도 '정의', '진리', '이성'과 같은 계몽주의적인 이상에 대해 비판적 법학 연구 못지않게 상당히 회의적이다. 이 이론은 법에 만연한 인종차별주의를 폭로했다. 이 이론의 주요 내용은 이렇다. 특권층과 중산층에 속한 백인 학자들은 자신들의 관점으로는 법에 담겨있는 인종차별적인 요소나 특성을 완벽히 인식할 수 없다. 인종 때문에 직접적인 차별과 불평등, 무시를 경험한 사람만이 사회의 주변부로 밀려난 인종적인 소수자를 위해 목소리를 낼 수 있다. 법의 형식적인 체계는 특권층에 속한 백인 남성의 현실을 반영할 뿐이다. 그래서 인종적 소수자는 법의 주변부로 밀려난다. 여기서 끝나지 않는다. 엘리트의 삶의 방식과 사회 규범이 결합해 법의 중립성에 대한 인식이 만들어지고, 이러한 인식이 대중에게 퍼진다. 이렇게 백인 계층의 특권과 지위를 대변하는 문화가 힘없는 다수(소수 인종)의 문화나 규범으로 자리 잡게 된다. 다시 말해, 대중은 자신을 지배하기 위해 만든 문화를 아무 저항 없이 자신의 문화로 인정하게 된다는 말이다.

비판적 인종 이론Critical Race Theory에서 '인종'race을 '사회·정치적 계층'class으로 바꿔 이 이론을 우리 현실에 적용해 보면 어떨까? 특권층에 속한 판사들은 자신들이 항상 읽고 해석하는 법체계 속에서 특권층만의 이익을 대변하고, 사회적 약자를 차별하는 요소를 제대로 찾아낼 수 있을까? 판사들은 법체계 속에 계층적 차별

요소가 담겨 있다는 사실조차 인식하지 못할 수 있다. 판사들 본인이 법의 심판을 받을 일이 거의 없기 때문에 법이 특정한 사회·경제적 계층을 보호하거나 차별할 수 있다는 사실을 인식하지 못하는 것은 어찌 보면 당연해 보인다. 설상가상으로, 판사들은 특정 계층을 차별하거나 보호할 수 있는 법체계가 중립적이라고 확신하는 지경까지 이를 수 있다. 이러다 보니 아무 저항도 할 수 없는 약자는 법에서 밀려나고 차별당하게 된다. 법은 현재의 질서를 유지하기 위해 있기 때문에 그 자체로 보수적일 수밖에 없다. 불행하게도, 인류는 역사상 평등한 공동체를 이루며 산 적이 거의 없다. 그렇다면 그동안에 나타나고 사라졌던 사회의 수많은 법체계는 불평등한 제도와 계층 간 권력 관계를 유지하는 역할을 했다고 판단할 수밖에 없다.

법체계에서 밀려난 우리는 어떻게 사법부를 견제할 수 있을까?

우리가 법관 탄핵권을 가지면 된다. 하지만, 현재 헌법 제65조는 국회의원 재적 3분의 1 이상이 헌법 재판관 및 법관의 탄핵안을 발의할 수 있으며, 국회 재적의원의 과반이 찬성하면 탄핵할 수 있다고 규정한다. 물론, 법관이 직무 집행에서 헌법이나 법률을 위반한 경우다. 이 헌법 조항도 참 맘에 들지 않는다. 국회는 대통령의 탄핵도 다수 시민의 의사를 외면한 채 부결하거나 본회의 상정마저 하지 않으려 했다. 국민의 의사에 별 관심 없는 국회가 법관의 탄핵권마저 갖고 있다. 그런데 국회의원들은 온갖 부패로 판사 앞에 설 일이 많아서 그런지 국회가 법관을 탄핵하잔 얘기를 들어 본적이 거의 없다. 판사한테 밉보여서 좋을 게 없기 때문이다. 어쨌든, 대의 민주제하에서 우리가 스스로 할 수 있는 게 거의 없다. 시민을 이렇게 중요한 결정에서 배제하는 데 대의 민주제만 한 것이 지구상에 또 있으랴? 교과서의 주장과 다르지만, 시민이 판사 탄핵안도 직접 발의할 수 있어야 한다. 시민이 판사의 탄핵 권한을 가져야 한다고 주장하면 대법원과 보수 정치인들은 판사의 판결권을 침해할 수 있고, 판결이 여론에 휘둘릴 수 있다고 반론할 가능성이 99%다. 교과서에도 이렇게 쓰여 있다. 상당수 시민도 교과서의 주장에 동의할 수 있다. 사실, 나도 처음엔 그렇게 생각했다. 한국 교육의 세뇌 덕분이다. 교과서의 위력이 이렇게 대단하다. 비판적인 사고력(판단력)을 자부하는 나도 잠깐 속았다. 하지만 조금만 생각해보면, 소수 법관만 법의 해석 권한을 독점하는 것보다는 헌법과 법률의 주인인 시민이 법을 해석하는 과정에 직접 참여하는 것이 더 공정하고 바람직함을 알 수 있다.

판사들은 법의 해석(판결)에서 권력자 편에 설 것인지, 아니면 헌법과 법률의 주인인 시민 편에 설 것인지를 결정해야 한다. 강자를 편들었던 관행에서 벗어나 법에서 밀려난 약자를 보호하는 방향으로 판결하도록 하기 위해서는 법관 탄핵권을 시민이 갖도록 헌법을 개정해야 한다. 노동자의 헌법적 권리인 파업권보다 사용자의 손해배상 청구권을 더 중시하는 법관이 있다. 이런 법관은 자신의 양심뿐만 아니라 헌법 정신을 훼손했기에 시민의 손으로 탄핵당해야 한다. 헌법을 무시한 대통령은 탄핵당했는데, 헌법 정신을 저버린 채 법률을 자의적으로 해석한 판사는 계속 그 자리에 있어도 되는가? 기업 대표가 검사장에게 엄청난 경제적인 이익(공짜 주식 특혜)을 떠안겼다. 그런데 그 회사 대표와 그 전직 검사장에게 무죄를 선고했다.[12] 당연히, 이 법관은 탄핵당해야 한다. 국정원 직원이 선거 기간에 정치적인 댓글을 달았는데, 국정원법은 위반이지만 공직선거법 위반은 아니라고 판단한 법관[13]도 시민의 손으로 탄핵해야 한다. 헌법과 법률을 자기 맘대로 해석하는 법관에게 계속해서 우리 돈으로 월급 주는 것만큼 어이없는 일이 또 어디 있겠는가? 그러면 이런 얼빠진 혹은 안하무인인 법관을 어떻게 탄핵할 수 있을까?

시민 주도의 국민 투표와 시민 심사 위원단 제도의 융합으로!

법관이 헌법과 법률을 위반했다고 판단한 경우에 시민은 법관 탄핵 발의를 할 수 있어야 한다. 판사는 단지 우리가 법의 해석을 위해 권한을 위임한 공무원일 뿐이다. 위임한 권력을 남용하거나 오용할 때, 그 권력을 다시 회수할 수 있어야 한다. 법관 탄핵 발의는 이렇게 진행할 수 있다. 법관 탄핵안은 시민이나 시민 단체가 전체 유권자 수의 1%에 해당하는 서명을 받아 국회에 제출한다. 서명 확인이 끝난 후, 국회는 이 탄핵 발의를 심사할 시민 심사 위원단을 무작위로 선발한다. 앞서 언급한 선발 기준(시민 심사 위원단의 추첨 기준 ; 연령, 성별, 소득 및 재산, 교육, 정치, 종교적 성향, 거주지 등을 고려)과 같다. 추첨으로 뽑힌 시민 심사 위원단은 3종류의 전문가 집단의 자문을 활용하면서 충분한 시간(3~5일) 동안 한 의제(법관의 탄핵 결정)를 토론하고 숙의한다. 법관 탄핵에 대한 일반적인 지식과 탄핵 찬성, 반대 측 패널의 논리를 참고해 시민 심사 위원단은 그 의제에 관해 토론을 시작한다. 이때 세 번째 전문가 집단은 토론 과정에서 토론이 객관적으로 이루어지는지, 시민 심사 위원단이 잘못된 지식이나 편견이 있으면 이를 교정해 준다. 토론 과정이 마무리되면, 시민 심사 위원단은 최종 권고안을 스스로 작성해 국회와 시민에게 동시에 전달한다. 개인적으로, 국회가 충분한 정보와 지식에 근거한 숙의의 결과물인 권고안을 의무적으로 받아들여야 한다고 생각한다. 최소한 권고안만이라도 국회에 제출해 표결하거나, 국민 투표로 법관 탄핵을 결정할 수 있게 한다면 시민이 헌법과 법률을 제멋대로 해석하는 판사들을 견제할 수 있게 된다.

국회의원만 법관 탄핵권을 갖게 한 현재의 헌법은 국민을 '뇌가 없는 사납기만 한 거대한 짐승'으로 전제하고 있다고 봐야 한다. 헬 조선의 엘리트는 시민이 '뇌'가 없다며 그동안 무시해 온 거다. 그래서 그런지 사법부는 '본연'의 임무에 충실했다. '유전무죄 무전유죄 유권무죄 무권유죄'란 헬 조선 사법부의 판결 기준도 성실히 만들어 냈다. 태생적으로 보수적인, 현재의 권력 관계(불평등)를 유지하는 데 최선을 다한 사법부가 누가 자신들의 고용주인지를 확실히 깨닫게 해야 한다. 진정한 권력자이며 헌법의 주인인 시민을 두려워할 줄 아는 사법부로 거듭나게 해야 한다. 우리는 시민 심사 위원단 제도와 시민 주도의 국민 투표를 융합한 법관 탄핵 방식으로 얼빠진 사법부를 징계하고 견제할 수 있다. 사법부가 현재의 권력 구조를 유지하는 데만, 나아가 그 권력 구조로 인해 발생한 불평등과 차별을 보호하는 데만 열중한다면, 정신 나간 법관 하나가 아니라 사법부 전체를 탄핵해야 한다. 여러 전문가 집단의 조언을 받아 시민 심사 위원단이 객관적인 고급 정보에 바탕을 둔 집단 지성의 힘으로 사법부를 완전히 대체해야 할 것이다.

맺음말

새로운 헌법은 무엇보다 삼권의 독점을 해소해야 한다. 행정, 입법, 사법부가 독점한 권력을 시민과 나누고, 이 권력 기관이 자신의 힘을 남용할 때 시민이 견제할 수 있게 해야 한다. 시민 입법(국민 발안), 시민 주도의 국민 투표, 의제 발안으로 국회가 가진 권력을 나누고, 시민의 집단지성이 입법부를 견제할 수 있게 해야 한다. 시민의 의사를 정확하게 반영하고, 로비나 외부 영향에서 벗어날 수 있게 시민 심사 위원단이 행정부의 독단적인 정책 결정과 집행에 제동을 걸 수 있어야 한다. 시민의 집단지성이 합리적으로 발휘될 수 있게 시민 심사 위원단 제도를 더욱 정교하게 만들어야 한다.

물론 이 제도로 모든 정책을 결정할 수 없다. 논쟁적인 이슈, 특히 선출직 공무원이 시민이 위임한 것 이상의 결정을 내리려 할 때, 그리고 사회의 안전 문제에 관한 정책을 결정할 때 시민 심사 위원단 제도를 활용해야 한다. 선출직 공무원이 마치 자기 재산인 양 민간에게 공기업을 팔려 할 때, 시민은 이를 제지할 수 있어야 한다. 정부나 국회가 정책이나 법을 시행하기 전에, 가장 먼저 고급 지식과 균형 잡힌 자문에 바탕을 둔 여론(시민 심사 위원단의 최종 권고안)을 파악해야 한다. 4대강 사업같이 환경에 중요한 문제나 논쟁이 격렬한 문제, 그리고 엄청난 양의 혈세를 써야 하는 국책 사업을 시작하기 전에 시민이 모여 숙의하는 것이 앞서야 한다. 선출직 공무원인 대통령, 도지사, 시장, 그리고 국회의원은 시민 심사 위원단 제도로 정확한 지식에 바탕을 둔 합리적 토론을 통해 여론을 형성하고, 그 여론을 파악하는 것부터 해야 한다.

판사가 헬 조선의 상위 1%를 위해 법을 자기 맘대로 해석하면, 시민 주도의 국민 투표로 법관 탄핵이 가능하도록 헌법을 개정해야 한다. 시민이 발의한 법관 탄핵안을 시민 심사 위원단 제도로 숙의해 처리해야 한다. 숙의의 결과물인 최종 권고안은 국회 표결이나 국민 투표로 반영 여부를 결정할 수 있다. 이렇게 돼야, 판사들은 이 땅의 진정한 주인이 누구인지를 깨닫게 될 것이다. 시민을 두려워할 줄 아는 판사로 만들기 위해서라도, 새로운 헌법은 이러한 제도를 담아야 한다. 보수적인 언론에 출연하는 전문가의 입에서 '여론 재판'이니 하는 표현이 나오는 순간, 저들은 우리를 '거대하고 사납기만 한 뇌가 없는 짐승'으로 여긴다고 확신해도 된다. 이제 '삼권 분립, 견제와 균형'과 같은 표현이 거짓임을 깨닫게 되었다. 삼권의 독점을 두 눈 부릅뜨고 응시하자. 우리 헌법은 그동안 삼권을 나눈 것이 아니라 삼권의 독점을 사실상 보호했다. 헌법의 주인은 시민 전체인데, 실제 주인은 상위 0.1%에 속하는 시민이었다. 이들만 헬 조선을 해피 조선으로 살았다. 정신 바짝 차리고 우리의 권리를 되찾아 와야 한다. 이렇게 해야 대한민국을 진정한 민주 국가로 바로 세울 수 있다. 마지막으로, 우리 헌법 1조 2항부터 수정해야 한다. "모든 권력은 국민으로부터 나온다."가 아니라 "모든 권력은 시민의 것이다."로 개정해야 한다. '~로부터'란 표현에서 '위임'의 개념이 만들어졌다. 이것이 우리를 노예로 만들었던 '위임의 덫'을 은폐하는 표현이었다. 따라서 헬 조선의 지배와 지배의 결과물인 모든 불의와 불평등은 우리 헌법 1조에서 시작했다.

『있지도 않은 자유를 있다고 느끼게 하는 거짓자유』를 마치며

정치가 모든 것을 결정한다! — 장 자크 루소

누구 좋아하라고 좌절하고 포기해?

대한민국의 법은 국회의원만 만든다! 세금은 시민이 내고 그 사용방식은 대통령과 행정부만 결정한다! 법관만 법률 위반 여부에 대해 판단할 수 있다! 시민은 판사의 해석을 무조건 따라야 한다! 지배자들은 시민을 이렇게 중요한 문제에서 철저히 배제하는 제도에 '민주주의'라고는 차마 못 하고 '대의'라는 표현을 덧붙여 그동안 학교에서 우리를 세뇌했다. 언론은 학교를 졸업한 '시민교육'을 떠맡는다. 교육, 사법제도, 언론, 대중문화로 위장한 이념, 특히 자유와 상식이란 이념으로 소수의 지배를 합법화하여 은폐했다. 법치로 위장한 지배가 그동안 발각되지 않은 데에는 지배자들과 그들이 세운 여러 제도가 지배를 숨기기 위해 정말이지 최선을 다했기 때문이다. 어떻게 이런 제도를 시민을 주인으로 대하는 민주주의라 부를 수 있겠는가? 여러분은 이 책을 처음부터 여기까지 읽으며 아마 이런 생각을 하셨을 수도 있다. '나는 왜소하고 지배를 지키는 권력의 카르텔은 거대한데 내가 무엇을 할 수 있지?' 나도 이런 생각을 수없이 했었다. 하지만 그때마다 드는 생각이 '누구 좋아하라고 좌절하고 포기해?'였다.

우린 결코 왜소하거나 무력하지 않다. 우린 오천만 명 중의 한 명일 수 있다. 어찌 보면, 우리는 물질의 최소 단위인 원자만 한 존재일 수 있다. 하지만 원자의 핵이 분열하거나 핵이 다른 핵과 융합할 때, 엄청난 에너지를 발산한다. 왜소하게 보이는 한 명의 독자도 원자처럼 엄청난 에너지를 내뿜을 수 있다. 이 책의 다른 독자와 만나 더 큰 힘을 발휘할 수도 있다. 우리에겐 당장 이렇게 폭발하지 않아도 가능성이 무한하다. 이 책의 출간 1년 후, 어린 독자가 이 책을 읽고 10년 후에 사회를 변혁할 시민운동가가 될 수도 있다. 한편으로, 중년의 남성이나 여성이 이 책을 읽고 마을 단위에서 시민운동을 시작할 수도 있다. 이런 모든 운동의 시작은 한 권의 책(지식)에서 시작한다. 이것이 나비효과나 작은 원자의 엄청난 힘에서 배운 교훈이다. 이 책이 작은 마을도서관의 책장에서 10년간 자리를 지킨 후 한 소녀의 손에 쥐어질 날이 충분히 올 수 있다. 소녀의 감동한 마음이 그 소녀의 삶을 바꾼다. 그 소녀가 자신의 사회인 대한민국을 더 민주적인 사회로 발전하게 할지도 모른다. 언제인지 모르나 이런 일은 분명 일어난다. 역사의 진보는 늘 한 권의 책에서 비롯되었다.

한 권의 책은 한 사람을 바꾸고, 그 한 사람은 세상을 바꾼다. 인류의 위대한 지성의 제안은 엄청난 파괴력으로 세상을 바꿔왔다. 이 책은 그 위대한 여러 제안을 여러분께 전달하는 한 채널일 뿐이다. 이들의 위대하고 정의로운 생각이 세상을 혁명적으로 바꿀 한 사람을 감동하게 하기를 바랄 뿐이다. 위대한 개인은 칠십억 명 중의 한 명이다. 원자가 분열하거나 융합할 때 엄청난 에너지를 주변에 뿜어내는 것처럼, 정의로운 생각은 원자와 같은 한 인간을 폭발하게 한다. 그 폭발로 인한 빛을 보고 수많은 시민은 연대한다. 바로 이 연대의 힘이 역사의 수레를 앞으로 움직인다. 인류는 그 폭발한 '위대한 인간'이 비춘 빛을 따라 문명을 진보하게 했다. 진정한 해방을 가져올 그 위대한 폭발이 일어나길 기대해 본다. 정의로운 생각과 지식을 담은 책은 거대한 지배체제를 해체할 작은 다이너마이트다. 그 다이너마이트를 집어 들어 읽는 사람은 더 강력한 다이너마이트가 돼서 거대한 권력의 카르텔을 무너뜨릴 수 있다. 정의로운 영혼이 이 책을 읽고 빛을 비춰 시민이 함께 걸어갈 방향을 제시하길 희망해 본다.

누구나 행복한, 누구나 자기 꿈을 스스로 정하고 성취할 수 있는 사회에서 살 수 있게 되기를 기대해 본다. 우리가 4차 혁명에 안정적으로 적응하는 데 성공한다면, 오랫동안 꿈꿔 온 유토피아를 건설하는 데에 성공할 수 있다. 4차 산업혁명이 불러올 '일이 없는 사회'에서 정치는 직업이기보다는 시민의 놀이가 될 가능성이 현재로선 커 보인다. 인공지능과 로봇 공학의 융합이 몰고 올 대량 실업과 이에 따른 혼란만 잘 해결할 수 있다면, 동시에 나노공학과 인공지능이 일으킬 격변에 잘 대처한다면, 새로운 인류에게 정치는 취미 활동 중의 하나가 될 수도 있을 것 같다. 19세기 유럽의 귀족은 생계를 책임질 의무에서 자유로웠다. 그래서 이들의 일과란 것이 '친구 만나기, 외국어 배우기, 연애하기, 무급으로 정치하기, 맛있는 요리를 해 친구를 초대하기, 말타기, 예술 작품 감상하기'였다고 한다. 『있지도 않은 자유를 있다고 느끼게 하는 거짓자유』는 타인을 지배하고 싶은 사람을 위해 쓴 책이 아니다. 1장에서부터 지배 욕망을 가진 사람을 위해 쓴 책이 아님을 아셨을 것이다. 누구나 정치에 참여하고, 그 참여로 규칙을 정하고, 그 규칙을 스스로 지키는 주인으로 가득 찬 세상을 위해 이 책을 쓰기 시작했다. '시민 모두가 정치하면 너무 시끄러울 텐데!'라고 걱정할 수 있다. 하지만, 주인은 소수의 잘난 사람이 '법률, 예산 집행, 법의 해석'으로 사실상 자신의 운명을 지배하게 내버려 두지 않는다. 역사적으로 노예가 이렇게 살았다. 스스로 정치에 참여할 때만, 그리고 그 참여로 내 진로를 스스로 결정할 수 있는 사람만이 진정한 주인이다. 『있지도 않은 자유를 있다고 느끼게 하는 거짓자유』를 자신의 인생에 주인이길 원하는 모든 시민에게 드린다.

엄윤진

2019년 생각공장에서

1부 지배를 위한 최적의 제도

1장 시민의 입법권 요구를 틀어막는 플라톤의 『국가론』

1. J. Annas, *Ancient Philosophy : A Very Short Introduction* (New York : Oxford University Press, 2000), 24.
2. B. Crick, *Democracy : A Very Short Introduction* (New York : Oxford University Press, 2002), 72~3.
3. 같은 책, 73.
4. 같은 책, 14.
5. J. Annas, *Ancient Philosophy*, 31.
6. J. Oksala, *Political Philosophy : All That Matters* (London : Hodder & Stoughton, 2013), 8~9.
7. B. Crick, *Democracy*, 15~6. 그리고 R. Bellamy, *Citizenship : A Very Short Introduction* (New York : Oxford University Press, 2008), 106~8.
8. J. Annas, *Ancient Philosophy*, 24~6.
9. D. Miller, *Political Philosophy : A Very Short Introduction* (New York : Oxford University Press, 2003), 43~4.
10. R. Wokler, *Rousseau : A Very Short Introduction* (New York : Oxford University Press, 2001), 83~4.
11. D. Miller, *Political Philosophy*, 47~8.

2장 시민을 노예와 바보로 만드는 대의 민주주의

1. R. Bellamy, *Citizenship*, 17.
2. 같은 책, 90.
3. B. Crick, *Democracy*, 110.
4. 같은 책, 112~3.
5. R. Wokler, *Rousseau*, 77~8.
6. 같은 책, 91~2.
7. R. Bellamy, *Citizenship*, 97.
8. B. Crick, *Democracy*, 17.
9. 같은 책, 18.
10. 같은 책, 22.
11. RT News. (2018.12.19). 〈http://rt.com/news/swiss-adult-minimum-wage-794〉

12. R. Bellamy, *Citizenship*, 47~49.

13. B. Crick, *Democracy*, 73.

14. 같은 책, 120.

15. 같은 책, 113.

3장 보이지 않는 제국주의인 대의 민주주의와 신자유주의

1. The Guardian. (2018.12.19). 〈http://www.theguardian.com/world/ 2013/jun/06/uk-compensate-kenya-mau-mau-torture〉

2. A. Jackson, *The British Empire : A Very Short Introduction* (New York : Oxford University Press, 2013), 2~4.

3. 같은 책, 1~2.

4. 같은 책, 1~2.

5. 같은 책, 72.

6. 같은 책, 100.

7. 같은 책, 52~5.

8. 같은 책, 73~5.

9. 같은 책, 65.

10. M. B. Steger and R. K. Roy, *Neoliberalism : A Very Short Introduction*, (New York : Oxford University Press, 2010), 14.

11. 같은 책, 19~20.

12. 같은 책, 74~5.

13. M. B. Steger, *Globalization : A Very Short Introduction* (New York : Oxford University Press, 2009), 108~9.

14. M. B. Steger, *Neoliberalism*, 99~101.

15. B. Crick, *Democracy*, 23.

16. 같은 책, 17.

4장 지배와 불의에 대한 저항의 싹을 자르는 공포 정치

1. 미디어오늘. (2018.8.24). 〈http://www.mediatoday.co.kr/news/articleView.html?idxno=126168〉

2. C. Townshend, *Terrorism : A Very Short Introduction* (New York : Oxford University Press, 2011), 46.

3. 같은 책, 37~41.

4. 같은 책, 51~3.

5. 같은 책, 41~2.

6. 같은 책, 46.

7. 같은 책, 44~5.

8. 같은 책, 47~8.

9. DAUM 백과. (2018.8.24). 〈http://100.daum.net/encyclopedia/view/14XXE 0046893〉

10. DAUM 백과. (2018.8.24). 〈http://100.daum.net/encyclopedia/view/47XXX XXXX186〉

11. DAUM 백과. (2018.8.24). 〈http://100.daum.net/encyclopedia/view/14XXE 0038496〉

12. EBSNEWS. (2018.8.24). 〈http://home.ebs.co.kr/ebsnews/allView/10431823/N〉

13. Townshend, *Terrorism*, 141~4.

14. 같은 책, 118.

2부 지배를 숨기는 제도와 방법

5장 지배에 복종하게 하는 교육제도

1. C. Belsey, *Poststructuralism : A Very Short Introduction* (New York : Oxford University Press, 2002), 36.

2. G. Thomas, *Education : A Very Short Introduction* (New York : Oxford University Press, 2013), 2.

3. 같은 책, 13~4.

4. G. Gutting, *Foucault : A Very Short Introduction* (New York : Oxford University Press, 2005), 81~6.

5. G. Thomas, *Education*, 13~4.

6. 같은 책, 13~4.

7. I. Hargreaves, *Journalism : A Very Short Introduction* (New York : Oxford University Press, 2005), 101.

8. G. Thomas, *Education*, 99~101.

9. 같은 책, 99~101.

10. 같은 책, 99~101.

6장 지배에 스스로 동의하게 하는 사법제도

1. C. Belsey, *Poststructuralism*, 31~37.

2. R. Wacks, *Philosophy of Law : A Very Short Introduction* (New York : Oxford University Press, 2006), 92~7.

3. 같은 책, 93~5.

4. 같은 책, 96~7.

7장 규칙과 법에 복종하게 하는 이념

1. Stanford Encyclopedia of Philosophy. (2018.8.26). 〈http://plato.stanford.edu/entries/law-ideology/〉

2. C. Belsey, *Poststructuralism*, 31~7.

3. 같은 책, 39~42.

4. Stanford Encyclopedia of Philosophy. (2018.8.27). 〈http://plato.stanford.edu/entries/

law-ideology/〉

5. G. Gutting, *Foucault,* 81~6.

6. 같은 책, 70~1.

7. T. Burns, *Psychiatry : A Very Short Introduction* (New York : Oxford University Press, 2006), 100~2.

8. C. Belsey, *Poststructuralism*, 26.

8장 자유와 해방을 스스로 거부하게 하는 대중문화

1. C. Belsey, *Poststructuralism*, 64.

2. 같은 책, 59.

3. J. Culler, *Literary Theory*, 108~9.

4. C. Belsey, *Poststructuralism*, 65~6.

5. J. Westerhoff, *Reality : A Very Short Introduction* (New York : Oxford University Press, 2011), 77~80.

6. 같은 책, 77~80.

7. C. Belsey, *Poststructuralism*, 66.

8. 같은 책, 59.

9. J. Culler, *Literary Theory,* 44.

10. 같은 책, 50~51.

11. 같은 책, 44~45.

12. C. Belsey, *Poststructuralism*, 31~37.

13. 같은 책, 31~37.

14. R. Wacks, *Philosophy of Law*, 95.

15. C. Ward, *Anarchism : A Very Short Introduction* (New York : Oxford University Press, 2004), 3~7.

16. Basic Income Earth Network. (2018.9.11). 〈http://basicincome.org/basic-income/history〉

17. C. Belsey, *Poststructuralism*, 31~37.

18. M. Freeden, *Ideology : A Very Short Introduction* (New York : Oxford University Press, 2004), 114~115.

19. J. Oksala, *Political philosophy : All That Matters* (London : Hodder & Stoughton, 2013), 51~63.

20. M. Freeden, *Ideology*, 104~105와 J. Culler, *Literary Theory,* 60.

21. J. Culler, *Literary Theory*, 35~39.

22. 같은 책, 67~68.

23. I. Hargreaves, *Journalism*, 98~99.

9장 시민이 봐서도, 생각해서도 안 되는 대안 문화

1. D. Arnold, *Art History : A Very Short Introduction* (New York : Oxford University

Press, 2004), 94~8.

2. 같은 책, 99~100.

3. 같은 책, 101~102.

4. D. Cottington, *Modern Art : Very Short Introduction* (New York : Oxford University Press, 2005), 3~4.

5. 같은 책, 17~18.

6. 같은 책, 11~13.

7. 같은 책, 99~100.

8. 같은 책, 21.

9. BBC NEWS. (2018.9.6). 〈http://news.bbc.co.uk/2/hi/entertainment/4059997.stm〉

10. D. Hopkins, *Dada and Surrealism : A Very Short Introduction* (New York : Oxford University Press, 2004), 44~5.

11. CHOMSKY.INFO. (2018.9.6). 〈https://chomsky.info/mediacontrol03〉

10장 있지도 않은 자유를 있다고 느끼게 하는 거짓자유

1. I. Carlsson, and A. M. Lindgren, *What is Social Democracy?* (Borås : Sjuhäradsbygdens Tryckeri AB, 2007), 22~33.

2. TRADING ECONOMICS. (2018.9.6). 〈https://tradingeconomics.com/sweden/corporate-tax-rate〉

3. I. Carlsson and A. M. Lindgren, *What is Social Democracy?*, 24.

4. 같은 책, 24.

5. 같은 책, 28.

6. 같은 책, 65~66.

7. 파이낸셜뉴스. (2018.9.6). 〈http://www.fnnews.com/news/201404301739431279〉

8. jtbc 뉴스. (2018.9.6). 〈http://news.jtbc.joins.com/article/article.aspx?news_id=NB10614033〉

9. R. Wokler, *Rousseau*, 77~79.

10. 같은 책, 17~18.

11. jtbc 뉴스. (2018.9.6). 〈http://news.jtbc.joins.com/article/article.aspx?news_id=NB10552070〉

12. I. Carlsson and A. M. Lindgren, *What is Social Democracy?*, 61.

3부 지배체제를 해체할 제안과 개헌

11장 예수와 맑스가 전하는 시민의 저항 방식

1. R. A. Horsley, *Jesus and Empire* (Minneapolis : Fortress Press, 2003), 99.

2. J. D. Crossan, *Historical Jesus : The Life of a Mediterranean Jewish Peasant* (New York : HarperSanFrancisco, 1991), 312~320.

3. W. Carter, *Matthew and the Margins : A Sociological and Religious Reading* (Maryk-

noll, N.Y.: Orbis, 2000), 212~213.

4. Horsley, *Jesus and Empire*, 99~100.

5. 같은 책, 101~2.

6. R. A. Horsley and N. A. Silberman, *The Message and the Kingdom* (Minneapolis: Fortress Press, 1997), 51.

7. 같은 책, 55.

8. 같은 책, 54~55.

9. Horsley, *Jesus and Empire*, 104.

10. R. A. Horsley and N. A. Silberman, *The Message and the Kingdom,* 55.

11. Horsley, *Jesus and Empire*, 99~103.

12. 같은 책, 115.

13. M. Newman, *Socialism: Very Short Introduction* (New York: Oxford University Press, 2005), 32~4.

14. 같은 책, 32~4.

15. K. Barth, 'Jesus Christ and the Movement for Social Justice', in G. Hunsinger (ed. and trans.), *Karl Barth and Radical Politics* (Philadelphia: The Westminster Press, 1976), 30~31.

12장 존 듀이가 전하는 시민의 교육철학

1. G. Thomas, *Education*, 45~7.

2. 같은 책, 49~50.

3. 같은 책, 47~49.

4. The New York Times. (2018.9.9). 〈http://www.nytimes.com/2016/08/08/us/politics/think-tanks-research-and-corporate-lobbying.html?action=click&contentCollection=Politics&module=RelatedCoverage®ion=EndOfArticle&pgtype=article&_r=0〉

13장 불안을 잠재우는 유럽의 다양한 복지 제도

1. e-나라지표. (2018.9.10). 〈http://www.index.go.kr/potal/main/EachDtlPageDetail.do?idx_cd=2759〉

14장 4차 산업 혁명과 복지국가에 대한 모순된 전망

1. The Telegraph. (2018.9.10). 〈http://www.telegraph.co.uk/news/science/science-news/11236384/The-science-of-Interstellar-fact-or-fiction.html〉

2. UNIVERSE TODAY. (2018.9.10). 〈https://www.universetoday.com/15403/how-long-would-it-take-to-travel-to-the-nearest-star/〉

3. WAIT BUT WHY. (2018.9.10). 〈https://waitbutwhy.com/2015/08/how-and-why-spacex-will-colonize-mars.html/5〉

4. Tiktaalik roseae. (2018.9.10). 〈https://tiktaalik.uchicago.edu/meetTik.html〉

5. WAIT BUT WHY. (2018.9.10). 〈https://waitbutwhy.com/2015/01/artificial-intelli-

gence-revolution-2.html〉

6. THE NOBEL PRIZE. (2018.9.10). 〈https://www.nobelprize.org/prizes/chemis-try/2016/summary/〉

7. ScienceNews. (2018.9.10). 〈https://www.sciencenews.org/article/google-moves-toward-quantum-supremacy-72-qubit-computer〉

8. Impose Magazine. (2018.9.10). 〈http://www.imposemagazine.com/bytes/slavoj-zizek-at-occupy-wall-street-transcript〉

9. I. Hargreaves, *Journalism*, 98~99.

10. I. Carlsson and A. M. Lindgren, *What is Social Democracy?*, 62.

15장 기본 소득과 경제적 자유

1. Basic Income Earth Network. (2018.9.11). 〈http://basicincome.org/basic-income/history/〉

2. Basic Income Earth Network. (2018.9.11). 〈http://basicincome.org/basic-income/history/〉

3. sky news. (2018.9.11). 〈https://news.sky.com/story/french-presidential-election-who-is-benoit-hamon-10758552〉

4. Forbes. (2018.9.11). 〈https://www.forbes.com/sites/francescoppola/2017/08/31/top-economists-endorse-universal-basic-income/#798772d715ae〉과 WORLD ECO-NOMIC FORUM. (2018.9.11). 〈https://www.weforum.org/agenda/2017/03/these-entrepreneurs-have-endorsed-universal-basic-income〉

5. State of Alaska. (2018.9.11). 〈https://pfd.alaska.gov/Division-Info/Summary-of-Applications-and-Payments〉

6. jtbc 뉴스. (2018.9.11). 〈http://news.jtbc.joins.com/article/article.aspx?news_id=NB10552070〉

7. Pew Research Center. (2018.9.11). 〈http://www.pewinternet.org/2014/08/06/future-of-jobs/〉

8. BUSINESS INSIDER. (2018.9.11). 〈https://www.businessinsider.com/y-combina-tor-basic-income-test-2017-9〉

9. Kurzweil. (2018.9.11). 〈http://www.kurzweilai.net/the-law-of-accelerating-returns〉

10. BUSINESS INSIDER. (2018.9.11). 〈https://www.businessinsider.com/steve-jobs-new-iphone-screen-2012- 1〉

16장 개헌과 정치적인 자유

1. B. Crick, *Democracy*, 120.

2. 경향신문. (2018.9.13). 〈http://news.khan.co.kr/kh_news/khan_art_view.html?art_id=201401092039505〉

3. B. Crick, *Democracy*, 118~9.

4. D. Miller, *Political Philosophy*, 48.

5. V. Beramendi and others, *Direct Democracy*, 16.

6. 같은 책, 65.

7. D. Miller, *Political Philosophy*, 47.

8. 같은 책, 48.

9. Jefferson Center. (2019.1.14). 〈https://jefferson-center.org/about-us/how-we-work/〉

10. Jefferson Center. (2019.1.14). 〈https://jefferson-center.org/about-us/how-we-work/〉

11. R. Wacks, *Philosophy of Law*, 106.

12. HUFFPOST. (2018.9.13). 〈https://www.huffingtonpost.kr/2016/12/13/story_n_13595644.html〉

13. HUFFPOST. (2018.9.13). 〈https://www.huffingtonpost.kr/2014/09/11/story_n_5801904.html〉